HURTIGRUTEN
DIE SCHÖNSTE SEEREISE DER WELT

Michael Möbius
Annette Ster

HURTIGRUTEN
DIE SCHÖNSTE SEEREISE DER WELT

LAND & LEUTE

Norwegens Küste

Kultur und Leben

Tipps für Ihren Urlaub

UNTERWEGS
MIT DEN HURTIGRUTEN

Die nordgehende Route

Inhalt

REISEINFOS VON A BIS Z

REISEATLAS

LAND & LEUTE

»So fuhren wir dann,
meist bei schönem
Wetter, seltener in
Regen und Nebel,
zwischen Sunden und
Inseln hindurch längs
der norwegischen
Küste nach Norden.
Welch herrliches Land!
Ich möchte wissen, ob
es in der ganzen Welt
ein Fahrwasser gibt
wie hier.«

Fridtjof Nansen,
›In Nacht und Eis‹, 1897

Hurtigruten-Schiff im Raftsund

Norwegens Küste

Auf den Lofoten bei Eggum

NORWEGEN MIT DEM POSTSCHIFF ERLEBEN – WILLKOMMEN AN BORD DER HURTIGRUTEN!

Sie gilt als die schönste Seereise der Welt — die Fahrt mit einem Hurtigruten-Schiff zwischen Bergen, der alten Hansestadt, und Kirkenes, dem entlegenen Ort nahe der russischen Grenze. Bereits seit 1893 verkehren die berühmten Postschiffe im täglichen Liniendienst entlang der eindrucksvollen norwegischen Fjordküste.

Seit am 2. Juli 1893 das erste Postschiff von Trondheim in Richtung Hammerfest in See stach, hat sich in puncto Komfort zwar einiges geändert, vieles von der ursprünglichen Atmosphäre ist jedoch lebendig geblieben. Eine Reise an Bord der Hurtigruten ist immer auch eine Reise in die Vergangenheit. Stand lange Zeit der Transport von Post und anderen Waren in den auf dem Landweg nur schwer zugänglichen Norden im Vordergrund, so sind die Hurtigruten heute eine faszinierende Mischung aus erholsamer Seereise und alltäglichem Transportmittel für die Küstenbewohner. Für die Einheimischen stellen die Hurtigruten ein Stück Tradition und Kultur dar, für den Urlauber einen einzigartigen Weg, Norwegen mit all seinen landestypischen Phänomenen kennen und lieben zu lernen.

Die Hauptattraktion der Reise ist die wunderschöne Natur: Pausenlos wechseln sich schroffe Felswände mit sanften Hügeln ab, massive Bergketten folgen grünen Tälern, malerischen Inseln oder lieblichen Schären. Typisch für die norwegische Küste sind die beeindruckenden Fjorde und die tosenden Wasserfälle, die auf imposante Art die Unberührtheit der Natur vermitteln, während die 34 Häfen, die innerhalb der zwölftägigen Reise von Bergen bis nach Kirkenes und zurück angelaufen werden, mit einer interessanten Vielfalt überraschen. Kleine Fischerorte, charmante Metropolen und moderne Städtchen lassen keine Langeweile aufkommen. Eine Reise mit den Hurtigruten präsentiert jede Facette der abwechslungsreichen Natur und Kultur zwischen dem im Sommer fast mediterran anmutenden Treiben im Süden und dem karger werdenden Nord-Norwegen jenseits des Nördlichen Polarkreises – und das 365 Tage im Jahr, denn Norwegen bietet zu jeder Jahreszeit seine ganz besonderen Reize.

Im Frühling erblühen zaghaft die bunten Wiesen und die liebevoll gepflegten Gärten. Der Klimakontrast zwischen Süden und Norden lässt die Reise wie eine Fahrt durch die Jahreszeiten erscheinen. Im Sommer verzaubert die Mitternachtssonne den norwegischen Himmel mit nicht enden wollenden Tagen und beschert unvergessliche nächtliche Deckspaziergänge bei taghellem Licht. Farbenprächtige Laubfärbung läutet den Winter ein, der die Norwegen-Besucher, die es knackig kalt mögen, mit faszinierendem Polarlicht und der Garantie auf strahlend weißen Schnee belohnt.

STECKBRIEF NORWEGEN

Lage und Größe (ohne Spitzbergen, Jan Mayen und antarktische Gebiete): Norwegen erstreckt sich am Westrand der skandinavischen Halbinsel über mehr als 14 Breitengrade vom Kap Lindesnes bei 57° bis zum Nordkap bei 71°. Bei einer Länge (Luftlinie) von 1752 km und einer Breite von 6,3 bis 430 km beträgt die Landesfläche 323 758 km^2 (zum Vergleich Deutschland: 357 022 km^2). Rund 23 % der Landfläche sind bewaldet, 74 % bestehen aus Gebirgs- und Ödland sowie Gewässern, nur 3,5 % sind landwirtschaftlich nutzbar. Ein Viertel der gesamten Landesfläche liegt höher als 1000 m über den Meeresspiegel, die durchschnittliche Höhenlage beträgt 500 m. Die Länge der Küstenlinie inkl. Fjorde und Buchten (ohne die rund 150 000 Inseln, davon 2000 bewohnt) beträgt 25 148 km.

Die größten Städte: Oslo ca. 530 000 Einw., Bergen ca. 239 000 Einw., Trondheim ca. 156 000 Einw., Stavanger ca. 114 000 Einw., Kristiansand ca. 76 000 Einw.

Staat und Verwaltung: Konstitutionelle Erbmonarchie, auf parlamentarisch-demokratischer Basis regiert; seit Herbst 2005 rot-grüne Koalition aus Arbeiterpartei (32,8 %), Sozialistischer Linkspartei (8,8 %) und Zentrumspartei (6,8 %).

Bevölkerung: Von den rund 4,6 Mio. Einw. leben ca. 22 % auf dem Land und 78 % in Städten und Ballungsgebieten. Bevölkerungsdichte ca.14 Einw./km^2 (nach Island die geringste Europas). **Geburtenüberschuss** ca. 0,3 %. **Lebenserwartung** 77 Jahre für Männer und 82 Jahre für Frauen. **Ethnische Minderheiten** ca. 30 000 Samen (Lappen) und 7000 Kvæner (baltischen Ursprungs).

Religion: 88 % evangelisch-lutherische Christen.

Wirtschaft: Norwegen ist eines der reichsten Länder der Welt. Das verdankt das Land vor allem den Öl- und Erdgasvorkommen in der Nordsee. Der gesamte Energiebedarf wird durch Wasserkraft gedeckt. Der Tourismus ist nach dem Ölgeschäft der profitabelste Wirtschaftssektor; 71 % der Reisenden sind Norweger, 18 % der ausländischen Gäste Deutsche.

Geografische Strukturdaten: Höchste **Berge:** Galdhøpiggen (2469 m), Glittertind (2464 m), Skagastølstind (2405 m). Längste **Fjorde:** Sognefjord (204 km), Hardangerfjord (179 km), Trondheimsfjord (126 km). Längste **Flüsse:** Glomma (617 km), Tana (360 km), Numedalslågen (337 km). Größte **Binnenseen:** Mjøsa (362 km^2), Røssvatn (210 km^2), Femund (201 km^2). **Gletscher:** Rund 1700 Gletscher bedecken über 3300 km^2, die größten sind der Jostedalsbreen (ca. 1000 km^2 inkl. der benachbarten Firnfelder), Svartisen (368 km^2) und Folgefonn (212 km^2).

Norwegen mit dem Postschiff erleben

›Generationen-Treffen‹ in Bergen

Im Laufe der Jahre wurde die Hurtig-ruten-Flotte ständig vergrößert und modernisiert. Zwölf Schiffe gibt es ins-gesamt. Die beiden letzten klassischen Postdampfer wurden im Frühjahr 2002 von den Neubauten ›MS Trollfjord‹ und ›MS Finnmarken‹ abgelöst. Und auch das Jahr 2003 hat Zuwachs gebracht: die ›MS Midnatsol‹. Die so genannte neue Generation umfasst seit Frühjahr 2003 neun Schiffe. Sechs davon stam-men aus den 1990er Jahren, drei wei-tere aus den Jahren 2002 und 2003. Die drei jüngsten der insgesamt elf Hurtig-ruten-Schiffe, ›MS Finnmarken‹, ›MS

Trollfjord‹ und die neue ›MS Midnatsol‹, bieten dem Reisenden noch mehr Komfort und Ambiente: sehr anspre-chend ausgestattete Kabinen, Suiten mit privater Seeblick-Veranda, attrakti-ve Fitnessbereiche und mit durchdach-tem Design eingerichtete Gesell-schaftsräume. Das architektonische Highlight von ›MS Trollfjord‹ und der neuen ›MS Midnatsol‹ sind die Vielzahl von Panoramafenstern und gläsernen Fassaden, die den Reisenden auch in den kälteren Jahreszeiten stets den Rundum-Ausblick auf die faszinierende Natur genießen lassen. ›MS Finnmarken‹ wiederum hat ein ganz eigenes Gesicht. Es ist, in Anlehnung an Schiffe der Jugendstil-Ära, durch Jugendstil-Elemente geprägt. Die beiden Schiffe der mittleren Generation ›MS Narvik‹ und ›MS Vesterålen‹ (Baujahr 1982 und 1983) haben einen ähnlich hohen Standard wie die neuen Schiffe. Der wichtigste Unterschied liegt in der Größe: Die Schiffe der mittleren Generation sind kleiner und bieten Platz für 550 Passagiere, während die Schiffe der neuen Generation 690–823 Passagiere beherbergen können. Nur im Winter kommt zu einzelnen Terminen die ›MS Lofoten‹, eines der traditionellen Schiffe aus den 1960er Jahren, zum Einsatz. Auf allen Schiffen der Hurtigruten-Flotte sorgt die legere Atmosphäre an Bord für besonders erholsame Entspannung fernab von Alltagshektik und Touristenströmen. Abendgarderobe und Dinnerjacket können Sie beruhigt zu Hause lassen, denn es gibt keinen Dresscode wie auf einem Kreuzfahrtschiff. Und so werden Sie auch kein Bordprogramm vorfinden. Bei den Hurtigruten ist das Erleben der Natur das Bordprogramm.

Heute nimmt an jedem Tag des Jahres ein Hurtigruten-Schiff von der Hansestadt Bergen aus nordgehenden Kurs in Richtung Kirkenes an der russischen Grenze. Am siebten Tag wird der Wendepunkt der Reise erreicht, und es geht wieder zurück nach Bergen, das am zwölften Tag angelaufen wird. Unterwegs legen die Postschiffe insgesamt 2500 Seemeilen zurück. Alle Häfen, die auf der Hinfahrt Tagesziel sind, werden auf der Rückfahrt nachts angelaufen und umgekehrt. Touristen, die die ganze Rundreise von Bergen über

Kirkenes zurück nach Bergen machen, werden also keine der 34 Anlegestellen verpassen. In den Häfen mit längerer Verweildauer kann der Urlauber auf eigene Faust oder im Rahmen geführter Landausflüge die Orte erkunden.

Der Skandinavienfreund kann wählen zwischen der klassischen Rundreise auf der Route Bergen – Kirkenes – Bergen, kürzeren Teilstrecken und verschiedenen Anreisemöglichkeiten mit Flug oder Fähre. Landausflüge können je nach Saisonzeit im Voraus oder nur an Bord gebucht werden. Ebenso sind Kombinationen von Seereise mit Bahnfahrten, Bustouren und Hotelaufenthalt möglich. Besonders beliebt sind die von deutschsprachigen Reiseleitern und Lektoren begleiteten Gruppen- und Themenreisen. Für die Sommersaison 2006/2007 werden erneut Sonderflugtermine für Pauschalreisen mit Vor- und Nachprogramm in Bergen, Oslo, Trondheim oder Kirkenes angeboten. Diese Reisen können durch Zusatzprogramme abgerundet werden (s. S. 45f.).

Die Geschichte der Hurtigruten

Viele Orte entlang der zerklüfteten Küste Norwegens waren vor der Erfindung des Flugzeuges zumal im Winter nur vom Meer aus erreichbar. Um auch diese abgeschiedenen Orte versorgen zu können, erhielten Fischer Mitte des 17. Jh. den offiziellen Auftrag, zweimal jährlich Post von Trondheim zur Festung Vardøhus in der Finnmark zu bringen. Ab 1804 stellten Mannschaften zu je acht Ruderern alle drei Wochen die Verbindung von Trondheim nach Alta sicher: Das erste Boot fuhr von Trondheim nach Bodø, das zweite weiter nach Tromsø, das dritte schließlich nach Alta. Ab Mitte des 19. Jh. übernahmen Dampfschiffe den Postdienst.

Der aus Tromsø stammende Kaufmann Richard With erkannte Ende des 19. Jh. das wirtschaftliche Potential einer regelmäßigen Verbindung nach Nord-Norwegen und gründete die ›Vesterålens Dampskipsselskap‹. Am 2. Juli 1893 verließ das erste Linienschiff Trondheim in Richtung Hammerfest. 1894 schlossen sich zwei weitere Reedereien mit ihren Schiffen Hurtigruten an. 1898 wurde die Strecke bis hinunter nach Bergen erweitert. Ein Staatsvertrag legte 1911 die Routenführung bis nach Kirkenes fest. Heute bedienen die Reedereien ›Ofotens og Vesterålens Dampskipsselskab‹ (OVDS) und ›Troms Fylkes Dampskipsselskap‹ (TFDS) als ›Hurtigruten Group ASA‹ die Strecke.

Bis zum Jahr 2001 wurden die Hurtigruten, die auch »Reichsstraße Nr. 1« genannt werden, staatlich subventioniert, um den Norden des Landes täglich mit Post und Waren versorgen zu können und so der drohenden Entvölkerung entgegenzuwirken. Da heutzutage das Flugzeug eine weit wichtigere Rolle bei der Aufrechterhaltung der Verbindung zur Außenwelt spielt, wird seit 2002 nur der Winterverkehr subventioniert (wenn Landebahnen vereist sind, können Flugzeuge nicht starten und landen). Im Sommerhalbjahr müssen die Hurtigruten sich selbst tragen. Als Zugeständnis an den Tourismus unternehmen deshalb alle Schiffe auf

der nordgehenden Route von April bis September einen Abstecher in den Geirangerfjord, eine der touristischen Hauptattraktionen Norwegens.

Heute sind die Hurtigruten für die Norweger ein Transportmittel wie jede andere Fähre auch. Man steigt in einem Hafen zu und im nächsten wieder aus. Und das macht – neben dem Erleben der grandiosen Natur – den Reiz einer Reise aus. Man beobachtet in den Häfen das Laden und Löschen von Ladungen, trifft ›echte‹ Norweger und muss doch auf Service und manchen Luxus – die ›MS Finnmarken‹ hat z. B. einen Außenpool – nicht verzichten.

Allein aus Deutschland kommen jährlich 28 500 Passagiere, um mit Hurtigruten die grandiose Natur im Land der Fjorde kennen zu lernen. Generalagent für die Hurtigruten in Deutschland und Österreich, dort in Kooperation mit Seetour Austria, ist seit 1972 die NSA Norwegische Schifffahrts-Agentur G.m.b.H. Hurtigruten-Schiffe sind aber heute nicht nur entlang der norwegischen Küste unterwegs: So unternehmen im Auftrag von NORDEN TOURS, einem u. a. auf Expeditions-Seereisen spezialisierten Reiseveranstalter und Tochterunternehmen der NSA, zwei Schiffe der traditionellen Hurtigruten-Generation Reisen entlang der grönländischen Küste und um Spitzbergen. Seit 2002 ist ein Hurtigruten-Schiff in Chile im Einsatz. Es befährt die dortigen Fjorde und nimmt von Kap Hoorn aus Kurs auf die Antarktische Halbinsel. Und zum ersten Mal in der 110-jährigen Geschichte der norwegischen Postschiffe nahm 2005 ein Schiff seinen Liniendienst bereits in Deutschland (Hamburg) auf.

LANDSCHAFTEN UND NATURRAUM

Zwischen Meer und Schneegebirge

Norwegen wurde, wie ganz Skandinavien, von der Erosion und den **Eiszeiten** maßgeblich gestaltet. Mit Einbruch der Kaltzeit wurden die Sommer immer kürzer, die Winter immer länger, der Schnee fiel in immer größeren Mengen und blieb immer länger liegen, bis es zuletzt das ganze Jahr über schneite. Die weiße Pracht wandelte sich nach Überschreiten eines Grenzwertes unter Druck in Firnschnee (dichter, körniger und luftärmer als herkömmlicher Schnee), dann in Firneis (plastische, gekörnte Masse mit Luftzwischenräumen), schließlich in dichtes (da luftloses) **Gletschereis**, das sich unter Druck verschiebt. Das Eis kam, der Schwerkraft folgend, in Bewegung, floss von den Bergen herab und vereinigte sich mit den aus Richtung Pol kommenden Gletscherströmen zu einer Eiskappe, die sich mit einer Geschwindigkeit von bis zu 30 km pro Jahr nach Süden ausdehnte, in der Mitte bis zu 3 km stark war und sich zu guter Letzt bis zu den Britischen Inseln und nach Norddeutschland erstreckte.

Unvorstellbar viel Wasser hatte dieser Eispanzer gebunden, und die Ozeane schrumpften derart stark, dass der Meeresspiegel nahezu 90 m unter den heutigen sank. Dennoch nahm die Landmasse nicht etwa zu, sondern ab, da unter der gigantischen Eislast große Teile Skandinaviens bis zu 900 m tief in die Erdrinde hinabgedrückt wurden. Als sich das Eis zurückzog, hob sich das Land wieder – an manchen Stellen bis zu 300 m –, ein Vorgang, der noch nicht abgeschlossen ist, auch wenn er heute mit maximal 9 mm pro Jahr relativ langsam abläuft.

Die Eiswalze arbeitete wie eine Kombination aus Planierraupe, Bulldozer, Fräse und Dampfwalze. Auch die Gesteinsoberfläche wurde von der zusammenhängenden Inlandeisdecke modelliert, wodurch das **Fjell** entstand. So bezeichnet man die hügeligen Regionen oberhalb der Baumgrenze. Im alpinen Fjell, dem eigentlichen Hochgebirge, hinterließ die Vergletscherung eine Reihe von Formationen, die in eisfrei gebliebenen Gebieten vollkommen fehlen. Unter den Firsten der Gebirgskämme trifft man steilwandig in die Hänge eingelassene Felskessel, die einen flachen, oft von einem See bedeckten Boden haben und eine Schwelle aus ausgelagertem Schutt. Diese Ursprungsstellen der alpinen Gletscher werden als **Kare** bezeichnet. Insbesondere entlang der Nordlandküste und auf den Lofoten sind die Berggestalten allseitig derart von Karen angefressen, dass die trennenden Kämme zu schmalen Graten reduziert sind und die Berge, die früher eine Hauben- oder Kegelform hatten, nunmehr als scharfkantige Pyramiden, Trapeze oder lang gestreckte Felsmauern erscheinen.

An die Kare schließen sich die Talstücke an, durch die sich das Gletschereis abwärts bewegte. Man nennt diese

Landschaften und Naturraum

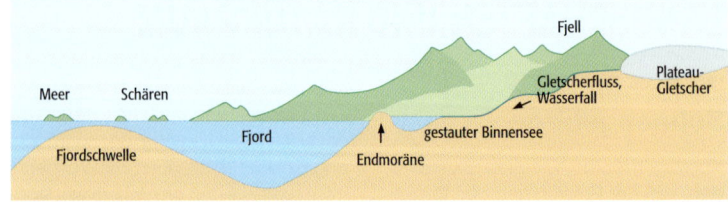

Fjordquerschnitt

Landschaftsform **Trogtal** oder Taltrog, weil sie steilfelsige Talhänge und einen im Querschnitt gerundeten Talboden aufweist. Überall fallen die Schleifwirkungen des Eises ins Auge, die dem Fels oft den Anschein eines monumentalen Kunstwerkes geben. Die Böden der in das Trogtal mündenden Seitentäler enden oft hunderte von Metern über dem Haupttal. Aus diesen **Hängetälern** ergießen sich nicht selten machtvolle Wasserfälle.

Die landschaftlich eindrucksvollsten Zeugen der Eiszeit sind die **Fjorde,** die sich weltweit überall dort gebildet haben, wo Gletscher in Trogtälern vom Gebirge herunterdrängten und in den Gezeitenbereich des Meeres gerieten. Das war, außer in der Arktis und Antarktis, u. a. in Kanada, West-Schottland, Chile und Neuseeland der Fall, doch nirgendwo weisen die Fjorde derart markante Formen auf wie in Norwegen, dem ›Land der Fjorde‹. Der Begriff Fjord für die Verzahnung von Meer und Land ist ein altnordischer Ausdruck, der als *firth* im Schottischen und als *Förde* im Deutschen seine Entsprechung findet. Er bezeichnet jene vom Eis geformten Trogtäler, in die das Meer zu einem späteren Zeitpunkt eindrang. Da die Gletscher im Gezeitenbereich des Meeres

an Mächtigkeit abnahmen, im eigentlichen Trog sozusagen auf der Stelle schürften und an der Mündung die Trümmer ihrer Hobelarbeit ablagerten (Endmoräne), weisen die Fjorde in aller Regel ein sehr stark gestuftes Längsprofil auf. So senkt sich der Sognefjord, der mit 204 km längste der Welt, mehr als 1300 m tief unter den Meeresspiegel. Sein Profil steigt dann an der Mündung ins Meer wieder bis 150 m unterhalb des Wasserspiegels an.

Am Ende eines Fjordes wölbt sich häufig ein Wall auf, der quer zum Wasserbecken verläuft. Es handelt sich hierbei um die Moräne eines während der Schmelzzeit zwischenzeitlich wieder vorgestoßenen Gletschers. Hinter ihr staut sich oft ein Süßwassersee auf, der meist nur wenige Meter über dem Meeresspiegel gelegen ist. Diese Moräne wird **Eid** genannt, eine Bezeichnung, die häufig in Ortsnamen wiederkehrt. Auch die **Schären,** jene meist in Gürteln auftretenden nackten Felsenklippen, von denen tausende und abertausende der norwegischen Küste vorgelagert sind, wurden durch die Gletschererosion geschaffen, und sie gelten, da sie der Schifffahrt häufig als Wellenbrecher dienen, als eine besondere Gunst des Naturraums.

Flora und Fauna

In Norwegen kann man teilweise die Welt noch so erleben, wie sie vor rund 13 000 Jahren, als die letzte Eiszeit endete, ausgesehen hat. So etwa rings um den Svartisen, den zweitgrößten Gletscher des Königreiches: Keine Pflanze, kein Lebewesen bedeckt den nackten Fels, nur das Schmelzwasser bewegt sich, gräbt Abflüsse für kleine Tümpel und Bäche, auf deren Grund Granitsteine und Quarzsand glitzern.

Wiederum ein paar Stufen tiefer manifestiert sich das erste Leben in Form von Flechten, die Fels und Stein mit filigranen Miniaturen überziehen. Der fruchtbare Boden, den die Flechte im Laufe von Jahrhunderten hervorbringt, entsteht mittels einer organischen Säure, die den Fels zersetzt. Ist das geschafft, treten bald höhere Pflanzen auf. Erst Moose, dann Gräser, schließlich Schachtelhalm, Steinbrech und Silberwurz, die nun ihrerseits verwesend den Boden anreichern und ihn für höhere Pflanzen vorbereiten: für die Erle, später Birke und Weide, schließlich Kiefer und Fichte.

So bildet sich innerhalb relativ kurzer Zeit eine Vielfalt vegetativen Lebens, und was hier im Kleinen geschildert wurde, geschah nach der Eiszeit skandinavienweit. Nach und nach konnten viele Pflanzenarten aus ihren südlichen Rückzugsgebieten wieder nach Norwegen vordringen. Heute herrscht entlang der Skagerrak- und Westküste bis in den Raum von Ålesund und Molde die **nordeuropäische Laubwaldzone** vor, deren ausgedehnte Rotbuchenwälder aber schon vor langer Zeit zumeist dem Ackerbau und in neuerer Zeit dem ökonomisch bedeutsameren Nadelwald weichen mussten.

Nördlich und parallel zur Westküste bis zum 64. Breitengrad bei Trondheim schließt sich die **nordeuropäische Mischwaldzone** an, deren oberer Rand den *limes norrlandicus* bildet. Diese imaginäre Linie markiert das nördliche Verbreitungsgebiet der Eiche, doch hat hier das Schlagen von Schiffsholz im Küstengürtel zu einer weitgehenden Waldlosigkeit geführt, und dank forstwirtschaftlicher Maßnahmen dominieren die Nadelhölzer über Erle und Pappel, Esche und Ahorn, Winterlinde und Ulme.

Nördlich von Trondheim wird die Flora vom **borealen Nadelwald** bestimmt (nach *Boreas,* dem griechischen Nordwind-Gott), der auch Taiga genannt wird. Es dominieren Kiefer und Fichte. Diese Vegetationszone, die dank der langen Vereisung eine große Pflanzenarmut aufweist, reicht weit über den Polarkreis hinaus bis etwa zum 68. Breitengrad, der durch die Lofoten verläuft bzw., in der Finnmark, teils bis zum 70. Breitengrad (bei Skjervøy überschritten). Große Gebiete auf dem Festland sind hier noch im Urzustand erhalten. Viele der ausgedehnten Wälder haben eine geradezu märchenhafte Note. Hier ist der Auerhahn ebenso zu Hause wie der Elch, der als größter Hirsch des Landes im 19. Jh. nahezu ausgerottet war, doch heute mit einer Population von über einer halben Million Exemplaren als Landplage gilt. Die wenigen Wölfe, die es heute noch gibt, haben hier ihr Revier, ebenso der geschützte Braunbär. Die Zahl dieses Allesfressers wird auf 30–55 Exemplare geschätzt, während es vom einzigen wildlebenden katzenartigen Raubtier des Nordens, dem Luchs, etwa 300–330 Exemplare in Norwegen geben soll. Neben ihm leben der ebenfalls geschützte Vielfraß, der Fuchs und der Biber, der noch in manchen Seen und Wasserläufen der Taiga beheimatet ist.

In der sich anschließenden, etwa 60–80 km breiten **subarktischen Birkenwaldregion** ist die Birke die vorherrschende Baumart. Als feurige Herbstschönheit vollzieht sie zusammen mit der Erle wie kaum ein Baum sonst im hohen Norden jenen Kulissenwechsel, bei dem das Grün auf chemischem Weg verschwindet, bis nur noch

Rentier

intensive Gelb- und Rottöne übrig bleiben. Zug um Zug knipst die Natur ab Ende August die grünen und blauen Farbträger aus, bis die Pracht des ›Indian Summer‹ die Landschaft förmlich erglühen lässt.

Nördlich dieser Zone und etwa ab der Höhe von Hammerfest hat Norwegen Anteil an der **arktischen Region,** die nach dem finnischen Wort *tunturi,* was soviel wie ›waldloser Hügel‹ bedeutet, als Tundra bezeichnet wird oder, mit einem norwegischen Ausdruck, als *vidda* (Weite). Relativ trockene Partien sind mit Flechten, Moosen und Zwergstrauchheiden bedeckt. Dort, wo das Oberflächenwasser nicht ablaufen und wegen der langen Frostperiode auch nicht einsickern kann, bilden sich Moore. Die Tiere begegnen den lebensfeindlichen Faktoren dieser Region mit unterschiedlichen Strategien. Die großen Säugetiere wie das Rentier, der seltene Polarfuchs und der vom Aussterben bedrohte Wolf sind durch ein dichtes Haarkleid und ein zusätzliches Fettdepot vor Wärmeverlust geschützt. Eisfuchs und Schneehase tragen im Winter ein weißes Fell, andere Arten, wie die Rentiere, ziehen im Herbst – in ihrem Gefolge oft Vielfraß und Wolf – bis ins boreale Waldgebiet hinunter, wo sie wesentlich günstigere Nahrungsbedingungen vorfinden. Auch die Vögel suchen mit Beginn der kalten Jahreszeit nahezu ausnahmslos wärmere Quartiere auf, wieder andere Tierarten verbringen den Winter in mehr oder weniger passivem Zustand: Wechselwarme Wirbeltiere wie auch Wirbellose fallen in Winterstarre, der Braunbär verweilt in Winterruhe.

WO DIE SONNE IHR NACHTLAGER HAT

Zwischen Mitternachtssonne und Polarnacht

Ab Ende September, wenn oft schon der erste Schnee niedergeht, werden die Tage rapide kürzer. Im November bestehen sie im hohen Norden nur noch aus Morgen- und Abendröte. Die Sonne rollt wie eine feurige Kugel über die Gebirge, und ab und zu, wenn sie hinter den Bergspitzen läuft, guckt sie auf ihrer flachen Bahn zwischen den Bergrücken wieder hervor. Der Mond ist Tag und Nacht am Himmel. Langsam versinkt die Polarwelt im Schatten, und ein hoher, grünlich-blauer Abendhimmel wölbt sich über der verschneiten Welt. Reglos liegt das helle, vereiste Land in der klaren Luft, jede Gebirgsfalte, jede Hebung und Senkung ist strahlend sichtbar. Dann, ab Mitte Dezember, ist vom Sonnenlicht nichts mehr zu sehen. Rings um den Horizont herrscht sternentiefe Nacht, die Berge sind nur mehr weiße Schatten, wie aus weißem Marmor gemeißelt, das Meer ist nur mehr ein schwarzer Schatten.

Die **Polarnacht** regiert! Aber es ist, als hätten nun die Dinge ihr eigenes Leuchten bekommen, als strahlten sie aus sich selbst heraus: gläsern hell die Berge, das Vorland und die Küstenfelsen, die Frost und Brandung in hohe Eiskuppeln verwandelten; silbern gerändert die schwarzen Wellen. Eine ungeheure Melancholie liegt über dem Land, und wenn dann das Nordlicht lautlos über den Himmel weht, sieht man Bilder, die nicht für Menschenaugen geschaffen scheinen. Erst liegt ein hauchzartes Schwingen über der vereisten Erde. Dann plötzlich schießen helle Strahlenbündel herab, leuchtende Stangen aus Glas, die heller und greller werden, rosa, lila und grün, sich drehen und winden, quer über den ganzen Himmel hinweg, schließlich wie Schleier wehen, blass werden und vergehen.

Mitte Januar lichtet sich die Nacht. Erst ist es nur ein Hauch von Rosa, dann erscheint ein pastellfarbener Lichtstreifen, der täglich breiter wird, kräftiger in den Farben. Bis die Sonne auftaucht, glutrot und seltsam geformt wie eine riesige Banane – erst nur für Sekunden, dann für Minuten, bald für Stunden. Mit jedem Tag wird das Gestirn größer, heller und das Glühen der Polarnacht schwächer. Im März kennt das Licht schon wieder alle Rot- und Braun-, Gelb- und Blautöne, im April währt der Tag bereits mehr als 16 Stunden, und ab Anfang Mai bezieht er die Nacht mit ein. Für rund zwei Monate lassen nun die sanften Strahlen der **Mitternachtssonne** die Welt des höchsten Nordens in Goldlicht ertrinken.

Verantwortlich für diese Lichtphänomene ist die geografische Breite. Weil die Achse der Erde nicht rechtwinklig zur Umdrehungsebene steht, sondern eine Neigung von 23,5° hat, liegen die Gebiete nördlich des Polarkreises zeitweise durchgehend im Strahlungsbereich der Sonne – desto länger, je weiter man nach Norden kommt. Die Kehrseite dieses in unserem Sprachgebrauch nicht ganz korrekt Mitternachtssonne genannten und eigentlich Polartag geheißenen Phänomens ist die Polarnacht, während der die Gebiete über dem Polarkreis teilweise ganz aus dem Strahlungsbereich der Sonne geraten.

Polarlicht

Doch dunkel ist es während der Polarnacht keineswegs, denn es erscheint etwas am Himmel, das den Völkern des Nordens stets ein Mirakel war, denen des Südens hingegen ein Menetekel und das den Wissenschaftlern ein faszinierendes Forschungsobjekt ist – das Polarlicht, auch Nordlicht genannt bzw. *Aurora borealis* (›Morgenröte des Nordens‹), wie der Franzose Pierre Gassend das Schauspiel im 17. Jh. taufte. Im 18. Jh. stellte der schwedische Astronom Anders Celsius fest, dass die Magnetnadel beim Auftreten des Nordlichts um mehrere Grade abgelenkt wird. Heute weiß man, dass dieses Phänomen exakt nach den magnetischen Feldlinien der Erde ausgerichtet ist und sich in Höhen zwischen 80 und 1000 km in Form roter, grüner, violetter oder blauer Draperien, Strahlen, Bögen oder Bänder zeigt.

Wie stark das Polarlicht leuchtet und wie weit über die Polkappen hinaus es zu sehen ist, korreliert mit den magnetischen Störungen, die uns die Sonne beschert. Bei starken Magnetstürmen, wie sie vereinzelt vorkommen, kann das Nordlicht sogar im Mittelmeerraum beobachtet werden. Heinrich Schwabe, Apotheker und Astronom aus Dessau, entdeckte 1826 den Sonnenfleckenzyklus und die Tatsache, dass mit der Zahl der Flecken auch das Magnetfeld der Erde und die Aktivität des Polarlichtes schwanken. Die Sonnenflecken und andere ›magnetisch wirksame‹ Regionen auf dem Gestirn strahlen etwas ab, was aus Elektronen, Protonen und schweren Kernen besteht und Materie mit sich führt (das so genannte Plasma), die zu gleichen Teilen aus positiver und negativer Ladung besteht, also elektrisch neutral ist. Diese Strahlung wird Sonnenwind genannt. Ihre Temperatur beträgt ca. 100 000 °C, und mit einer Geschwindigkeit von 300–900 km/s stürzt sie sich mitsamt eigenem Magnetfeld auf dasjenige der Erde. Dieser Magnetosphäre genannte Raum speichert das Plasma, bis seine Aufnahmekapazität erschöpft ist und er die jetzt Polarlichtteilchen genannte Materie explosionsartig freigibt. Mit einer Geschwindigkeit von 10 000 km/s folgt sie den magnetischen Feldlinien der Erde, die in die Atmosphäre der Polkappen münden. Dort wird sie abgebremst, ihre Energie geht auf die Atome und Moleküle der Luft über, die sie als Licht innerhalb der Ionosphäre (meist in 120–130 km Höhe) wieder abstrahlen. Die Farbe des Lichtes hängt von seiner Höhe ab, seine Helligkeit ist geringer als die des Vollmonds, aber übertrifft die des totalen Sternenlichts. Die ›Götterfackeln‹, wofür viele Naturvölker die Lichterscheinungen hielten, sind oft tausende Kilometer lang, doch nur einige hundert Meter bis wenige Kilometer breit – dabei aber extrem energiegeladen: Ein zwei Stunden dauerndes Nordlicht verbraucht rund 200 Mrd. kWh Energie (was etwa 10 000 Atombomben vom Hiroshima-Typ entspricht).

WIRTSCHAFT UND UMWELT

Mit einem Pro-Kopf-Einkommen von umgerechnet etwa 45 000 € bei 0 € (!) Staatsschulden, einem jährlichen Überschuss im Staatshaushalt in Milliardenhöhe und einer Inflationsrate von ca. 0,4 % ist Norwegen das reichste Land Europas sowie eines der reichsten der Welt! Und das, obwohl es noch vor rund 80 Jahren als Aschenputtel Europas galt. Allein zu Beginn des 20. Jh., als das Land rund 2,4 Mio. Einwohner zählte, verließen rund 750 000 Norweger ihre Heimat, weil diese, wie sie glaubten, keine Zukunftsaussichten bot.

Sie irrten sich, denn lange sollte es nicht mehr dauern, bis das Königreich sein wirtschaftliches Hinterwäldlerdasein abschütteln konnte. Die ›Erfindung‹ der **hydroelektrischen Energie** stand am Anfang des steilen Aufstiegs dieses gerade noch so armen, weil kaum industrialisierten Landes. In der Folge wurde das enorme Wasserkraftpotential konsequent genutzt. Anwendungsbereiche fanden sich u. a. in der Herstellung von Düngemitteln und der Elektro- und metallverarbeitenden Industrie – beides Bereiche, in denen Norwegen bald weltweit führend wurde. Heute ist das Königreich eine der höchst entwickelten Industrienationen der Welt, doch der Nutzung der umweltfreundlichen Wasserkraft allein, die den gesamten Energiebedarf abdeckt, ist die beachtliche Entwicklung nicht zu verdanken: Ohne die Ressourcen an **Erdöl und Erdgas,** die seit 1971 im norwegischen Nordsee-Sektor gefördert werden, wäre es niemals möglich gewesen, die Wirtschaft dieses Landes zu einer derart ausgereiften Nationalökonomie auszubauen. Vor allem das ›schwarze Gold‹ erwies sich als Katalysator des raschen Strukturwandels. Norwegen schwamm gewissermaßen über Nacht im Reichtum. Heute ist es weltweit einer der größten Ölproduzenten und das einzige westliche Land, das mehr Öl fördert, als es selbst verbraucht. Obendrein ist es mit Erdgas-Feldern reich gesegnet – auch diese Ressourcen gehören zu den größten der Welt –, und weil man nun auch längst nicht mehr nur in der Nordsee, sondern auch im Nordmeer und der Barents-See reiche Erdöl- und Erdgas-Funde machte, wird der Wohlfahrtsstaat auch zukünftig gesichert sein. Die gesamten Erträge aus dem Öl- und Gasgeschäft nämlich werden größtenteils in einen Sondertopf gesteckt, und im Staatshaushalt 2005 beliefen sich allein die Zinseinnahmen und Dividenden aus dem Erdölfonds auf ca. 40 Mrd. Kronen (gleich 4,8 % der Gesamteinnahmen).

Wenden wir uns der **Landwirtschaft** zu: Norwegen ist – nach Island – weltweiter Spitzenreiter in Sachen Ödland, denn nur 3,5 % der gesamten Landesfläche sind agrarwirtschaftlich nutzbar. Die meisten dieser Gebiete finden sich im Süden und im Trøndelag, aber trotz des Missverhältnisses zwischen Gesamt- und Nutzfläche kann sich Norwegen zu rund 50 % selbst mit Lebensmitteln versorgen. Mit Fisch sowieso, denn die Fangmengen der

Fischerei belaufen sich auf knapp 3 Mio. t pro Jahr. Ganz vorne in der Statistik stehen u. a. Hering und Dorsch, obwohl die Aquakultur (Fischaufzucht, insbesondere Lachs) mit rund 630 000 t Speisefisch mittlerweile bereits den Mammutanteil an den Exporterlösen hat (wohingegen die eigentliche Fischerei zusehends stagniert) und – dies nur zum Vergleich – allein schon mehr als doppelt so viel einbringt wie die gesamte Forstwirtschaft.

Ein Blick auf die Statistiken der Volkswirtschaft zeigt, dass das produzierende Gewerbe knapp 9 % und die Rohöl- und Erdgasförderung über 17 % des Bruttosozialproduktes erwirtschaften, doch die Landwirtschaft nur mit rund 0,7 % beteiligt ist, Forstwirtschaft und Fischerei gar mit nur je 0,3 %. So entfallen auf den gesamten Primärsektor lediglich 1,3 %. Dass Norwegen also ein Land der Fischer und Bauern sei, wie im Ausland häufig angenommen wird, entbehrt heute jeder Grundlage, obwohl es Regionen gibt, gerade auch in Nord-Norwegen, wo der größte Teil der Bevölkerung noch immer in der Fischereiwirtschaft tätig ist, die etwa bis in die 1930er Jahre Haupterwerbszweig des Landes war.

Norwegen ist ein Wohlfahrtsstaat, der auf Gleichheit und Gerechtigkeit aufbaut. Die Monatseinkommen sind relativ gleich, zwischen etwa 27 000 NOK (Industrie) und 27 000 – 30 000 NOK (Handel, Öffentlicher Dienst, Schulwesen). Finanziert wird der Wohlfahrtsstaat über Mehrwertsteuer (25%), Einkommenssteuer (28–54 %, je nach Einkommensart) und Sozialabgaben (7,8–10,7 %, verdienstabhängig).

Dem durchschnittlichen Privathaushalt stehen pro Jahr über 300 000 NOK zur Verfügung – genug für einen hohen, bzw., wie die UN im Jahre 2005 zum fünften Mal befand, den höchsten Lebensstandard der Welt. Deutschland landete in dieser Listung auf Rang 20. In Norwegen kostet eine 90 m^2 große Mietwohnung auf dem Land mindestens 4000 NOK (ca. 520 €) pro Monat, in Oslo kann sie auch doppelt so teuer sein. Für ein Reihenhaus bezahlt man auf dem Land mindestens 500 000 NOK (ca. 65 000 €), in Oslo eher 3–4 Mio. NOK (ca. 390 000–520 000 €). Grundnahrungsmittel sind um 30 % teurer als in Deutschland, Fleisch ist bis ca. 50 % teurer. Obst kostet etwa so viel wie in Deutschland, im Winter aufgrund der Subventionierung sogar weniger. Gemüse liegt im Mittel etwa 30–50% über den deutschen Preisen, Frischfisch gibt es kaum unter 100–120 NOK/kg.

In Norwegen wurde 1972 das erste **Umweltministerium** der Welt eingerichtet, und heute liegt Norwegen im Umwelt-Ranking weltweit hinter Finnland auf Platz zwei. Das norwegische Bereitschafts-System für Umweltkatastrophen ist extrem effizient. Maßnahmen, die die Verwendung von die Ozonschicht schädigenden Stoffen reduzieren und zu verminderten SO$_2$-Emissionen führen können, sowie Maßnahmen, die die Einleitung von schädlichen Stoffen ins Meer verringern können, haben allerhöchste Priorität. Für die umweltpolitische Zusammenarbeit auf lokaler, regionaler und gerade auch globaler Ebene werden erhebliche Ressourcen aufgewendet.

WAL-KAMPF

Im Jahr 1993 gaben die Norweger, nach siebenjähriger Feuerpause und trotz eines Verbotes der internationalen Walfangkommission (IWC), die kommerzielle Jagd auf den 8 bis 10 m langen Mink- oder Zwergwal wieder frei und wurden umgehend mit Sanktionen belegt. Mehrere deutsche Handelsketten nahmen beispielsweise keine norwegischen Waren mehr ab, dem Land sollte der EU-Beitritt verwehrt und der damaligen Ministerpräsidentin Gro Harlem Brundtland der europäische Umweltpreis aberkannt werden. Die großen internationalen Umweltorganisationen rüsteten zum Boykott des Fremdenverkehrs und bauten europa- und amerikaweit in groß angelegten Kampagnen systematisch das Bild vom Wal-schlachtenden norwegischen Barbaren auf.

Wohlgemerkt, es ging um 296 Tiere, die zu erlegen den Walfängern der Lofoten von ihrer Regierung im Jahr 1993 gestattet wurde. 296 also von rund 86 000 Zwergwalen im Nordatlantik laut norwegischen Schätzungen bzw. von 40 000 bis 115 000, wie die IWC den Bestand veranschlagte. Die Zahlen liegen also eng beieinander, weltweit soll es knapp 1 Mio. Zwergwale geben: »Was heute nicht mehr bestritten wird: Der Zwergwal ist keine bedrohte Spezies« (Der Spiegel). Aber darum geht es auch gar nicht, denn Wale sind nicht einfach bedroht oder nicht, »Wale sind intelligent, zärtlich, können singen« (Stern). In den Zeitungen und Illustrierten Mitteleuropas und Amerikas sprach und spricht man ganz bewusst nicht von Zahlen und Artenschutz, sondern in rührseliger Natursentimentalität von der Zutraulichkeit, Musikalität und Intelligenz des Säugers, der schon mal an eine »Skulptur aus rosa Alabaster« erinnert (Stern) und von den norwegischen Schlächtern eben »regelrecht zu Tode gequält« wird (Tageszeitung).

Wie die damalige norwegische Ministerpräsidentin Gro Harlem Brundtland meinte, ist der Walfang für die anderen lediglich eine billige Gelegenheit, sich ein »grünes Image zu verpassen« und von eigenen, wirklichen Umweltproblemen abzulenken: »Es ist sehr einfach für manche Politiker, beim Walfang die grüne Flagge zu hissen. Das gibt billigen Applaus, der verdeckt, dass sie dort nichts tun, wo es ihre Wähler etwas kosten würde, nämlich bei wirklichen Umweltproblemen.« In einer »neuen Form von Imperialismus«, so sah es die Sozialdemokratin, will ein Teil der Welt darüber bestimmen, wie Norwegen seine Ressourcen zu verwalten habe, und meinte weiter: »Ich akzeptiere nicht, dass die großen Länder die Anliegen der kleinen unter den Tisch wischen.«

Und wenn auch für Norwegen der Walfang kein existenzielles wirtschaftliches Anliegen ist – erwirtschaftet er doch nur einen Bruchteil des gesamten Umsatzes der nationalen Fischereiindustrie –, so doch umso mehr für die Lofoten, wo er mehrere hundert Arbeitsplätze sichert. Dort auch ist im Sommer das dunkle Fleisch des Meeressäugers in den Restaurants als Steak oder Gulasch zu finden, und auch auf dem Speiseplan der Hurtigruten kann es mitunter stehen.

GESCHICHTE IM ÜBERBLICK

Steinzeit (ca. 14 000–2000 v. Chr.)

Ab 13. Jt. v. Chr. Die Eismassen der letzten Kaltzeit schmelzen ab, es finden sich erste Spuren menschlicher Anwesenheit in Norwegen.

8.–4. Jt. v. Chr. Im Bereich des Oslofjords tritt die Nøstvet-Kultur auf (benannt nach dem gleichnamigen Ort in der heutigen Provinz Akershus), die das Töpferhandwerk ausübt und Handel entlang der Küste betreibt.

4.–3. Jt. v. Chr. Während der Jüngeren Steinzeit kommt es zu einer deutlichen Verbesserung des Klimas, was Ackerbau und Viehzucht ermöglicht. Die Besiedlung wird dichter, und man kann eine Bewegung von den Küsten bis auf die Fjellhochflächen verfolgen.

Bronzezeit (ca. 1500–500 v. Chr.)

1500–500 v. Chr. Wichtigste Dokumente der Bronzezeit sind die *helleristninger* (Felszeichnungen), die in großer Zahl insbesondere entlang der Küste vorkommen. Mit harten Quarzsteinen werden symbolische oder halbnaturalistische Figuren wie Schiffe, Hirsche, Pferde, Kraniche, aber auch Männer mit Äxten, Speeren, Pfeil und Bogen sowie mit Rädern und Pflügen in glatte Felsflächen geritzt.

Eisenzeit (ca. 500 v. Chr.–500 n. Chr.)

500 v. Chr.– 500 n. Chr. Die Kunst der Verhüttung von Sumpfeisen wird erlernt. Es tritt eine drastische Klimaverschlechterung ein, die – wie manche Wissenschaftler meinen – die große germanische Völkerwanderung auslöst.

Wikingerzeit (ca. 500–1030)

500–800 Im Nachbarland Schweden kämpfen zwei Geschlechter um die Herrschaft. Das unterlegene, das der Ynglingar, wandert nach Westen ab und findet am Oslofjord eine neue Heimat.

872 Harald Hårfagre vereint die norwegischen Stämme. Er gilt als erster norwegischer König, und wer nicht für ihn ist, muss das Land verlassen, wodurch die Besiedlung Islands und Grönlands ihren Anfang nimmt und in der Folge die nordamerikanische Küste entdeckt wird. Nach dem Tode Haralds zerfällt das Reich.

997 Olav Tryggvason, ein direkter Nachfahr Haralds und zum Christentum übergetreten, stellt die nationale Einheit wieder her und gründet Nidaros, das spätere Trondheim, wo er eine erste Kirche errichten lässt. Doch der Widerstand gegen das Christentum ist stark, drei Jahre später fällt Olav im Kampf gegen eine ›heidnische‹ Allianz aus Norwegern, Dänen und Schweden.

DIE WIKINGER

Erst mit den Eroberungszügen der Nordmänner, die sich nach ihren angestammten Sitzen in den *viken* (Buchten) Wikinger nannten, tritt ein Volk ins Licht der Geschichte Europas, dem es bis dahin kaum bekannt war. 793 überfallen die auch als Nordmannen bekannten kämpferischen Norweger das Kloster Lindisfarne an der Nordostküste Englands. Das Gemetzel, das sie veranstalten, ist der Auftakt für einen kurzen, aber brutalen Siegeszug, der durch das ganze Abendland führt bzw. – rechnet man die Taten der schwedischen Wikinger mit ein – bis nach Bagdad und Byzanz. Wo immer die wilden Horden auftauchen – in Schottland oder Irland, vor Paris, in der Camargue, am Rhein, in Marokko oder Italien –, hinterlassen sie eine blutige Spur, die das Bild vom Wikinger als einer ›Geißel Gottes‹ für lange Zeit geprägt hat und schnell vergessen macht, dass sie bald auch wenig kriegerische Handelsfahrten tätigen, Reiche gründen (etwa in Irland, Wales, Schottland, der Normandie, Sizilien) und bislang völlig unbekannte Teile der Welt erschließen. Ab 874 entdecken und besiedeln sie Island, 985 stößt Erik der Rote nach Grönland vor, und 1002 erreicht dessen Sohn Leiv Erikson sogar Neufundland.

Für eine kurze Weltstunde also vollbringen die Wikinger eine Pionierleistung, nämlich den Ausbruch aus der Enge des Landes in die kontinentale, ja globale Weite. Und weil die heimkehrenden Mannen neben Gütern und Sklaven vor allem kulturelle, politische und religiöse Impulse mitbringen, katapultieren sie Norwegen, seinerzeit noch heidnisch und ein Gebilde aus unzähligen kleinen Reichen, in kürzester Frist in die Kultur des Abendlandes.

1015	Olav Haraldsson besteigt den norwegischen Thron und versucht, das Land erneut unter dem Christentum zu einen.
1030	Olav Haraldsson stirbt in der Schlacht von Stiklestad, wird in der Folge als Märtyrer im Kampf für das Reich und das Christentum heilig gesprochen und zum *rex perpetuus Norvegiae,* zum ewigen König Norwegens, erklärt. Sein Grab in Trondheim wird zur bedeutendsten Wallfahrtsstätte des Nordens im Mittelalter.

Mittelalter (ab 1030)

Ab 1030	Mit der endgültigen Christianisierung Norwegens gilt die Wikingerzeit als beendet, doch das künstlerische Erbe dieser Ära, die Holzschnitzkunst, lebt in den Stabkirchen weiter. In den folgenden drei Jahrhunderten werden über 700 dieser Gebäude errichtet .
13. Jh.	Norwegen, das nun auch die Färöer, die Shetland- und Orkney-Inseln sowie die Isle of Man unter seiner Krone vereint, besitzt jetzt die größte Ausdehnung seiner Geschichte.

1250	Mit der Lübecker Hanse wird ein Handelsvertrag abgeschlossen.
Ab 1278	1278 erhält die Hanse die ersten schriftlich fixierten Privilegien in der Königsstadt Bergen. Der Handel blüht auf, bringt aber im Jahre 1349 auch die Pest nach Norwegen, der mehr als die Hälfte aller Landesbewohner (damals rund 350 000) zum Opfer fallen.
1299	Oslo wird neue Hauptstadt des Königreiches.

Dänische Herrschaft (1380–1814)

1380	Das durch die Pest geschwächte Norwegen wird mit König Olav VI., der über Dänemark und Norwegen herrscht, vom wirtschaftlich, militärisch und auch kulturell überlegenen Dänemark abhängig.
Bis 1814	Norwegen wird praktisch zu einer Kolonie des südlichen Nachbarn, und bald schon haben die Norweger sowohl im Handel als auch in der Verwaltung jegliches Mitspracherecht verloren.

Schwedische Herrschaft (1814–1905)

1814	Nach den napoleonischen Kriegen wird der Siegermacht Schweden im Vertrag zu Kiel Norwegen zugesprochen. Eine vom Volk gewählte Nationalversammlung tagt in Eidsvoll und gibt Norwegen eine eigene Verfassung als selbstständiges Königreich mit einem Parlament, und am 17. Mai, dem heutigen Nationalfeiertag, wird diese Verfassung verabschiedet. Schweden akzeptiert dies, und in der Folge bilden Norwegen und Schweden eine Union formell gleichberechtigter Staaten, in der Schweden jedoch die Außenpolitik bestimmt.
1905	Am 7. Juni 1905 sagt sich Norwegen von Schweden los.

Das unabhängige Norwegen (1905 bis heute)

1905	Da Norwegen gemäß dem Grundgesetz von 1814 ohne Adel war, die Verfassung jedoch die Monarchie festschreibt, wählen die Norweger Prinz Carl von Dänemark zu ihrem neuen König. Er führt als Håkon VII. die im Mittelalter unterbrochene Königslinie weiter.
1914–1918	Trotz enger Beziehungen zum Deutschen Reich pocht Norwegen am Vorabend des Ersten Weltkrieges auf Neutralität. Dennoch verliert das Königreich durch U-Boot-Angriffe fast die Hälfte seiner Handelsflotte, muss ständig mit einem deutschen Angriff rechnen und wird durch die Blockade in eine schwierige Situation gebracht.
1920	Der Völkerbund wird ins Leben gerufen, der zum Teil von Norwegen bzw. dessen Delegationsmitglied Fridtjof Nansen mitgeprägt wird. Dieser hatte schon zuvor durch seine zahlreichen Expeditionen Weltruhm erlangt.
Ab 1935	Zur Zeit der Weltwirtschaftskrise steht Norwegen ökonomisch vergleichsweise stabil da und entwickelt sich mehr und mehr in Rich-

tung Wohlfahrtsstaat. Die nationalsozialistische Nasjonal Samling-Partei (Nationale Sammlung), die fünf Jahre später eine verhängnisvolle Rolle spielen sollte, ist innenpolitisch mit nur 2 % der Stimmen bedeutungslos.

1940 Wie im Ersten Weltkrieg erklärt Norwegen seine Neutralität, unterschätzt aber, wie gefährdet es aufgrund seines Erzhafens Narvik und der Lage gegenüber den Britischen Inseln ist. Am 9. April 1940 erfolgt der deutsche Angriff auf Norwegen, der am 10. Juni zur Kapitulation der letzten norwegischen Truppen führt.

1945 Die deutsche Kapitulation am 8. Mai 1945 bringt die Befreiung Norwegens. Jetzt wird das volle Ausmaß der Zerstörung offenbar, das die deutschen Streitkräfte im Norden des Landes auf ihrem Rückzug angerichtet haben.

1945–1949 Im November 1945 tritt Norwegen der UNO bei und stellt mit Trygve Lie den ersten Generalsekretär der UNO, bevor Norwegen am 4. April 1949 als eines der ersten Länder den Nato-Vertrag unterzeichnet.

Ab 1953 Norwegen tritt dem Nordischen Rat bei, 1960 auch der EFTA. Die Sozialdemokraten (bis 1965 ununterbrochen an der Regierung) führen Norwegen vom Agrarland zu einer unabhängigen Industrienation. Spätestens seit den Ölfunden in der Nordsee Ende der 1960er Jahre beginnt ein immenser Wirtschaftsaufschwung.

1972 Um den ›Ausverkauf Norwegens‹ zu vereiteln, sprechen sich 1972 53,5 % der Norweger gegen die bereits vereinbarte EWG-Mitgliedschaft ihres Landes aus.

1994 Auch bei der Abstimmung im November 1994 siegen die Europagegner; 52,3 % der Wähler bestimmen: »Nei til EU«. Im gleichen Jahr aber trifft Norwegen eine Vereinbarung mit der EU über den europäischen Wirtschaftsraum (EWR) und muss sich seitdem einer Flut von Vorschriften fügen, ohne ein Mitbestimmungsrecht zu haben. Mittlerweile mehren sich deshalb in Norwegen die Stimmen für eine Vollmitgliedschaft.

2003 Norwegen steht dem Einmarsch der USA im Irak kritisch gegenüber, überall im Königreich kommt es zu Friedensdemonstrationen.

2005 Am 7. Juni 2005 sind 100 Jahre vergangen, seitdem sich die Union zwischen Schweden und Norwegen auf friedlichem Wege auflöste. Aus den Parlamentswahlen im September 2005 geht die Arbeiterpartei mit 32,8 % der Stimmen als Siegerin hervor. Zusammen mit der Sozialistischen Linkspartei (8,8 %) und der Zentrumspartei (6,5 %) bildet sie eine rot-grüne Mehrheitsregierung. Zweitstärkste Partei ist die populistische Fortschrittspartei, die 22 % der Stimmen auf sich vereinigen konnte und damit 7,4 % an Boden gewonnen hat.

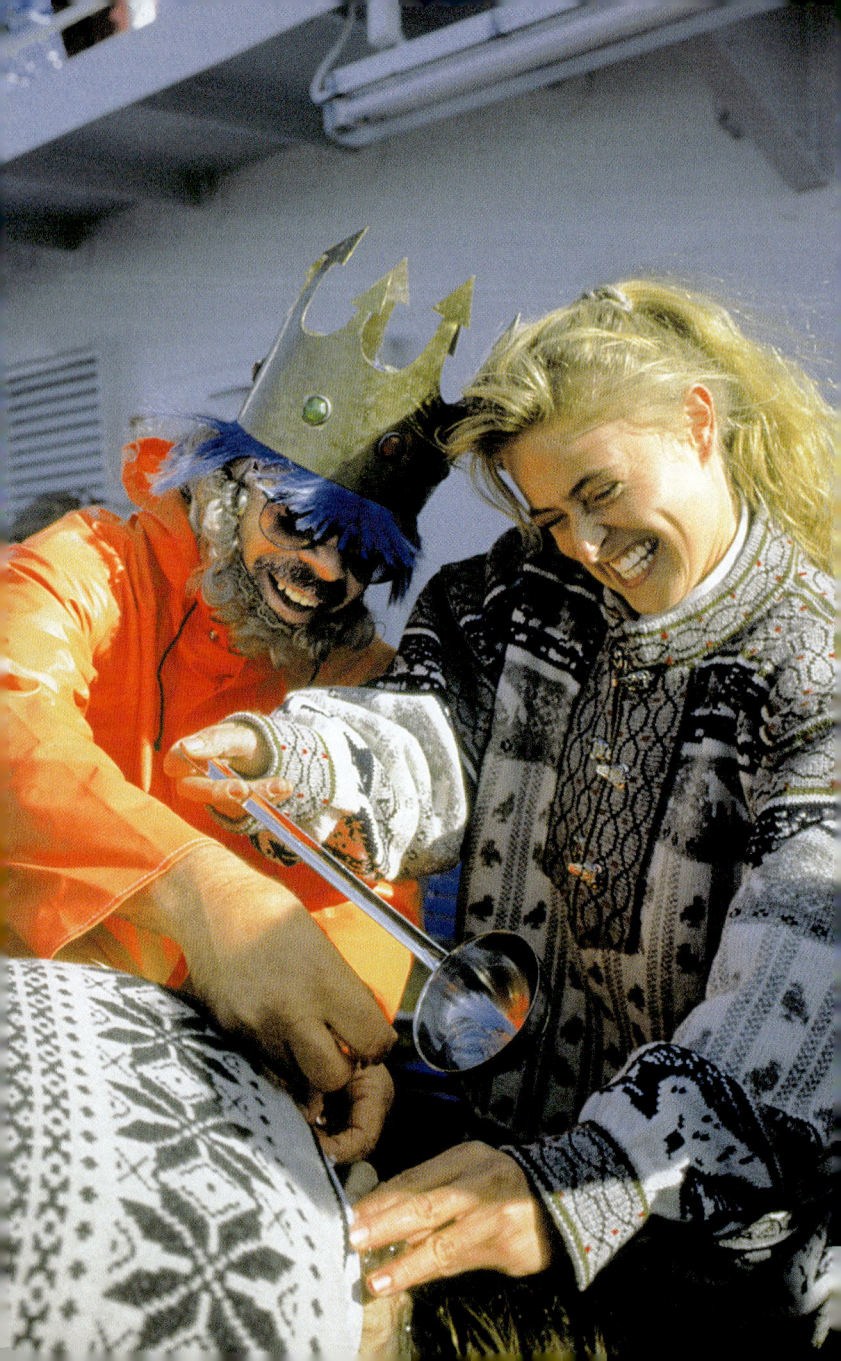

Kultur und Leben

Polartaufe

NORWEGISCHE LEBENSART

Bevölkerung

»Typisch norwegisch«

Das Kennen und Erleiden des Winters, dieses Weltuntergangs für vier bis sechs Monate, hat aus dem norwegischen Menschen einen – wie es heißt – trotzigen Schweiger gemacht, einen patriotischen Eigenbrötler und naturverbundenen Einzelgänger, puritanisch, nüchtern und rau. Das alles sind Klischees, die der Vielfalt regionaler, sozialer und vor allem individueller Differenzierungen nicht gerecht werden. Es gibt ›den‹ Norweger so wenig wie ›den‹ Deutschen, dennoch aber treten, u. a. als Folge historischer und klimatischer Bedingungen, gewisse spezifische Eigentümlichkeiten zutage, aus denen sich, bei allen Vorbehalten, so etwas wie vorherrschende nationale Charakterzüge bestimmen lassen. Die oben aufgeführten Wesensarten gehören dazu und entsprechen durchaus dem, was Norweger über sich selbst sagen.

Es stimmt, dass nirgendwo sonst so viele Nationalflaggen vor den Häusern flattern wie hier. Jeder zweite hat eine Hütte irgendwo in der freien Wildnis, und an den Wochenenden sind die Städte leer gefegt, weil sich dann alle auf dem Meer, in den Bergen oder Wäldern tummeln. Von der Wortkargheit der Norweger kann sich jeder selber überzeugen, und für den Trotz, der beispielsweise Hans Magnus Enzenberger so sprichwörtlich scheint, dass er Norwegen ein »Monument des Eigensinns«

nennt, mag u. a. stehen, dass man sich beharrlich weigert, sein Land der EU-Effektivität preiszugeben, sich von anderen vorschreiben zulassen, wie die natürlichen Ressourcen zu nutzen sind.

Die Samen – Fremde im eigenen Land?

Für die meisten Norweger sind die Samen eine exotische Minorität, die man allenfalls aus den Medien kennt. Verübeln kann man es ihnen nicht, leben doch im gesamten nordeuropäischen Raum insgesamt kaum mehr als etwa 60 000 Samen: rund 30 000 in Nord-Norwegen (vor allem im Bezirk Finnmark), 20 000 in Nord-Schweden und 10 000 in Nord-Finnland sowie Russisch-Karelien. Hier, in Samiid Ædnam, dem grenzübergreifenden ›Land der Samen‹, hat der jahrhundertelange Rückzug dieser Volksgruppe ein Ende gefunden. Die Samen sind heute im Weltrat der Urbevölkerungen und durch ein Samen-Parlament im Storting zu Oslo vertreten. Dass sie nicht das Schicksal anderer ethnischer Minderheiten geteilt haben – nämlich ausgerottet zu werden –, ist wohl nur der Tatsache zu verdanken, dass sie sich nie mit Waffengewalt gegen die nachrückenden Volksgruppen zur Wehr setzten, sondern stets versuchten, durch Abwandern Distanz zu halten.

Die Herkunft der Samen ist ungewiss. Es deutet manches darauf hin, dass sie nach der Eiszeit aus dem Osten kamen und über die karelische

Landzunge einwanderten. Andere Indizien sprechen dafür, dass es sich bei dem Komsa-Volk (s. S. 126), das vor 11 000–12 000 Jahren in einem eisfreien Refugium bei Alta lebte, um Ur-Samen handelte, die nach Ende der Eiszeit von dort aus nach Süden vorstießen. Gesichert ist, dass während des 2. Jt. v. Chr. die ersten ursamischen Gruppen in das innere Lappland einwanderten. Ihr späteres Verbreitungsgebiet umfasste das heutige Finnland sowie Russisch-Karelien, es reichte in Schweden bis auf die Höhe von Östersund und in Norwegen bis an den Femund-See. Ab etwa 1000 n. Chr. wurden sie nach Norden verdrängt, bis sie, im 19. Jh., ihr heutiges Verbreitungsgebiet erreichten.

So behielten sie im Großen und Ganzen ihre Eigenständigkeit. Auch von christlichen Missionaren wurden sie lange Zeit in Ruhe gelassen. Erst durch die Aktivitäten des ›Samenapostels‹ Thomas von Westen (1682–1727) sowie des schwedischen Pfarrers Lars Levi Laestadius (1800–1861) geriet nach und nach der alte Glaube, nach dem alle Naturkräfte als Gottheiten verstanden wurden und jedes Tier, jede Pflanze, jedes Ding als beseelt galt, in Vergessenheit.

Heute sind die Samen aktivere Kirchgänger als die übrigen Norweger und weit entfernt davon, eine Art ›schamanistisches Indianervolk Europas‹ zu sein. Wer bei den Samen nomadisierende Rentierhirten mit ›Zaubertrommeln‹ in farbenfroher Tracht und im ›Indianerzelt‹ erwartet, wird enttäuscht sein, weil sich die erwartete Exotik nicht einstellt. Die Familien leben nicht

Samenkinder in traditioneller Tracht

mehr bei den Rentierherden, sondern wohnen in festen Häusern; nur ein paar Hirten sausen mit Geländemaschinen zu den Weideplätzen, der große Herdentrieb erfolgt mit Helikoptern, und angesichts mobiler Schlachtanlagen, die zu den Rentierscheidungen rollen, verflüchtigt sich auch das letzte bisschen ›Lappenromantik‹ der Prospekte. Die Rentierzüchter sind längst genossenschaftlich organisierte Fleischproduzenten, auch ihre Kleidung entspricht meist der allerweltsüblichen. Zudem leben heute nur knapp 10 % aller Samen von der Rentierzucht, und das Nomadentum, auch früher ohnehin nur von den so genannten Bergsamen betrieben, gehört der Vergangenheit an.

Feste und Traditionen

In der Vorstellung vieler Reisender präsentiert sich Norwegen als ein Zauberquartett aus uralten Bräuchen, Trachten, Volkstanz und -musik, und vor Ort ist man oft enttäuscht, denn so wie Norwegen längst schon kein Land der Bauern und Fischer mehr ist, wie es ein anderes Klischee will, so wurden der Neuzeit auch viele der uralten Bräuche geopfert, die heute oft nur noch die Prospekte beleben. Farbenfrohe Feste nach alter Tradition laden dennoch rings ums Jahr zu dutzenden ein, ihre wichtigsten Eckdaten werden im Reiseteil vorstellt, während die nachfolgenden Abschnitte den landesweit gefeierten Festivitäten gewidmet sind.

Ostern, norwegisch *påske,* unterscheidet sich hier mitsamt bemalten Ostereiern und dem obligatorischen Festessen im engsten Familienkreis kaum von der in Deutschland gepflegten Tradition, und es ist dem Klima geschuldet, dass man nachmittags üblicherweise nicht spazieren, sondern auf Skitour geht, so man nicht ohnehin in Skiurlaub gefahren ist.

Der **Nationalfeiertag** ist der einzige, an dem man überall im Lande Erwachsene, Jugendliche und Kinder in ihren traditionellen Trachten sehen kann, und er erinnert an den 17. Mai 1814, als in Eidsvoll die norwegische Verfassung verabschiedet wurde. Los geht es in der Stadt und auf dem Land meist morgens gegen 9 oder 10 Uhr, und stundenlang erfreuen nun farbenprächtige Umzüge mit Musikkapellen. Wer keine Tracht hat, trägt zumindest Pullover in den Landesfarben, alle schwenken Norwegen-Fähnchen, und an jedem Haus mit Fahnenmast ist die norwegische Flagge gehisst. Mit Abstand am buntesten und auch größten ist natürlich der Umzug in Oslo, der dann die Prachtstraße Karl Johans gate hinaufzieht und vor dem Schloss eine Runde dreht. Anschließend wird vor allem gut gegessen, auch getrunken, und dass der 18. Mai als einer der unproduktivsten Arbeitstage im Jahr gilt, kommt nicht von ungefähr.

Mittsommer, in Norwegen *Jonsok* oder *St. Hans* genannt, fällt hier stets auf den 24. Juni, doch von Fest-Bedeutung ist eigentlich nur der Vorabend, *St. Hansaften,* an dem traditionsgemäß der längste Tag des Jahres gefeiert wird. Am ausgelassensten geht es dann in Süd-Norwegen zu, doch überall wird alles mit Birkenzweigen geschmückt und abends werden riesi-

17. Mai: Nationalfeiertag in Oslo

ge Feuer angezündet. Das Akkordeon spielt auf, es werden ohne Ende *pølser* (Würstchen) gegrillt, es wird getanzt und geflirtet, vor allem auch getrunken, und niemand in Norwegen geht zu Bett, bevor nicht die Sonne wieder am Himmel steht.

Mit St. Hans (s. o.) wird die Sommersaison (und zugleich die zweimonatige Ferienzeit) eingeleitet, halb Norwegen ist nun bis Anfang August reisend unterwegs bzw. verbringt die Zeit im Ferienhaus. In diesen Wochen gibt es auch in allen Orten von touristischer Bedeutung, insbesondere in den Ferienorten entlang der Küste, zahlreiche **Sommer-Festivals.** Meist gehen sie einher mit Musik- und Tanzveranstaltungen, Wettfischen sowie speziellen Programmen für Kinder.

Zu **Weihnachten,** das im engsten Familienkreis mitsamt Weihnachtsbaum gefeiert wird, kommt hier nicht der Weihnachtsmann oder das Christ-kind, sondern vielmehr der auf die nordische Mythologie zurückgehende *julenisse,* dem man aus Dank für die Gaben, die er bringt, eine Schüssel mit Grütze in die Scheune stellt. Das Festtagsessen besteht meist aus *kalkun* (Truthahn), aus *pinnekjøtt* (s. S. 41) oder – in den Küstenorten – *lutefisk* (s. S. 40), und traditionell trinkt man zuvor, dazu und danach Aquavit. Wer es sich erlauben kann, feiert aber oftmals nicht zu Hause, sondern auf einem Schiff der Hurtigruten, wo dann ein gar köstliches Weihnachts-Büfett mit traditionellen Weihnachtsspeisen aufwartet und spezielle Veranstaltungen die Tage zu einem außergewöhnlichen Erlebnis machen.

Silvester, norwegisch *nyttårsaften,* unterscheidet sich in seinem Ablauf durch nichts von dem, was mittlerweile nahezu weltweit üblich ist. Es wird gegessen, getrunken und geknallt, was das Zeug hält.

35

KUNST IN NORWEGEN

Nach der Trennung Norwegens von Dänemark im Jahre 1814 begann Norwegen auch kulturell wieder auf eigenen Füßen zu stehen. Es brach eine Zeit großer nationaler Begeisterung an, und diese Epoche, die bis ins frühe 20. Jh. währte, brachte all jene großen Gestalten der Forschung (u. a. Roald Amundsen, Fridtjof Nansen), aber auch der Literatur, Musik und Malerei hervor, die den noch neuen Namen Norwegen weit über Europa hinaus ins Bewusstsein rückten.

Literatur

Aufgrund der politischen Entwicklung ab 1814 bekam die seinerzeit herrschende Kunstauffassung der Romantik in Norwegen starke nationale Akzente und deshalb den Namen Nationalromantik. An ihrem Anfang steht **Henrik Wergeland** (1808–1845), der in der Literaturgeschichte als der erste Dichter der norwegischen Neuzeit und gleichzeitig als einer der genialsten des Landes bezeichnet wird. Er verstand sich als Kämpfer für die Armen und Unterdrückten, war ein Aufklärer und Bauernfreund und setzte sich schreibend für die völlige Loslösung vom dänischen Kulturleben und die Wiederherstellung des Norwegischen Reiches ein.

So auch der stark von der Nationalromantik beeinflusste **Bjørnstjerne Bjørnson** (1832–1910), Verfasser von Schauspielen und Dramen, Liedern und Gedichten, auch dem heutigen Nationallied Norwegens sowie zahlreicher sozialkritischer Stücke, in denen er sich u. a. mit dem Darwinismus auseinander setzt und die Ausbeutung des Menschen durch den Kapitalismus bloßlegt. Für sein literarisches Gesamtwerk erhielt er 1903 als erster norwegischer Dichter den Nobelpreis.

Als der Große der norwegischen Klassik gilt unbestritten **Henrik Ibsen** (1828–1906), der seinerzeit die Aufmerksamkeit der Welt auf Norwegen lenkte. Als sein facettenreichstes Stück gilt ›Peer Gynt‹, während ›Nora oder Ein Puppenheim‹ von nahezu revolutionärer Sozialkritik ist, durchleuchtet es doch auf ›skandalöse Weise‹ die Rechtlosigkeit der Frau und gleichzeitig die gegenseitige Abhängigkeit von Individuum und Gesellschaft.

1920 wurde **Knut Hamsun** (1859–1952) der Nobelpreis für Literatur verliehen, und nur selten ist ein Dichter in seinem Heimatland so verehrt und später so verachtet worden wie er, der wegen seiner Kollaboration mit den Deutschen zur Zeit des Zweiten Weltkriegs nach 1945 monatelang interniert und schließlich verurteilt wurde, eine Strafe von 450 000 Kronen an den Staat zu entrichten.

Eine Frau war es dann, **Sigrid Undset** (1882–1949), die 1928 den dritten, bis dato auch letzten Literatur-Nobelpreis nach Norwegen holte. Als bekanntestes Werk der Neorealistin gilt die Mittelaltertrilogie ›Kristin Lavransdatter‹.

Seit den 1990er Jahren machen norwegische Schriftsteller wieder international Furore. Yngvar Ambjørnsen, Jostein Gaarder, Jon Fosse, Erik Fosnes Hansen, Gunnar Staalesen und Herbjørg Wassmo sind nur einige von ihnen.

Musik

Auch in der Musik – insbesondere der von **Edvard Grieg** (1843-1907), dem ganz Großen unter den Komponisten des Landes – stellt sich Norwegen ›typisch‹ vor. Inspiriert von der ›heroischen‹ Landschaft und der Volksmusik seiner Heimat gelang es Grieg, diese Einflüsse in eine eigene musikalische Sprache umzusetzen und zu verdichten. Insbesondere ›Solveigs Lied‹ aus der weltberühmten ›Peer Gynt Suite‹ gibt ein außerordentlich romantisierendes Bild von Norwegen – ähnlich wie die Interpretationen des genialen Violin-Virtuosen **Ole Bull** (1810–1880).

Aber auch in Norwegen hört man heutzutage nicht nur Klassisches. Insbesondere der ›freie‹ Jazz wird von norwegischen Musikern maßgeblich mitgestaltet. Den besten Eindruck von dieser Szene erhält man bei einem der mehr als 20 Jazzfestivals, die u. a. in Bergen, Molde, Kongsberg und Oslo stattfinden.

Malerei

Das romantisierende Norwegen-Bild, das Bjørnstjerne Bjørnson in Worte und Edvard Grieg in Töne fasste, bannte **Johan Christian Clausen Dahl** (1788–1857) auf Leinwand. Der als ›Vater‹ der norwegischen Malerei gerühmte Künstler und Freund von Caspar David Friedrich bekannte sich zu einem romantischen Subjektivismus und nahm so die Nationalromantik der Literatur vorweg.

Adolph Tidemand (1814–1876) gab Szenen aus dem norwegischen Volksleben wieder. Den Höhepunkt norwegischer Nationalromantik spiegelt das Gemälde ›Braut in Hardanger‹, das Tidemand zusammen mit **Hans Gude** (1825–1903) komponierte, der Norwegens Landschaft oft in lieblicher Eleganz darstellte.

Der vom Sozialismus beeinflusste Naturalist **Christian Krogh** (1852–1925) widmete sich der Darstellung der Wirklichkeit. **Harriet Backer** (1845–1932), Schülerin von Bonnat, orientierte sich am Impressionismus. Doch all diese Namen verblassen neben **Edvard Munch** (1863–1944), dem international wohl berühmtesten norwegischen Maler. Er kam vom Naturalismus, versuchte sich in vielen Stilarten und gilt heute als einer der wichtigsten Wegbereiter des Expressionismus. Was er wiedergab, das waren vor allem innere Gesichter, er strebte zum Hinterschauen, und nachdem seine Bilder zuerst verrissen und als »Schmiererei« verschrieen worden waren, kam er schließlich zu höchsten Ehren, wurde zum Ritter geschlagen und mit Orden geehrt. Sein Nachlass vermachte er der Stadt Oslo, wo im Munch-Museum Teile seines rund 1100 Gemälde, 4500 Zeichnungen und 18 000 Grafiken umfassenden Gesamtwerks ausgestellt sind.

CHIFFRE DES MITTELALTERS – DIE STABKIRCHEN

Holz bestimmte und bestimmt noch heute den Alltag und das Kulturbewusstsein der Norweger, und all die unzähligen hölzernen Profanbauten, meist weiß oder farbig gestrichen und oft mit Ornamenten reich verziert, ringen dem Betrachter höchste Bewunderung ab. Ehrfurcht – im altmodischen Sinn des Wortes – aber erregen die norwegischen Sakralbauten aus Holz, die als das Nonplusultra der mittelalterlichen Holzbautechnik und Holzbaukunst überhaupt gelten und auf der Welt kein Gegenstück finden. Denn »selten wohl hat die Baukunst in Holz über das Nothdürftige hinaus und zu höherer Schönheit und Zierde sich entwickelt«, wie der Maler J. C. C. Dahl urteilte.

Gemeint sind die Stabkirchen, jene »Kirchengebäude von wildfantastischen Formen mit von der Zeit gebogenen und geschwärzten Stämmen und Bohlen, mit drachengeschmückten Giebeln, mit steilen Dächern und niedrigen Wänden (…), mit wildwachsender Ornamentvegetation überwuchert, in die sich seltsame Fabeltiere verkriechen und die so viel mehr an dämonische Götzentempel als an Gotteshäuser erinnern«, wie es L. Dietrichson in der ›Holzbaukunst Norwegens‹ gefühlvoll formulierte. In der Tat muss der Glaube an Thor und Odin, Geister und Dämonen in den Menschen jener Schaffensepoche noch tief verwurzelt gewesen sein, denn die alten heidnischen Stilelemente haben in den Stabkirchen ihren vielleicht schönsten Ausdruck gefunden. Die Konstruktionselemente des baulichen Gefüges erinnern rege an Wikingerschiffe. Senkrechte Masten (*stav* gleich ›Mast‹, ›Stock‹ oder ›Pfosten‹) erheben sich von starken Bodenschwellen, umrahmen den rechteckigen Kirchenkern und tragen das Satteldach des überhöhten Mittelbaus, der durch Klemmbalken, Rahmenhölzer und Andreaskreuze stabilisiert wird.

Genial müssen sie gewesen sein, die Zimmerleute des Mittelalters, die zwischen dem 11. und 14. Jh. meist im Süden ihres Landes über 700 solcher Gotteshäuser schufen. Doch dann brach die Pest über Norwegen herein, es folgte die Reformation, und im Laufe der Jahrhunderte fiel ein um die andere Stabkirche dem Feuer zum Opfer. Um 1800 konnte man noch etwa 100 zählen, und nur 31 sind heute der Nachwelt erhalten, wobei lediglich 21 noch dort stehen, wo sie einmal errichtet wurden. Ihre größte Dichte findet sich im Bereich der großen Bauerntalungen des südlichen Binnenlandes (u. a. Gudbrandsdal, Numedal, Hallingdal) sowie insbesondere auch des inneren Sognefjords. Dort thront über einem spektakulären Seitenarm die wahrscheinlich schon Mitte des 11. Jh. errichtete Stabkirche von Urnes, die als die berühmteste und auch älteste des Landes gilt und u. a. wegen ihrer einzigartigen Schnitzereien auf die World Heritage List der UNESCO gesetzt wurde. Nicht weniger herausragend steht die um 1150 erbaute Stabkirche von Borgund im nahe gelegenen Lærdal da, die nicht nur als das besterhaltene Beispiel norwegischer Holzbaukunst gilt, sondern auch im Ruf steht, die schönste Stabkirche des Königreiches zu sein. Mit ihren sechsfach gestaffelten Schindeldächern mutet sie wie das Abbild einer Pagode an, und auch im Innern, wo geschnitzte Menschenköpfe und Fabelwesen eine geheimnisvolle Stimmung vermitteln, glaubt man sich kaum in einem christlichen Gotteshaus.

Die Stabkirche von Borgund zählt zu den schönsten Norwegens

ESSEN UND TRINKEN

Schlemmen an Bord

»Man isst schlecht in Norwegen«, lautet ein weit verbreitetes Vorurteil, das vor allem darin wurzelt, dass viele Touristen anscheinend glauben, in den Selbstbedienungsrestaurants oder Cafeterias am Straßenrand der kulinarischen Seele des Landes nahe kommen zu können. Man muss wissen, wohin die Norweger gehen, wenn sie schlemmen wollen (wozu im Reiseteil dieses Buches Hinweise gegeben werden). An Bord der Hurtigruten-Schiffe werden in den Speisesalons nationale Spezialitäten serviert. Dort gibt es, wie in vielen Spitzenhotels, zum Frühstück und Mittagessen das nicht umsonst weltberühmte skandinavische Büfett.

Zum **Frühstück** (7–10 Uhr), norwegisch *frokost,* gibt es neben dem üblichen Angebot kalte Fleischgerichte, natürlich auch eingelegte Heringe und andere Fischspezialitäten.

Es ist unmöglich, von allem auch nur ein Häppchen zu kosten, und wer ein eher mäßiger Esser ist, wird Schwierigkeiten haben, sich dem zwischen 12 und 14.30 Uhr aufgetischten **Mittagessen** *(lunch)* gebührend zu widmen. Jetzt ist nämlich das bunte Mosaik der kalten und warmen Tafelfreuden noch wesentlich größer als morgens: Es locken Lachshäppchen und geräucherte Forellen, Hering in allen erdenklichen Zubereitungsformen, Krabbencocktails und Kaviar, Pasteten und Sülzen, Brathähnchen und Roastbeef, Frikadellen, Soßen und Salate, Beilagen und Gemüse sowie andere Leckereien, bevor man sich schließlich an die Desserts heranmacht.

Zum **Abendessen** (18.30–21 Uhr), das in Norwegen *middag* heißt und traditionell die eigentliche Hauptmahlzeit des Tages darstellt, wird hier Gott sei Dank kein Büfett serviert, denn auch so ist es schon schwer genug, im Rahmen der Schiffsreise nicht die Körperproportionen zu sprengen. Es gibt ›nur‹ ein Menü mit drei Gängen, und die servierten Speisen zeichnen sich durch eine unglaubliche Vielfalt insbesondere an Fischgerichten aus. Da gibt es Lachs und Forelle, Dorsch und Steinbeißer, Hering, Makrele, Scholle und Flunder, Schellfisch, Stein- und Heilbutt. Die *fiskesuppe*, die stets mehrere Fischsorten, Muscheln und andere Meeresfrüchte beinhaltet, steht der berühmten Bouillabaisse um nichts nach. Aber auch *torsketunger* (Dorschzungen), die meist gebraten oder gekocht serviert und mit saurer Sahne aufgetragen werden, haben einen delikaten Geschmack. Doch sagt er nicht jedem zu, wie auch *rakørret* und *lutefisk* bei Nicht-Norwegern mitunter auf Nichtgefallen stoßen. Bei *rakørret* handelt es sich um gesalzene und angegorene Forelle, die mehrere Monate in einer Salzlake liegen muss. Das hört sich übel an, schmeckt aber durchaus gut. Ähnlich verhält es sich mit *lutefisk* (gewässerter Stockfisch), der zwar streng riecht, doch bei den Norwegern so beliebt ist, dass er als Weihnachtsessen auf die Festtafel kommt.

Wendet man sich den Fleischspeisen zu, führt kein Weg um *fårikål* herum, Weißkraut mit Lammfleisch. Wenn *fenlår* – gesalzene und geräucherte Hammelkeule – angeboten wird, sollte man zuschlagen, denn der Geschmack ist köstlich, wie auch *pinnekjøtt* (›Stäbchenfleisch‹), gedämpfte oder gebratene Hammelrippe, nichts zu wünschen übrig lässt. Auch *spekemat* (gepökeltes Dörr- oder Rauchfleisch) ist einen Versuch wert. Als das Leckerste des Leckersten gilt *elgstek* (Elchbraten), meist mit *tyttebær* (Preiselbeeren) serviert, die auch zu *reinsdyr* (Rentier) zu empfehlen sind.

Wer Vegetarier ist oder nur **spezielle Speisen** zu sich nimmt bzw. Diät lebt, kann, wenn vor dem Reisetermin vorbestellt, auch solche Kost an Bord genießen. Und rund um die Uhr steht zudem auf jedem Schiff eine **Cafeteria** bereit, in der kalte und warme Speisen zu landesüblichen Preisen serviert werden.

Getränke

So mancher Norweger sieht sehnsüchtig den vor der Küste vorbeiziehenden Hurtigruten-Schiffen nach, denn was es auf ihnen gibt, findet landesweit kein Pendant: Ausschank von Bier, Wein und Spirituosen zwischen 6 Uhr morgens und 3 Uhr nachts! An Land nämlich, selbst in den Großstädten, kann man auf der Suche nach den rar gesäten **Alkohol**-Läden mit Namen *Vinmonopolet* schon mal den Durst verlieren.

Nur wenige Lokale haben eine Lizenz zum Ausschank von Alkohol; Bier und Wein werden oft nur zusammen mit Speisen serviert, und Spirituosen werden in aller Regel nur in Restaurants angeboten, denen auch ein Übernachtungsbetrieb angeschlossen ist.

Entsprechend beliebt sind Hotelrestaurants (in die man auch einkehren darf, ohne Hotelgast zu sein), denn natürlich sind auch die Norweger den Freuden des Bacchus nicht abgeneigt. Der Stoff, der das Walhalla der Wikinger erst zum Paradies machte, floss früher gar so reichlich durch des Nordmanns Kehle, dass Ende des 19. Jh. zigtausende Familien vor dem Ruin standen. In der Folge entstanden Anti-Alkohol-Bewegungen und eben auch die Idee, Alkohol nur noch über ein weitmaschiges Ladennetz zu verkaufen. Und zu hohen Preisen: Man erhält eine Flasche Wein kaum unter 80 NOK, eine Dose Bier (1/2 Liter) kostet ab 20 NOK, gute Spirituosen 260–400 NOK die Flasche.

Das Bier wird in Norwegen nach dem Reinheitsgebot gebraut. Es gibt solches mit 7 % Alkohol (*gulløl, bokkøl)*, mit 5,4 % (*pils, bayerøl),* mit 2,5 % (*lettøl)* und gänzlich alkoholfreies (*zero);* an Malzbier erinnert das ebenfalls alkoholfreie *vørterøl.* Die bekannteste nordische Spirituose ist **Aquavit**, sie trägt auch im Ausland einen guten Namen, insbesondere dann, wenn von Linje oder von Gilde gebrannt. Ansonsten trinken die Norweger vor allen Dingen **Kaffee** – morgens, mittags, abends, nachts. **Mineralwasser** ist teuer, denn in Norwegen sprudelt nur eine einzige Quelle. Die heißt Farris und trägt den Beinamen ›The King of Table-Waters‹.

Tipps für Ihren Urlaub

›Die sieben Schwestern‹

ERLEBNIS HURTIGRUTEN

Highlights

Die Antwort auf die Frage, welcher Abschnitt der Route Bergen – Kirkenes – Bergen der sehenswerteste ist, lautet ›alle‹! Im Verlauf der nordgehenden Route hat man im Vergleich mehr Sightseeing-Zeit in den am Weg liegenden Städten (was der Kulturfreund zu schätzen weiß), wohingegen die südgehende Strecke mehr im Zeichen der Landschaft steht, was wiederum den Naturfreund begeistert. Wie auch immer: Nur wer die Gesamtstrecke befährt, kommt in den Höchstgenuss von Küsten-Nor-wegen. Jede Strecke hat ihren eigenen Reiz, zudem fahren die Schiffe auf der südgehenden Route (Kirkenes – Bergen) zeitversetzt zur nordgehenden (Bergen – Kirkenes), so dass man dann die Strecken in der Regel bei Tag sieht, die man auf der nordgehenden verschlafen hat und umgekehrt.

Reisen und Preise

Die Preise für eine über die NSA gebuchte zwölftägige Rundreise variieren je nach Jahreszeit und gewählter Kabi-

Naturerlebnis im Überfluss:
Der Sommer zeigt sich in Harstad von seiner schönsten Seite

nenart beträchtlich: von ca. 1400 € (günstigste Kabine und Jahreszeit) bis ca. 4100 € (teuerste Kabinenart und Jahreszeit). Für **Alleinreisende** wird ein Zuschlag erhoben, **Senioren** ab 67 Jahren erhalten Ermäßigungen (nicht in der absoluten Hochsaison), für **Kinder** zwischen vier und elf Jahren gibt es Rabatt. Die Preise für Teilstrecken variieren je nach Saisonzeit und Strecke. Dazu kommen die **Mahlzeiten:** Das Frühstück kostet ca. 120 NOK, das Mittagessen ca. 275 NOK und das Abendessen ca. 325 NOK pro Tag (Vollpension ca. 720 NOK/Tag).

Landausflüge

Langsames Reisen hat den Vorteil, dass die Seele Schritt halten kann, und wenn es eine Schiffsreise gibt, die dieses zur Tugend erhoben hat, dann die Hurtigruten. Die jeweilige Liegezeit in den 34 Häfen beträgt zwischen 15 Minuten und sechs Stunden, und auch diese ›Ruhepausen‹ machen das ganz Besondere einer Reise mit den Hurtigruten aus. Da nicht jeder zum ›Selbstentdecken‹ geboren ist und sich im Rahmen der zur Verfügung stehenden Zeit auch nicht alles auf eigene Faust entdecken lässt, bietet Hurtigruten ganzjährig eine Vielzahl an Ausflügen: Bustouren, geführte Stadtrundgänge, Museums- und Konzertbesuche, Vogelbeobachtung, die natürlich auch auf Deutsch durchgeführt werden. Im Reiseteil werden beim jeweiligen Tag die Angebote aufgeführt. Der Hurtigruten-Katalog informiert darüber, wo man diese Ausflüge jeweils buchen kann.

Zusatzprogramme

Das Vor- oder Nachprogramm **Fjordhotel Solstrand** ist als Alternative zu einer Übernachtung in Bergen zu empfehlen. Seit 100 Jahren haben die einzigartige Lage Solstrands, der großartige Blick auf den Folgefonn und die herrliche Umgebung Besucher aus nah und fern fasziniert. Christian Michelsen, der erste Ministerpräsident Norwegens nach der Auflösung der Union mit Schweden im Jahre 1905, ließ Solstrand für die Kaufleute aus Bergen bauen, damit sie »einen Ort hatten, an dem sie für ihre anspruchsvolle Tätigkeit Kraft schöpfen konnten«. Seit 1929 befindet sich das Hotel im Besitz der Familie Schau-Larsen. Trotz Restaurierung und Umbau hat es seinen Charakter aus der Zeit der Jahrhundertwende bewahrt.

›**Norway in a nutshell**‹ ist Motto eines Tagesausfluges ab/bis Bergen, der ganzjährig in Verbindung mit allen Reisen, die mit mindestens einer Übernachtung in Bergen beginnen oder enden, gebucht werden kann. Der Name resultiert aus dem Anspruch, die gesamte landschaftliche Vielfalt Norwegens widerzuspiegeln. Los geht es in Bergen mit der Bahn bis nach Voss, über Land per Bus weiter nach Gudvangen und weiter mit dem Schiff über den Fjord nach Flåm am Aurlandsfjord. Hier steigt man um in die Flåmbahn (s. S. 46) bis nach Myrdal, von wo aus es mit der Bergen-Bahn wieder zurück nach Bergen geht.

Der Tagesausflug **Flåmbahn & Sognefjord-Express** (nur im Sommer) ist im letzten Abschnitt mit ›Norway in a

ABENTEUER AUF FESTEM GLEIS – BERÜHMTE EISENBAHNLINIEN

Dramatisch sind alle Landwege, die nach Bergen hinein- und aus Bergen heraus-führen. Auf keiner Strecke wird man das besser gewahr als mit der **Bergenbahn,** die auf ihrer 470 km langen Trasse von Oslo aus über 200 Tunnel durchquert, mehr als 300 Brücken und extreme Gefällstrecken überwindet. Ihre Eröffnung war 1909 nach 14 Jahren Bauzeit ein Fest der Nation, und ein Fest für die Sinne ist es, sich auf dieses ›Abenteuer auf festem Gleis‹ einzulassen: Alle Landschaftsformen Nor-wegens rauschen wie im Zeitraffer an den Panoramafenstern des supermodernen Expresszuges vorüber. Erst dominiert hügeliges Wald- und Wiesenland, es folgen bald dunkelgrüne Berghäupter, bis es auf die Kältesteppe der Hardangervidda hin-aufgeht, das mit nahezu 10 000 km^2 flächengrößten Hochplateaus Europas. Dort liegt Finse, die höchstgelegene nordeuropäische Bahnstation auf 1222 m Höhe, umgeben von einer arktischen Wüste, in der einst die Polarforscher Amundsen und Nansen ihre Ausrüstungen getestet haben. Bald wird Fagernut, der mit 1237 m höchste Streckenpunkt erreicht, und von nun an etwa hat der Hardangerjøku-len die Tundrasteppe fest im Gletschergriff, bevor man bei Myrdal einen extremen Szenenwechsel genießen kann: Durch Lichtöffnungen in einer Tunnelwand fällt der Blick rund 860 m tief ins Flåmdal hinunter. Dort liegt Flåm an einem Seitenarm des Sognefjordes. Das verbindende Glied zwischen Meer und Hochgebirge ist die 1940 eröffnete **Flåmbahn,** die auf ihrer 20 km langen Strecke zwischen Myrdal und Flåm zahlreiche Tunnel und Serpentinen bewältigt. Während der gesamten, rund 45-minütigen Fahrt bietet sie Aussichten, die mit zu den beeindruckendsten Sehens-würdigkeiten Norwegens zählen.

Diese Eisenbahnstrecke ist eine der steilsten der Welt und wird von vielen als das schönstmögliche Bahnerlebnis unseres Kontinents angesehen, doch auch die rund 550 km lange **Dovrebahn,** die seit 1921 Oslo mit Trondheim verbindet, kann nur mit einem Superlativ beschrieben werden. Sie folgt im Großen und Ganzen der historischen Hauptverkehrsader durch das Gudbrandsdal, das sich von Lilleham-mer aus öffnet – Stadt der Olympischen Winterspiele 1994 –, und auf seinem mehr als 100 km langen Verlauf mal weite Tröge bildet, mal enge Schluchten, über de-nen sich, oft hunderte Meter über dem Talgrund, uralte Gehöfte an steile Flanken klammern. Das Gebirgsmassiv Dovrefjell, aus dem im Westen die beiden Zwei-tausender Snøhetta (2286 m) und Svanåtind (2215 m) herausragen, war praktisch für über 1000 Jahre das bekannteste des Landes, weil letztes Hindernis auf dem historischen Pilgerweg zum Nidarosdom von Trondheim, und die Aussicht auf die baumlosen Fjellweiten ist von einzigartiger Schönheit auch dann, wenn man vom Zugfenster aus kein Exemplar der Moschusochsen sehen kann, die hier ihr letz-tes Refugium in Europa haben.

nutshell‹ identisch. Zuvor geht es von Bergen aus mit dem Expressboot, einem Katamaran, durch den majestätischen Sognefjord nach Flåm. Beide Ausflüge sind durch eine Übernachtung in Flåm verlängerbar.

Ein weiterer Tagesausflug führt vom zauberhaften Hardangerfjord mit Bus und Boot zur Ortschaft Lofthus im **Obstgarten Norwegens** (vorrangig Apfel- und Kirschbäume). Das milde Klima der sonnigen Täler hat eine für norwegische Verhältnisse reiche Landwirtschaft hervorgebracht.

Der Ausflug zu den **Königskrabben** ist ein englischsprachiger Ausflug, buchbar im Sommer in Verbindung mit den Reisen, die mit mindestens einer Übernachtung in Kirkenes enden oder beginnen. Ihr Weg führt Sie entlang der russischen Grenze zum Arctic Adventure Resort, wo Sie den Fang von Königskrabben, die bis zu 15 kg schwer werden, hautnah erleben und danach diese Delikatesse verkosten.

Der dreitägige Ausflug **Lappland im Sommer** ist buchbar in Kombination mit den Reisen, die in Kirkenes beginnen/enden. Lernen Sie von den deutschsprachigen Guides viel Wissenswertes über die Natur, Kultur und Geschichte der Samen.

Über die Grenzen Norwegens hinaus führt ein zweitägiger Ausflug nach **Murmansk**, größte Stadt nördlich des Polarkreises. Ein deutschsprachiger Reiseleiter bringt Ihnen Kultur und Geschichte des norwegisch-russischen Grenzgebietes näher. Durch eine Übernachtung in Murmansk haben Sie die Gelegenheit, interessante Kontraste zu erleben: von Industrie und kulturellem Umschwung geprägte Ortschaften sowie nahezu unberührte Landstriche.

Themenreisen

Unter dem Motto **Nordlicht und Sterne** steht eine Themenreise in Kooperation mit »Astronomie.de«, die mehrmals im Jahr in den Wintermonaten angeboten wird. Für zoologisch Interessierte ist die Reise **Wale & Fjorde** genau das Richtige. Sie haben die Wahl zwischen zwei Reisezielen in Norwegen, die bekannt sind für ihr Walaufkommen – Andenes im Sommer und der Tysfjord im Herbst.

Für eine Reise mit Hurtigruten ist das Thema **Navigation & Nautik** natürlich maßgeschneidert. Auch für Laien gibt es interessantes nautisches Wissen in Theorie und Praxis zu erfahren. Machen Sie Navigationsübungen, halten Sie Brückenwachen und lernen Sie, wie die Arbeit an Bord eines Schiffes funktioniert.

Wollen Sie ein weiteres Gesicht Norwegens kennen lernen, empfehlen wir Ihnen die Themenreise **Fish & Ships**. Ein Meeresbiologe und der TV-Koch Thies Möller zeigen Ihnen die kulinarische Seite Norwegens und erzählen viel Informatives über Fisch und Fischfang entlang der Küste.

Klima, Reisezeit und Kleidung

Mit dem Klima verhält es sich in Norwegen anders als landläufig angenommen: Die Wintermonate, wenn Dunkel-

Gespenstische Fahrt durch den Nebel im Bokfjord

heit über der verschneiten Landschaft liegt, lassen einen leicht vergessen, dass eines der Merkmale dieses Landes seine klimatische Gunst ist. Hier wachsen Bäume noch viel weiter nördlich als in anderen Regionen unserer Hemisphäre, auch Getreide, Kartoffeln, Rhododendron und Vergissmeinnicht beispielsweise gedeihen nirgendwo in der Welt so weit nördlich. In Tromsø, auf dem 68. Breitengrad, reifen sommers die Erdbeeren in den Gärten, auf den Vesterålen nördlich des Polarkreises, ziehen manche Gärtner draußen Zucchini – Gemüse, das man selbst im Süden des Landes kaum vermuten würde. Ebenso verwundert es, dass Hammerfest, die nördlichste Stadt der Welt, mit Oslo die durchschnittliche Januartemperatur von rund -4,7 °C gemeinsam hat (München -2 °C).

Der Grund für diese ›Milde‹ ist der Golfstrom, jene natürliche ›Warmwasserheizung‹, die ihren Ursprung im Golf von Mexiko hat. Das Ungewöhnliche des Golfstroms sind seine hohe Fließgeschwindigkeit (die rund 4–5 Seemeilen pro Stunde entspricht), sein enormer Massetransport (bis zu 150 Mio. m³ pro Sekunde) und die Tatsache, dass seine Wassersäule von der Wasseroberfläche bis zum Meeresboden reicht. So sorgt der Golfstrom nicht nur für ein eisfreies Meer an der norwegischen Küste, sondern – in dem er die über ihm liegenden Luftmassen erwärmt – auch für ein mild-maritimes Küstenklima vom Skagerrak bis hinauf zum Nordmeer und zur Barents-See.

Golfstrom hin, maritimes Klima her: Norwegen liegt auf der gleichen geografischen Breite wie Grönland oder

Alaska, und einen warmen Pulli, evtl. Schal, Mütze und Handschuhe sollte man auch sommers stets im Gepäck haben. Regenzeug sowieso, aber ruhig auch Badesachen. Gesellschaftskleidung (Anzug, Cocktailkleidung u. a.) hingegen ist nicht erforderlich, auch nicht an Bord, doch sind z. B. ein Jackett oder Blazer zu empfehlen.

Allerdings sollte man auch im **Frühsommer** unbedingt dünne Kleidung mitnehmen, ebenso Sonnencreme mit hohem Schutzfaktor, denn selbst im Süden sind die Berge noch schneebedeckt, und da die weiße Pracht die bereits sehr intensive Sonnenstrahlung verstärkt, läuft man Gefahr, sich einen Sonnenbrand zu holen, auch im hohen Norden, wo der Winter bis weit in den Mai hinein dauert. Die Tage sind schon lang, nördlich des Polarkreises werden zwischen Mai und Juni die meisten Sonnenstunden bei niedrigster Niederschlagswahrscheinlichkeit verzeichnet. Aber auch im Süden regnet es im Mai und Juni statistisch betrachtet weniger als etwa im Juli und August. Im Fjordland erblühen nun Blumen und Bäume zu farbiger Pracht, und die Wasserfälle springen und poltern wie toll.

Wer im Meer baden will, sollte wie der Kulturreisende (viele Museen öffnen erst Mitte Juni) dem **Hochsommer** den Vorzug geben, wenn die Mitternachtssonne scheint, wodurch sich der Norden außerordentlich erwärmt. Es herrscht Hochsaison, entsprechend eng kann es auf den Hurtigruten-Schiffen zugehen, die – wie viele Hotels – oft bis auf den letzten Platz ausgebucht sind. Ab Mitte August, dem Beginn des **Spätsommers,** ist der ›Rummel‹ vorbei, auch wenn der sommerlichen Wetterlage noch mindestens zwei (im Norden) bis vier Wochen verbleiben. Die Tage werden rapide kürzer, und nachts wehen bereits die ersten Schleier des Polarlichts über den Himmel.

Anfang September gibt der **Herbst** sein Debüt im Norden, wenig später lässt er im ganzen Land die Natur in Rot und Gelb und Gold erglühen. Insbesondere in der Finnmark bewegt man sich dann wie in einem Farbtraum. Und weil es nachts bereits empfindlich kalt wird, kann man sich morgens oft am Gegenspiel rot glühender Bäume und von Raureif überzogener Berge erfreuen. Die Wetterlage ist ziemlich stabil, aber in den Bergen fällt spätestens Mitte September der erste Schnee. Im Süden kann man dann durchaus noch ein Sonnenbad genießen.

Ende September, zu Beginn des **Spätherbstes,** wird der Himmel von Tag zu Tag wetterwendischer. Sturm und Regen wechseln sich mit mehr oder weniger kurzen Sonnenperioden ab. Im Oktober gerät das Land zunehmend in den Einflussbereich atlantischer Tiefausläufer. Der Wind frischt auf, und mit Sturm bis Orkanstärke und sintflutartigen Regenfällen dämmert das Land in den schneereichen **Winter** hinüber. Im Dezember wird die Polarnacht nördlich des Polarkreises zum Alltag. Die Temperaturen können bis in den März hinein Tiefstwerte von -30 °C erreichen. In der inneren Finnmark wurden schon mal -50 °C gemessen, doch entlang der Küste sorgt der Golfstrom stets für angenehme Werte, die kaum je unter -10 °C fallen, aber auch durchaus mal auf 5–10 °C steigen können.

DIE SCHÖNSTEN ROUTEN DURCH NORWEGEN

Auf der ›Via Skandinavia‹

Die Standardroute des Tourismus durch Norwegen hindurch folgt der Europastraße 6 (E 6), die in ihrem rund 2700 km langen Verlauf vom Svinesund im tiefen Süden an der schwedischen Grenze bis hinauf nach Kirkenes an der russischen Grenze einige der landschaftlich und kulturhistorisch beeindruckendsten Regionen des Königreichs quert. Sie ist in der Regel ganzjährig befahrbar (im Winter auf manchen Abschnitten nur im Konvoi und mit Spikes), durchgehend asphaltiert und zumeist gut ausgebaut, wird nur durch eine einzige kurze Fährverbindung südlich von Narvik unterbrochen, und viele Nebenstraßen, insbesondere im nördlichsten Teil, laden zu interessanten Abstechern oder Alternativrouten ein.

Im Verlauf der E 6 ab der südschwedischen Fährstation Trelleborg über Malmö, Helsingborg und Göteborg geht es durch eine mäßig reliefierte Wald-, Feld- und Wiesenlandschaft zur Grenzstation Svinesund und durch die Festungsstädte Halden (www.haldentourist.no) und Fredrikstad Richtung Oslo (s. S. 168ff.). Nächste Station ist Hamar (www.hedmark.com) am schönen Mjøsa-See (u. a. Raddampferfahrten), und via Lillehammer (www.lillehammerturist.no), der Olympiastadt von 1994, fährt man ins berühmteste Bauerntal Norwegens, das Gudbrandsdal, hinein und via Ringebu (Stabkirche) und Otta (Ausgangspunkt für das Rondane-Gebirge) nach Dombås (www.dovrenett.no) am Fuße des Dovrefjell, das nun gequert wird (höchster Punkt der E 6: 1026 m).

Nach insgesamt rund 650 km ist Trondheim (s. S. 150ff.) erreicht, und am Trondheimsfjord vorbei führt die Fahrt nach Grong, bekannt als das ›Tor zu Nordland‹ (www.visitnordland.no). Bald wehen sowohl Hochgebirgsluft als auch Taigaduft über der Strecke nach Mo i Rana (www.arctic-circle.no), und vorbei am Svartisen (s. S. 81f.) geht es steil aufs Saltfjell hinauf, wo der Polarkreis (www.polarsirkel senteret.no)gequert wird. Es schließt sich eine Schussfahrt ins naturschöne Saltdal (www.saltenreiseliv.no) an, und hinter Fauske (hier kann man nach Bodø abbiegen, Anschluss an die Lofoten) beginnt eine extreme Berg-und-Tunnelstrecke, die nicht ihresgleichen hat in Norwegen und nach Narvik (www.narvikinfo.no) geleitet, rund 300 km südlich von Tromsø (s. S. 93ff.).

Ab Tromsø markiert die dramatische Bergkette der Lyngen-Alpen (s. S. 98) den Weg nach Skibotn (Abstecher zum Dreiländereck) und vorbei am wilden Reisadal (www.nordtromsreiseliv.no) nach Alta (www.destinasjonalta.no) in den Bereich der Finnmark (www.visitnorthcape.com) hinein. Hier locken dutzende Attraktionen, u. a. auch ein Abstecher (130 km) ins Samenzentrum Kautokeino (www.kauto

keino.nu). Via Skaidi sind es ab Alta nun nur noch 142 km bis Hammerfest (s. S. 120ff.) bzw. 238 km bis zum Nordkap (s. S. 103f.).

Als nächste Station wird Lakselv (www.visitarcticnorway.no) erreicht. Von dort aus führt die R 98 durch unglaublich wilde Tundra-Landschaft nach Tana und die E 6 via Karasjok (›Hauptstadt‹ der Samen; www.koas.no) sowie vorbei am eher lieblichen Ufer des Tana-Flusses nach Tana (www.tana.kommune.no). 143 km sind ab dort noch bis Kirkenes (s. S. 109ff.) zurückzulegen, und während der meisten Zeit geht es am Varangerfjord vorbei.

Auf Küstenwegen

Anstatt der meist binnenwärts durch Norwegen verlaufenden E 6 gen Norden zu folgen, kann man bis hinauf nach Tromsø auch entlang der Küste führende Alternativrouten nehmen, was unbedingt eindrucksvoller, aber auch wesentlich zeitraubender ist. Dann bietet es sich an, von Oslo (s. S. 168ff.) aus über die E 18 und die Skagerrak-Küste (mit den schönsten Holzhaus-Städtchen des Landes) nach Kristiansand (www.sorlandet.com) zu fahren. Die E 39, oder, wesentlich eindrucksvoller, der Nordsjøvegen (R 44; www.nordsjovegen.no) führen nach Stavanger (www.visitstavanger.com), von wo aus man entlang der E 39 über ein System von Brücken und Tunneln nach Bergen (s. S. 56ff.) gelangt.

Die E 39 markiert von dort die kürzeste Strecke nach Ålesund (s. S. 67ff.), doch unvergleichlich schöner ist es, entlang der E 16 und R 13 zum Sognefjord zu fahren und von dort via Sogndal (www.sognefjorden.no sowie www.sfr.no) und vorbei an der Stabkirche von Urnes sowie dem Jostedalsbreen (größter Gletscher Norwegens) und der Jotunheimen-Bergwelt über die Sognfjellhochstraße (R 55) nach Lom (www.visitlom.com) zu reisen. Dort hat man Anschluss an die E 6 bei Dombås sowie, via R 15 und R 63, nach Geiranger (s. S. 76), von wo aus Traumstraßen nach Ålesund (s. S. 67ff.) und Molde (s. S. 163ff.) führen.

Nun sollte man den Atlanterhavsveien (s. S. 161ff.) für die Strecke nach Kristiansund (s. S. 159ff.) wählen, von wo es, via E 39, nicht mehr weit bis Trondheim (s. S. 150ff.) ist. Beim nördlich von Trondheim gelegenen Steinkjer zweigt die berühmte, weil einzigartig schöne Küstenstraße R 17 (Kystriksveien; www.rv17.no) ab, die bis nach Bodø führt und ›die‹ Alternative zur E 6 bildet. Unterwegs wird der Polarkreis (www.arctic-circle.no) gequert, auch Svartisen-Gletscher (s. S. 81f.) und Saltstraumen (s. S. 82) liegen an dieser Traumroute für Naturfreunde, und von Bodø (s. S. 83ff.) aus bietet es sich an, die Fähre zu den Lofoten (s. S. 135ff.) zu nehmen und sodann der E 10 via den Vesterålen (s. S. 129ff.) bis Narvik (www.narvikinfo.no) an der E 6 zu folgen oder aber die Walroute (www.whaleroute.no; R 82 und R 86) via Andøya (s. S. 131) und Senja (s. S. 92) nach Finnsnes (s. S. 92) nahe Tromsø zu nehmen.

UNTERWEGS
MIT DEN HURTIGRUTEN

Ein Leitfaden für die Reise und viele Tipps für unterwegs.

Genaue Beschreibungen von Häfen, Städten und Dörfern, Landschaften und Ausflugszielen.

Norwegens Küste erleben: ausgesuchte Hotels und Restaurants, Ausflüge und Bootstouren.

Immer küstennah und deshalb ständig
überraschende Perspektiven

Die nordgehende Route

Der Yachthafen in Bergen

Reiseatlas S. 204–215

ERSTER TAG: AB BERGEN

Die ehemalige Hansestadt Bergen ist Ausgangs- und Endpunkt der Hurtigruten, und einen Tag muss man schon wenigstens einplanen, um ihre herrliche Lage und herausragenden Sehenswürdigkeiten zu erkunden: die Tyske Brygge, von der UNESCO zum Weltkulturerbe erklärt, der Hafen am atmosphärischen Torget, die malerischen Altstadtgassen und die einzigartigen Kunstsammlungen.

Bergen

Reiseatlas: S. 204, A 4

Bergen, die Hauptstadt des Fjordlandes und ›heimliche Hauptstadt Norwegens‹, wurde als Bjørgvin, das will heißen: ›Weide zwischen Bergen‹, schon im Jahre 1070 gegründet. Sie war lange Zeit die bedeutendste und größte Stadt des Landes, ja des gesamten Nordens sowie, ab 1217, auch Residenz der norwegischen Könige. Diesen Rang musste sie zwar 1299 an Oslo abtreten, doch noch mehr als ein halbes Jahrtausend zog ins Land, bevor Bergen auch einwohnermäßig von Oslo überflügelt wurde, was die ca. 239 000 Bergenser heute dadurch kompensieren, dass sie Bergen als die schönste Stadt bezeichnen – nicht nur Norwegens. Sicherlich ist sie diejenige mit der kosmopolitischsten Atmosphäre. Von ihrer Lage her an der inneren Bucht des Byfjordes, umgeben von sieben Fjellhöhen, ist sie zudem die verlockendste des Königreichs. Auch zogen von keiner anderen Stadt so viele Gestalten des norwegischen Kunstschaffens aus, um den Begriff ›norwegische Moderne‹ in die Welt zu tragen. Nirgends sonst steht heute das kulturelle Leben in solcher Blüte wie hier, so dass der *civis bergensis* obendrein mit vollem Recht behaupten kann, Bergen – die ›Europäische Kulturstadt 2000‹ – sei auch die Kulturmetropole des Landes. Wenn das Hurtigruten-Schiff gegen 20 Uhr (Okt.–März um 22.30 Uhr) vom Kai Nøstebryggen, wo sich seit 2005 der neue Hurtigrutenkai befindet, ausläuft, dann genießt man im langsamen Vorbeigleiten das – wie viele Passagiere meinen – schönste Panorama auf diese von Berg und Meer geprägte Metropole. Wie einst die Drachenschiffe der Wikinger, nimmt das Schiff dann Kurs auf den Hjeltefjord. Für uns aber ist die malerisch in Wald und Fels gefasste Wasserstraße nicht Ausfalltor, sondern vielmehr Eingangspforte nach Küsten-Norwegen, und elf Tage werden vergehen, bis die eindrucksvolle Stadtkulisse das Ende der ›schönsten Seereise der Welt‹ markiert.

56

Am Ufer des Vågen

Dass Goethes Empfehlung, jede Stadt zunächst von oben kennen zu lernen, Hand und Fuß hat, erkennt man spätestens von der Höhe des Aussichtsberges **Fløyen**. In 320 m Höhe, entspannt erreichbar innerhalb von 5–6 Fahrminuten mit einer Kabelbahn, genießt man einen ganz und gar traumhaften Blick auf die wie die Ränge eines Amphitheaters zum Hafenbecken Vågen hin absteigende Stadt. Ganz Bergen liegt dem Betrachter zu Füßen, und das Panorama ist von überwältigender Dramatik selbst dann, wenn über Bergen, dank 2250 mm Niederschlag pro Jahr auch ›Hauptstadt des Regens‹, eine der hier bekannten 27 Regenarten niedergeht. Die Talstation findet sich nur 150 m vom zentralen Marktplatz Torget entfernt an der Vetrlidsalmenning (1.5.–31.8. Mo–Fr 7.30-0, Sa ab 8, So ab 9 Uhr, sonst Mo–Fr 7.30–23, Sa ab 8, So ab 9 Uhr, 35 NOK je Weg; www.floibanen. no).

Auch ein Restaurant lädt auf der Höhe ein, viele Wanderwege nehmen dort ihren Anfang, u. a. kann man innerhalb von etwa 45 Gehminuten auf guten Wegen wieder das Zentrum am Ufer des **Vågen** erreichen, eines so überaus günstig gelegenen Naturhafens, dass König Olaf Kyrre im Jahre 1070 beschloss, hier eine erste Niederlassung zu gründen. Um diesen Hafen herum wuchs die spätere Hansestadt nach und nach heran, die bereits im Verlauf des 12. Jh. zu Norwegens wichtigstem Umschlagplatz für Waren aus aller Herren Länder wurde.

Blick vom Fløyen auf Bergen

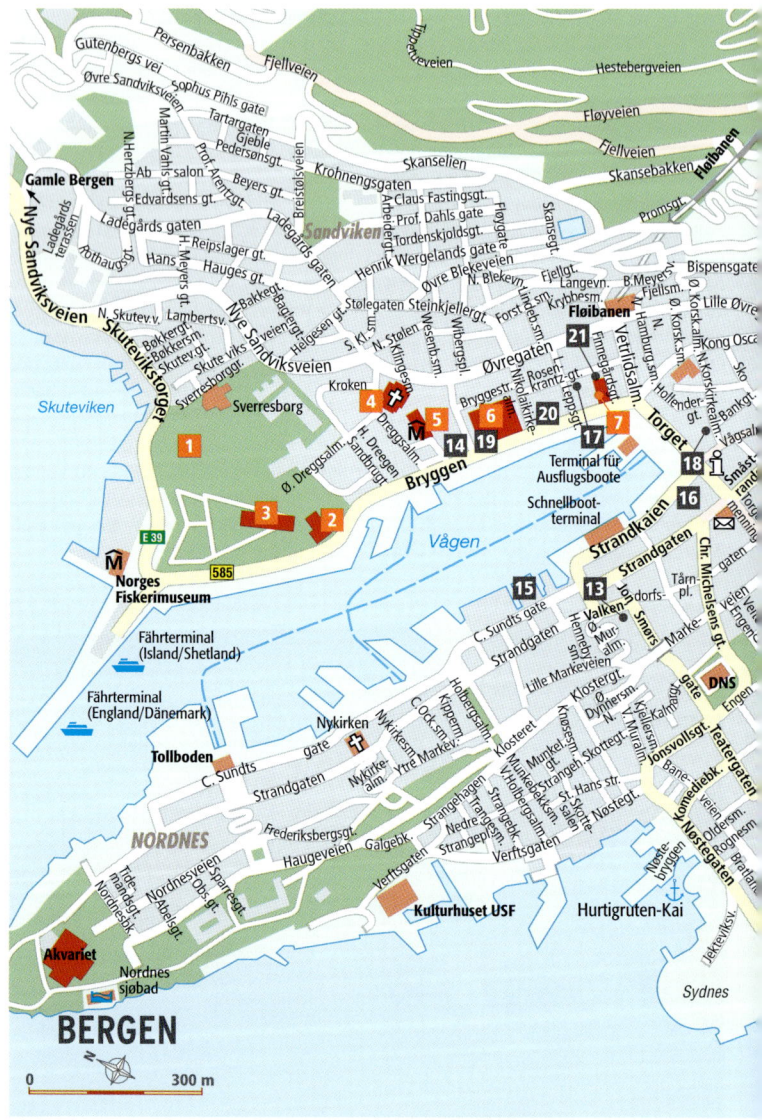

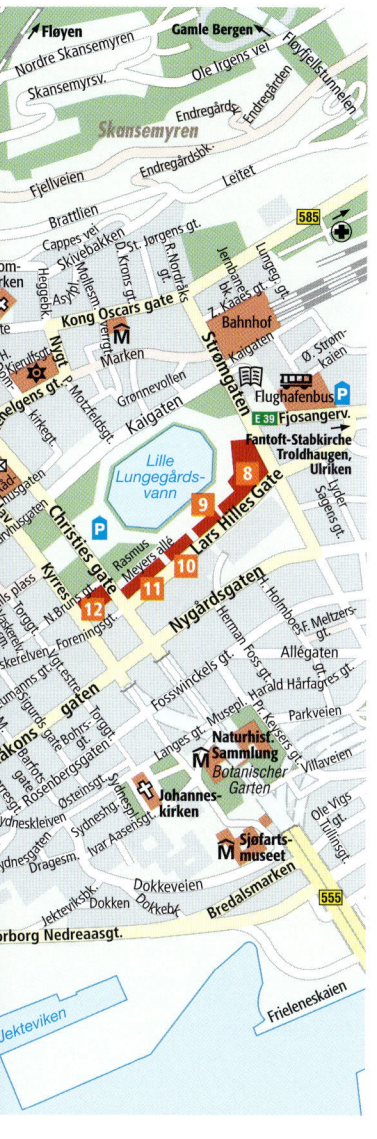

Sehenswürdigkeiten

1. Bergenhus
2. Rosenkrantztårnet
3. Håkonshalle
4. Marienkirche
5. Bryggen Museum
6. Tyske Brygge
7. Hanseatisches Museum
8. Lysverket
9. Rasmus Meyers Samling
10. Bergens Kunstforening
11. Stenersen Samling
12. Kunstindustriemuseum

Übernachten

13. Neptun Hotell Rica Partner
14. SAS Radisson Royal Hotel Bergen
15. Clarion Hotel Admiral
16. Strand Hotel
17. First Hotel Marin
18. Bergen Vandrerhjem YMCA

Essen und Trinken

19. Enhjørningen
20. Bryggeloftet & Stuene, Bryggen Tracteursted
21. Finnegårdstuene

Mit seinem bunten Durcheinander von Ausflugsbooten, Segel- und Motoryachten, Kuttern und Schiffen im Rahmen altehrwürdiger Bauwerke gibt der Hafen ein prachtvolles Bild ab, und nicht ohne Grund pflegen heute Fremdenführungen mit dem Besuch der Festung **Bergenhus** 1 zu beginnen. Sie liegt dort, wo in der Gründungszeit Bergens erste Gebäude entstanden, nämlich direkt an der Öffnung des lang gestreckten Hafens, von wo aus man das vielleicht imposanteste Bild der zu den steilen Fjellhöhen ansteigenden Stadt genießt.

Zwei Bauwerke lohnen hier einen Besuch: der im Jahre 1560 im Renaissancestil errichtete Wehrturm **Rosenkrantztårnet** 2 (15.5.–31.8. tgl. 10–16 Uhr, stündl. Führungen; sonst nur So 12–15 Uhr) und die 1261 fertig gestellte **Håkonshalle** 3 (15.5.–31.8 tgl. 10–16, sonst tgl. 12–15, Do 15–18 Uhr) jenes Königs Håkon IV., der 1250 einen Handelsvertrag mit Lübeck schloss und so der Hanse den Weg zur Macht an den nordischen Küsten öffnete. Die Gilde der Lübecker ›Bergenfahrer‹ brachte Getreide, Salz, Malz und Bier als Tauschwerte für die in Europa begehrte und von den Lofoten stammende Fastenspeise Trockenfisch ins Land und schaffte es in kurzer Zeit, fast den gesamten Handel an sich zu reißen, ja bald einen Staat im Staat zu bilden. Auch nach der Aufhebung der Hanseprivilegien Mitte des 16. Jh. wurde Bergen bis zur Schließung des Hansekontors 1754 quasi von Hansekapital regiert, und in der nahe gelegenen **Marienkirche** 4 wurden die Gottesdienste bis ins 19. Jh. hinein nicht in norwegischer, sondern in deutscher Sprache abgehalten. Mariakirken, in der ersten Hälfte des 12. Jh. errichtet, gilt als das älteste erhaltene Gebäude der Stadt (19.6.–20.8. Mo–Fr 9.30–11.30 und 13–16 Uhr, sonst Di–Fr 11–12.30 Uhr).

Wer an geschichtlichen Zusammenhängen interessiert ist, sollte das unterhalb des Gotteshauses eingerichtete **Bryggen Museum** 5 besuchen, in dem u. a. die größte Runensammlung der Welt zu betrachten ist (1.5. –31.8. tgl. 10–17, sonst Mo–Fr 11–15, Sa ab 12, So 12–16 Uhr). Es liegt in unmittelbarer Nähe des neu eingerichteten **Bergen Meeting Point**, das sich als Infozentrum über die **Tyske Brygge** 6 (›Deutsche Brücke‹) versteht, bedeutendste Sehenswürdigkeit der Stadt. Dieses Viertel, in dem einst hansisches, nicht norwegisches Recht herrschte, hat die Zeitläufe unbeschadet überstanden und steht heute mit seinen rund 60 Gebäuden als Weltkulturerbe auf der World Heritage List der UNESCO.

Verschlossen wirkt die ehrwürdige Holzfassade der alten Hansekontore, die das dahinter liegende Labyrinth von Gässchen, Stiegen, Galerien, Erkern und Kellerhäuschen nicht ahnen lassen, geschweige denn das ›süße Geheimnis‹ des obersten Prinzipals der zölibatär lebenden Männergilde: In seiner Schlafkoje schimmert die halbentblößte Büste einer Schönen. Pin-up aus dem Mittelalter, zu bestaunen im **Hanseatischen Museum** 7 (15.5.–15.9. tgl. 9–17, sonst Di–Sa 11–14, So bis 16 Uhr). Es ist in einem authentischen Holzgebäude untergebracht,

Tyske Brygge, die historische Altstadt von Bergen

ganz im Stil der Hanseära eingerichtet und vermittelt ein getreues Bild des kaufmännischen Lebens zu jener Zeit (Mai und Sept. tgl. 11–14, Juni, Juli und Aug. tgl. 9–17, sonst Di–Do 11–14 Uhr). Gleichfalls zum Museum gehört die **Schøtstuene** (Feuerstelle und Aufenthaltsraum der Hanseaten) an der Øvregaten 50 (15.5.–15.9. tgl. 10–17, sonst nur So 11–14 Uhr, Jan. und Febr. geschl.), wo im Juni, Juli und Aug. an jedem Di um 21 Uhr traditionelle Volkstänze aufgeführt werden (Buchung über die Touristeninformation).

Direkt angrenzend an das Hanseviertel öffnet sich der **Torget** (Marktplatz), früher wie heute Mittelpunkt der Stadt und Kristallisationspunkt ihres kosmopolitischen Treibens. Hauptattraktion des charmanten und an Restaurants sowie Straßencafés überaus

reichen Platzes aber ist der allmorgendliche Gemüse-, Obst- und Fischmarkt, der allerdings für seine stattlichen Preise bekannt ist (Juni, Juli, Aug. tgl. 7–19. sonst Mo–Sa 7–16 Uhr).

Bergens Kunststraße

Dass Bergen zur ›Kulturstadt 2000‹ ernannt wurde, verdankt es u. a. den Kunstsammlungen, die sich entlang des zentralen Stadtsees Lille Lungegårdsvann mit der Rasmus Meyers Allé aneinander reihen. Der von den Einflüssen der Art déco geprägte weiße Ziegelbau des **Lysverket** 8 beeindruckt mit über 9000 Gemälden und Skulpturen aus dem 13. Jh. bis zur Gegenwart und ist obendrein berühmt für ihre reiche Sammlung russischer und griechischer Ikonen aus dem 15. Jh.;

Bergenskortet

In der Turistinformasjon ist die *Bergenskortet* (Bergen-Karte) erhältlich, mit der man zahlreiche Ermäßigungen (u. a. bei Automiete, im Parkhaus) und freien Eintritt in viele Museen und Schwimmbäder bekommt. Auch die Kabelbahn zum Fløyen kann man damit kostenlos benutzen. Die Karte kostet für einen Tag 170 NOK (Erw.) bzw. 70 NOK (Kinder), für zwei Tage 250 NOK bzw. 100 NOK.

ausgestellt sind weiterhin herausragende Exponate internationaler Künstler, darunter Joan Miró, Pablo Picasso und Paul Klee (tgl. 11–17 Uhr, 15.9.–14.5. Mo geschl.).

Ein paar Meter weiter zeigt die **Rasmus Meyers Samling** 9 eine der größten Sammlungen norwegischer Kunst aus der Zeit vom 18. Jh. bis 1915. Edvard Munch und J.C.C. Dahl, aber auch Adolph Tidemand, Hans Gude und Christian Krogh sind mit Werken vertreten. Beachtlich ist auch die Ausstellung von Mobiliar aus dem 18. Jh. (tgl. 11–17 Uhr, 15.9.–14.5. Mo geschl.).

Nebenan zeigt **Bergens Kunstforening** 10 wechselnde Ausstellungen zur zeitgenössischen Kunst (ganzjährig Di–So 12–17 Uhr), weiter geht's zur **Stenersen Samling** 11, der Arena für wechselnde Kunstausstellungen (tgl. 11–17 Uhr, 15.9.–14.5. Mo geschl.).

Wenige Gehminuten südwestlich, an der Nordahl Brunsgt. 9, erhebt sich das klassizistische Ausstellungsgebäude Permanenten mit dem **Kunstindustriemuseum** 12. Hier geht es u. a. um über 2000 Gegenstände aus Kunstgewerbe und Design der letzten 500 Jahre, auch eine bedeutende China-Sammlung ist zu besichtigen (15.5.–14.9. tgl. 11–17, sonst Di–So 12–16 Uhr).

Rings um Bergen

Das **Bergen Aquarium** auf der Nordnes-Halbinsel (Bootszubringer ab Torget alle 20 Min.) ist mit seinen rund 70 Meerwasser-Aquarien eines der größten und modernsten Europas. Auch Seehunde und Pinguine (Fütterung 12, 15 und 18 Uhr) sind zu sehen (1.5.–31.8. tgl. 9–19, sonst 10–18 Uhr) .

Ein kurzes Stück nördlich des Zentrums und mit dem Bus ab Torget in 7 Min. erreichbar, erstreckt sich direkt am Meer das großzügig angelegte Freilichtmuseum **Gamle Bergen** als eine regelrechte kleine Stadt mit über 40 charakteristischen Holzhäusern aus dem 18.–20. Jh. Alle sind authentisch eingerichtet, außer Wohnungen sind u. a. eine Bäckerei, eine Zahnarztpraxis, ein Kolonialwarenladen und eine Goldschmiede-Werkstatt rekonstruiert worden (14.5.–10.9. tgl. 9–17, Führungen stdl. 10–16 Uhr).

Zwei weitere Highlights finden sich südlich der Stadt und sind per Bus ab dem Bergen Busbahnhof problemlos miteinander kombinierbar. Erstes Ziel ist die **Fantoft Stabkirche,** die um 1150 am Sognefjord errichtet und 1883 nach Bergen verlegt wurde. Im Juni 1992 bis auf die Fundamente abgebrannt, präsentiert sie sich seit 1997 wieder in rekonstruierter Schönheit (15.5.–15.9. tgl.

10.30–14 und 14.30–18 Uhr; aussteigen an der Haltestelle Fantoft).

Ab der Haltestelle Fantoft geht es weiter mit dem Bus bis Hopsbroen, von dort noch ein kurzes Wegstück nach **Troldhaugen,** Edvard Griegs ehemaligem Wohnsitz. Im Garten fanden der berühmte Komponist und seine Frau ihre letzte Ruhestätte. Im Innern der 1885 im viktorianischen Stil errichteten Villa, bekannt durch die Komposition ›Hochzeit auf Troldhaugen‹, findet sich ein Museum mit Multimedia-Raum u. a. Im Sommer werden hier Konzerte aufgeführt (15.1.–30.4. Mo–Fr 10–14, April sowie 1.10.–30.11. auch Sa/So 12–16, 1.5.–30.9. tgl. 9–18 Uhr).

Turistinformasjon i Bergen: Vågsalmenningen, 5014 Bergen, Tel. 55 55 20 00, Fax 55 55 20 01, www.visitbergen.com; Juni–Aug. tgl. 8.30–22, Mai und Sept. tgl. 9–20, sonst Mo–Sa 9–16 Uhr. Unterkunftsvermittlung (auch Pensionen und Privatzimmer, Gebühr 25 NOK, Vorausbuchungen 50 NOK), Geldwechsel, Verkauf von Tickets für Sightseeing und Fjordfahrten, Gepäckaufbewahrung und andere Dienstleistungen.

Erfolgt die Buchung der Unterkunft 48 Stunden oder weniger vor der Ankunft in Bergen, gewähren alle Hotels in der Saison (16.6.–31.8.) Last-Minute-Preise; außerhalb der Saison gibt es günstige Wochenendtarife (etwa wie Sommerpreise), am günstigsten wohnt man in Bergen in Privatzimmern (EZ ab 260 NOK, DZ ab 380 NOK).

Neptun Hotell Rica Partner 13: Valkendorfs gt. 8, Tel. 55 30 68 00, Fax 55 30 68 50, www.neptunhotell.no. Nahe dem Strandkaien gelegenes First Class-Hotel mit 124 eleganten und modern mit Minibar, TV etc. ausgestatteten Zimmern auf fünf Etagen. Bar und zwei Restaurants, das Lucullus gilt als eine der exklusivsten Gourmet-Adressen der Stadt. EZ ca. 1325 NOK, DZ ca. 1526 NOK, im Sommer ab 598 NOK/Pers. im DZ.

SAS Radisson Royal Hotel Bergen 14: Bryggen, Tel. 55 54 30 00, Fax 55 57 30 31, www.radissonsas.com. Spitzenhotel im Bryggen-Viertel, für seine Architektur preisgekrönt, mehrere Restaurants, der Madame Felle Jazzclub gilt als erste Nachtklub-Adresse von Bergen. DZ ab 1135 NOK, Einzelzimmer ab 945 NOK.

Clarion Hotel Admiral 15: C. Sundts gt. 9, Tel. 55 23 64 00, Fax 55 23 64 64, www.admiral.no. Mit seiner Lage direkt am Ufer des Vågen mit Blick auf die Tyske Brygge eines der Top-Hotels der Stadt. Es ist untergebracht in einem aufwändig restaurierten alten Speicherhaus und bietet höchsten Komfort. DZ ab 1190 NOK.

Strand Hotel 16: Strandkaien 2B, Tel. 55 59 33 00, Fax 55 59 33 33, www.strandhotel.no. Renoviertes Haus in der Stadtmitte, das mit der besten Aussicht und Lage Bergens wirbt; die Zimmer bieten gehobenen Komfort, es gibt u. a. ein Restaurant, eine Bar, eine Sonnenterrasse; DZ zwischen ca. 945 und 1175 NOK.

First Hotel Marin 17: Rosenkrantz gt. 8, Tel. 53 05 15 00, Fax 53 05 15 01, www.firsthotels.no. Neueres, im Tyske-Brygge-Viertel gelegenes Hotel der Mittelklasse, 150 Zimmer, Wellness-Zentrum, zwei Restaurants. EZ ab 889, DZ ab 1089 NOK.

Bergen Vandrerhjem/YMCA 18: Nedre Korskirkealm. 4, Tel. 55 60 60 50, Fax 55 60 60 51, www.vandrerhjem.no; 2.1.–22.12. Zentrale Lage, ausgestattet mit Gästeküche, Internetzugang, einer eigenen Dachterrasse mit Grill und Aussicht über den Fjord. Das Bett kostet ab 125 NOK, DZ mit Bad und Kitchenette 600 NOK, Frühstück 50 NOK extra.

🍴 **Enhjørningen** [19]: Bryggen, Tel. 55 32 79 19; im Sommer tgl. ab 12, im Winter Mo–Sa ab 16 Uhr. Das älteste Fischrestaurant der Stadt und eines der besten Norwegens. Mit schönem Blick auf den Hafen bekommt man hier mittags von Mitte Mai bis Sept. ein Fischbüffet, das ebenso wie die Menüs (3 Gänge zu 440 NOK, 4 Gänge zu 520 NOK) seinesgleichen sucht. Vorspeisen ca. 100–140 NOK, Hauptgerichte 280–340 NOK.

Bryggeloftet & Stuene [20]: Bryggestredet 2, Tel. 55 31 06 30; Mo–Sa ab 11, So ab 13 Uhr. Historische Räumlichkeiten mit herrlichem Hafenblick und gemütlichem Ambiente, norwegische Spezialitäten, insbesondere Fisch. 200–300 NOK.

Bryggen Tracteursted [20]: Bryggen, Tel. 55 31 40 46; Mai–Sept. tgl. Lunch ab 11 Uhr, Dinner ab 17 Uhr, Okt.–Dez. Di–Sa ab 17 Uhr. Bei dem schmucken Holzbau handelt es sich um das älteste Gasthaus Norwegens (über 300 Jahre), was sich vor allem in den Preisen widerspiegelt.

Finnegårdstuene [21]: Rosenkrantzgaten 6, Tel. 55 55 03 00; Mo–Sa ab 18 Uhr. Im Bryggenviertel gelegenes Traditionsrestaurant, das im Ruf steht, eine der besten Gourmet-Adressen des Landes zu sein Die Vorspeisen liegen zwischen 120 und 195 NOK, die Hauptgerichte um 260 NOK. Auf der Karte stehen sowohl Menüs mit 3 Gängen (430 NOK) und 4 Gängen (490 NOK) als auch Gourmetmenüs mit 3–7 Gängen (530–795 NOK).

🔒 Fußgängerzonen mit hunderten Geschäften jeder Art sind u. a. die Straßen **Torgalmenning** und **Marken**. Im Bereich der **Tyske Brygge** (nicht nur vorne, an der Straßenfront, sondern auch innen, im Bereich der Gänge und Stiegen) finden sich einige der besten Souvenirgeschäfte des Landes.

Zentralstes Einkaufszentrum der Stadt ist **Galleriet** (Torgalmenningen 8; Mo–Fr 9–20, Sa bis 18 Uhr), mit über 70 Geschäften und Gaststätten.

Juhl's Silver Gallery: Bryggen (neben SAS Hotel); Mo–Fr 9–20 Uhr. Laden der berühmten Silberschmiede aus Kautokeino in der Finnmark; das Feinste, was man sich an Silberschmuck vorstellen kann, aber auch edle Samenmesser (mit Intarsienarbeiten), Gemälde und andere Arbeiten, für die die Finnmark bekannt ist.

🍸 Das schönste Nachtleben spielt sich an Sommerabenden direkt am bzw. um den Torget ab, wo zahlreiche Cafés und Kneipen (die meisten auch zum Draußensitzen) einladen.

🎭 Sämtliche Kulturveranstaltungen sind in einem vom Touristenbüro herausgegebenen Prospekt aufgelistet. Zu **Folkloreveranstaltungen** mitsamt Festessen lädt Fana-Folklore (Tel. 55 91 52 40, www.fanafolklore.no) Anfang Juni bis Ende Aug. jeweils Di und Fr ab 19 Uhr. Für traditionelle Volkstänze sind zudem die Schøtstuene zuständig (s. S. 61).

Kultureller Höhepunkt sind alljährlich Ende Mai/Anf. Juni die **Festspillene i Bergen** (Tel. 55 21 06 30, Fax 55 21 06 40, www.fib.no): 12 Tage lang finden rund 200 verschiedene Musik-, Ballett-, Theater- und Folklore-Vorstellungen statt.

Andere Festival-Highlights sind das **Bergens Musikfest** (www.bergenfest.no) Ende April/Anf. Mai, das internationale Festival **Nattjazz** mit 60 Konzerten Ende Mai/Anf. Juni (www.nattjazz.no), die **Markttage** Anf./Mitte Juni (www.torgetibergen. no), das **Internationale Gitarrenfestival** Ende Juni (www.bergenguitarfestival. com), das **Gourmetfestival** Anf. Sept. (www.matfest.no), das **Bergen Art Festival** Mitte Okt. (www. bergart.no), das zum **Bergen Filmfestival** (www.biff. no) überleitet, an die sich Anf. Nov. die **Kirchenmusiktage** (www. bkf.no) anschließen.

Die beste Aussicht auf die Fjorde, Schärenküste und Bergwelt rings um Bergen genießt man nicht vom Fløyen (s. S. 57), sondern vom Ulriken aus, wohin im Sommer zwischen 9 und 21 Uhr, im Winter zwischen 9/10 und 17 Uhr alle 7 Min. eine **Seilbahn** führt. Zur Talstation kommt man mit dem Stadtbus oder mit dem im Sommer halbstündlich ab Touristenbüro verkehrenden Doppeldeckerbus im Rahmen einer Mini-Stadtrundfahrt für zusammen 150 NOK (nur die Bahn kostet 90 NOK hin und zurück); Infos: Tel. 55 20 20 20 und www.ulriken.no

Flug: tgl. mehrere Verbindungen zu allen größeren Städten Norwegens mit SAS, Widerøe, Norwegian Air Shuttle und Braathens, mit SAS und Braathens von/nach Frankfurt, Hamburg, Kopenhagen, Stockholm, mit dem Billigflieger Norwegian zwischen Mai und Okt. von/nach Hamburg. Der Flughafen liegt rund 20 km südlich bei Flesland, Buszubringer ab SAS Royal Hotel/Bryggen und ab Busbahnhof (s. u.; alle 15 Min. zu 72 NOK/Person; Taxi ab 222 NOK).
Zug: Bergenbahn viermal tgl. nach Oslo.
Bus: mehrere Verbindungen tgl. mit allen größeren Städten des Landes.
Fähren: mindestens dreimal wöchentlich nach Hanstholm/DK via Egersund: Fjord Line, Skoltegrunnskaien, Tel. 81 53 35 00 und 55 54 87 00, www.fjordline. com. Das Fährschiff M/S Prinsesse Ragnhild der Color Line verkehrt dreimal wöchentlich auf der Route Bergen–Stavanger–Hirtshals (DK): Tel. 56 90 17 05 sowie 81 00 08 11, www.colorline.de.
Schnellboote (nur Personen und Fahrräder) verkehren etwa zwei- bis dreimal tgl. ab Strandkaiterminalen nach Haugesund, Stavanger, Flåm, Sogndal, Selje, Årdalstangen, Sunnhordaland, Nordfjord und anderen Zielen nördlich von Bergen.
Mietwagen: Dutzende Mietwagenfirmen

Auf dem Fischmarkt in Bergen

sind niedergelassen, u. a. Budget (Tel. 55 27 39 90) und Avis (Tel. 55 55 39 55).
Stadtverkehr: Das Busnetz ist dicht und effektiv, alle Sehenswürdigkeiten auch außerhalb des Zentrums lassen sich per Bus erreichen (Fahrpläne im Touristenbüro). Die Linie 100 verkehrt kostenlos zwischen der Olav Kyrresgate (Zentrum, gegenüber Post) und dem Bus- sowie Hauptbahnhof. Jede Einfahrt in den inneren Stadtbereich ist gebührenpflichtig!
Hurtigruten-Transfer: Wenn das südgehende Schiff in Bergen anlegt, steht am Kai ein Bus bereit. Der Transfer zum Flughafen kostet 80 NOK, zum Bahnhof und Busbahnhof 50 NOK. Auch die Hotels in Bergen werden angefahren. Einen Sitzplatz sollte man bereits an Bord reservieren (am Informationsschalter). Das Zentrum ist nur etwa 2 km entfernt; zu Fuß ist man ca. 20 Min. unterwegs, das Taxi kostet um 70 NOK; bleibt der an Werktagen zwischen dem Hurtigrutenkai via Torget zum Hauptbahnhof verkehrende kostenlose Stadtbus, der aber keine Fahrgäste mit großem Gepäck (Koffer) transportiert.

ZWEITER TAG: FLORØ – MOLDE

Natur und Kultur schön vereint, das macht den Reiz dieses ersten Tages an Bord aus, der aus der Nordsee ins Nordmeer führt, wo Runde, die südlichste Vogelinsel des Königreichs, passiert wird. Erste Station ist Ålesund, die ›Stadt des Jugendstils‹, bevor es weitergeht nach Molde. Im Sommer fahren die Hurtigruten-Schiffe in den weltberühmten Geirangerfjord.

Nach Ålesund

Reiseatlas: S. 204, A 4–205, D/E 2

Selten ist Reisen so schön wie zu sommernächtlicher Stunde, wenn sich gegen 3 Uhr von dort aus, wo der Norden mit der Unendlichkeit verschmilzt, der Himmel erhellt und Schleier aus Dunst neugierig machen auf die Küste, die in schwarzem und violettem Glanz als Kulisse unter dem Gegenlicht liegt. Kurz vor Sonnenaufgang wandelt sich die Nacht zu diffuser Helligkeit mit grauen Schären in silbern gerieffelter Flut und Bergrücken, die sich in Wolken wölben. Zufrieden ziehen wir den Vorhang wieder vor und legen uns erneut zum Schlafen nieder, denn der heutige Tag wird voller Höhepunkte sein und verträgt keine Müdigkeit.

So verschlafen wir **Florø** (s. S. 166) und den ganz von der Fischereiwirtschaft lebenden Ort **Måløy,** doch viel verpasst man nicht, denn Landgänge sind nicht vorgesehen, und die Landschaft genießen kann man auch auf dem Rückweg am zwölften Tag. Weiter stampft das Schiff nach Norden mit Kurs auf **Stadlandet,** wo die eigentliche Nordsee endet und ohne erkennbare Grenze ins Europäische Nordmeer übergeht bzw., wie die Norweger sagen, ins Norwegische Meer. Heute wird diese Landmarke problemlos genommen, doch früher hatte Stad einen schlechten Ruf bei Seeleuten und Fischern, denn dutzende Schiffsunglücke haben sich hier ereignet.

Das Schärenarchipel von Flåvær liegt wieder in sicheren Gewässern, und nachdem wir unter der 543 m langen Herøybrücke hindurchgefahren sind, laufen wir bald in den Hafen von **Torvik** ein. Torvik, ein winziges Streudorf der Hærøy-Kommune, mit Kuhwiesen direkt bis an den kleinen Kai heran, ist nicht auf Besucher eingestellt, und schon nach kurzer Liegezeit geht es wieder aus dem Ort heraus und in den Breisund hinein, der gen Westen auf **Runde** blickt, Süd-Norwegens einzige Vogelinsel und mit mehreren Hunderttausend Paaren mehr als 200 verschiedener Seevogelarten die drittgrößte Vogelinsel Norwegens. Wer hier zwischen Mai und August unterwegs ist, der kann mit dem Fernglas oft direkt vom Hurtigruten-Schiff aus Lummen und Papageitaucher, Kormorane und Krähenscharben, Basstölpel und Tordalke, Dreizehenmöwen und Seeadler und viele andere Arten beim Fliegen und Jagen beobachten. Ganz andere Eindrücke sind einem sicher, nimmt man in Ålesund an einer vom Touristenbüro organisierten Fahrt auf die 6,4 km^2 große und von ca. 160 Menschen bewohnte Insel teil.

Reisemål Stryn og Nordfjord: P.O. Box 370, 6782 Stryn, Tel. 57 87 40 40, Fax 57 87 40 41, www.nordfjord.no; für Måløy zuständig.

Ålesund

Reiseatlas: S. 205, D/E 2
Auf den drei durch Brücken miteinander verbundenen Inseln Nørvøy, Apsøy und Heissa konzentriert sich die Bebauung des etwa 40 000 Einwohner zählenden Ålesund, und der zwischen Nørvøy und Apsøy verlaufende Sund war es, der dem 1848 mit Stadtrechten versehenen Ort seinen Namen gab. Wachstumsimpulse kamen von Fischerei und Fischverarbeitung. Im 19. Jh. wuchs Ålesund zu einem der größten Fischereihäfen Norwegens und zum größten Exporthafen der Welt für Trockenfisch heran. Doch der kometenhafte Aufstieg der Stadt wurde in der Schicksalsnacht vom 22. auf den 23. Januar 1904 jäh unterbrochen, als eine Feuersbrunst nahezu den gesamten Stadtkern zerstörte. Rund 800 Häuser wurden Opfer der Flammen,

10 000 Menschen waren obdachlos. Aber von nah und fern traf bald Hilfe ein, am schnellsten aus Deutschland, wo auf Befehl des Nordland-Enthusiasten Kaiser Wilhelm II. schon am Abend des 23. Januar Schiffe in Hamburg und Bremerhaven mit Lebensmitteln, Medikamenten, Kleidung und Baumaterial beladen wurden. Die Hilfe war willkommen und wurde nie vergessen – noch heute trägt hier eine Straße den kaiserlichen Namen. Innerhalb von drei Jahren wurde die Stadt in den Architekturformen jener Zeit wieder aufgebaut: im Jugendstil, der hier eine eigene, weil mit nationalen Elementen gemischte Variante erhielt.

Der Beiname von Ålesund – ›Stadt des Jugendstils‹ – besteht also zu Recht, denn obwohl auch hier der Bauwahn unserer Zeit so manches alte Gebäude der Abrissbirne zum Opfer fallen ließ, präsentiert sich Ålesund doch nach wie vor als einzigartiges städtebauliches Denkmal des Jugendstils in Norwegen. Darum dreht sich jede Besichtigungstour in erster Linie, auch der ›Stadtrundgang Ålesund‹, der in den

---

Ausflüge Tag 2

Stadtrundgang Ålesund: Mitte Sept.–Mitte April, Dauer 2 Std
Busfahrt Geiranger – Ålesund: Mitte April bis Ende Mai, mit Fahrt auf den Stadtberg Aksla, Dauer 4,5 Std., s. S. 76f.
Busfahrt Geiranger – Molde: Juni–Mitte Sept., via Ørneveien und Trollstigen, Dauer 7,5 Std., s. S. 76f.

Wintermonaten auf dem Landausflug-Programm der Hurtigruten steht. Doch auch auf eigene Faust ist ein Stadtrundgang kein Problem, und von unserem Liegeplatz direkt neben dem weißen, im ›Neo-Jugendstil‹ errichteten SAS Radisson Hotel ist es nur ein kurzes Wegstück aus dem Hafengelände heraus auf die Tollbugata, die bald in die **Kongensgate** mündet. Die gepflegte Fußgängerzone bietet reichste

Bausubstanz des Jugendstils, und so biegen wir nach rechts ein, wo sich auf den folgenden 300 m eine ganze Sammlung schmucker Häuser mit den für diese Architekturrichtung so typischen Giebeln und Erkern, Stuckfassaden und Türmchen findet.

Wo die Straße endet, erstreckt sich der St. Olavsplass, nur einen Steinwurf entfernt vom **Ålesund Museum** 1 an der Rasmus Rønnebergsgate. Diese

Sehenswürdigkeiten

1 Ålesund Museum
2 Jugendstilsenteret

Übernachten

3 Radisson SAS Hotel
4 Rica Park Hotel/Restaurant
  Brasserie Normandie

5 Comfort Hotel Bryggen
6 Scandic Hotel Ålesund
7 Ålesund Vandrerhjem

Essen und Trinken

8 Sjøbua Fiskerestaurant
9 Fjellstua
10 XL Diner

Ausstellung ist vor allem dem Jugendstil gewidmet, aber auch die Seefahrt, das Handwerk und der Fischfang kommen nicht zu kurz, Highlight ist ein originalgetreu eingerichteter Kaufmannsladen aus alter Zeit (ganzjährig Mo–Fr 11–15, Sa/So 12–15 Uhr).

Von hier aus ist es nur ein kurzes Wegstück hinüber zur Apotekergt. 16, wo in einem der schönsten Jugendstilbauten der Stadt das **Jugendstilzentrum** 2 einlädt. Es vermittelt einen lehrreichen und faszinierenden Einblick in den Ablauf des Stadtbrandes von 1904 und in die Geschichte des Wiederaufbaus sowie des Jugendstils schlechthin. Die Besonderheit liegt dabei in der Kombination von authentischem Interieur mit modernen Multimedia-Programmen (1.6.–31.8. Mo–Sa 10–17, So ab 12, sonst Mo–Sa 11–16, So ab 12 Uhr). Angeschlossen ist das charmante Apoteker'n Café, und ist Zeit kein Problem, kann man von hier aus entlang der **Kirkegata** sowie der **Apotekergata** schlendern, die beide sowohl Jugendstil als auch ein wenig ältere Bausubstanz zeigen.

Die **Skansegata** führt dann zur Anlegestelle zurück, und nur im Winterhalbjahr hat man genügend Spielraum, auch das außerhalb vom Zentrum und am schnellsten mit dem Taxi erreichbare **Sunnmøre Museum** zu besuchen. Dieses größte Museum zwischen Bergen und Trondheim ist in einem weitläufigen Park untergebracht und beeindruckt mit mehreren Abteilungen: Das Freilichtmuseum zeigt historische Häuser, die Bootsausstellung Nachbauten von Wikingerschiffen, und auch ein Mittelaltermuseum (im Sommer Mo–Sa

Postkarten-Panorama

Folgt man der Rasmus Rønnebergsgate vom Ålesund Museum landeinwärts, gelangt man bald an eine Treppe, die sich über 418 Stufen auf den ›Hausberg‹ **Aksla** hinaufzieht. Aus 189 m Höhe genießt man ein wahres Postkarten-Panorama auf und über ganz Ålesund hinweg bis hin zu den Alpen von Sunnmøre. Doch der Aufstieg hat es in sich und braucht auch seine Zeit, weshalb man erwägen sollte, mit einem Taxi hinaufzufahren und anschließend hinunterzulaufen oder ebenfalls das Taxi zu nehmen.

11–17, So ab 12 Uhr, sonst nur Mo, Di, Fr 11–15 und So 12–16 Uhr).

Ebenfalls außerhalb gelegen und am besten per Taxi erreichbar (3 km) ist der **Atlanterhavsparken** in Tueneset mit einem der größten Aquarien Europas (15.6.–15.8. tgl. 10–17, sonst Di–So 11–16 Uhr).

Ålesund Reiselivslag: Destinasjon Ålesund & Sunnmøre, Skateflukaia, 6025 Ålesund, Tel. 70 15 76 00, Fax 70 15 76 01, www.visitalesund.com; 1.6.–31.8. Mo–Fr 8.30–19, Sa 9–17 und So 11–15; in der Nebensaison Mo–Fr 8.30–16 Uhr. Das Touristenbüro ist auch für die Vogelinsel-Runde zuständig, doch detailliertere Informationen bieten die Websites www.runde.no (auch deutschsprachig) **sowie www.insel-runde.de**

Radisson SAS Hotel 3: Sorenskriver Bulls gt. 7, Tel. 70 16 00 00, Fax 70 16 00 01, www.radissonsas.com. Ab-

ORDNUNG IM CHAOS – DIE VOGELBERGE

Die norwegische Küste bietet mit einer Fülle geschützter Nistplätze auf Klippen und Felstürmen gewaltigen Kolonien von Seevögeln eine Heimat; die See ist maßlos reich an Plankton und ernährt riesige Fischschwärme, die wiederum den Vögeln als Nahrung dienen. Kaum eine andere Region kann sich so vieler Seevogelarten in solcher Zahl rühmen, und ein Besuch auf einem der 22 großen Vogelfelsen des Landes (die mit Ausnahme von Runde alle in Nord-Norwegen liegen) gehört bestimmt nicht nur für erklärte Ornithologen zu den spektakulärsten Erlebnissen einer Reise mit der Hurtigruten.

Das heisere Gekreische der zankenden Vögel hallt von den steilen Klippen wider und übertönt sogar das Donnern und Rauschen des Nordmeers, das gegen die Felsen brandet. Doch trotz des unaufhörlichen Lärms halten die Bewohner dieser Vogel-›Hochhäuser‹ im Zusammenleben und insbesondere beim Brüten in überraschendem Maße Ordnung, was sie weitgehend dadurch erreichen, dass sie sich nach Arten absondern. Manche nehmen gleich ganze Klippen in Beschlag, andere suchen zumindest getrennte Teile einer Klippe auf, und über allem herrscht eine Art Verhaltenskodex, der verhindert, dass der Zank um die Nistplätze zwischen Artgenossen in Blutvergießen gipfelt.

Die größte Kolonie im Fels bilden die **Papageitaucher** *(Fratercula arctica)*, welche die Grashänge im oberen Bereich der Klippen bevölkern und dort in selbst ge-

Hübsch anzusehen sind die Papageitaucher

grabenen Erdhöhlen von bis zu 3 m Länge brüten. Mit ihren namengebenden Schnäbeln hacken sie die Erde auf, die sie mit den roten Schwimmfüßen hinausschaufeln. Eng an eng liegen die von den Männchen mit weithin hörbarem Zusammenschlagen der Schnäbel verteidigten Nistkammern, in denen das Weibchen ein einziges Ei ausbrütet, aus dem nach rund fünf Wochen das Junge schlüpft. Nach weiteren fünf Wochen endet die Nestlingszeit, und das kleine, possierliche Tierchen beginnt mit dem Flügeltraining, indem es springend, laufend und fliegend dem Meer zustrebt, seinem eigentlichen Lebensraum, den es von Ende August, jetzt flügge geworden, bis in den Frühling bewohnen wird. Die an traurige Clowns erinnernden Vögel gehören zur großen Familie der Alken *(Alcidae)*, die in der nördlichen Hemisphäre die Pinguine vertreten und ganz ähnlich wie diese leben. Daher ist ihr Flugapparat wesentlich besser zum Tauchen als zum Fliegen geeignet.

Im nächsttieferen ›Stockwerk‹ brüten **Trottellummen** *(Uria aalge)* und **Tordalke** *(Alca torda)* unter Felsvorsprüngen. Beide tragen ein schwarzes Ober- und ein weißes Unterkleid, sehen den Pinguinen ähnlich und können anhand ihrer Schnabel- und Halsformen voneinander unterschieden werden. Während der Schnabel der Trottellumme lang, gerade und ungezeichnet ist, ihr Hals dünn, ist der Schnabel des dickhalsigen Tordalk seitlich komprimiert und mit einer weißen Querlinie versehen (die allerdings im Winter fehlt). Beide gehören ebenfalls zur Familie der Alken, sind also schlechte Flieger, aber gute Taucher und verbringen, mit Ausnahme der Brutzeit, das ganze Jahr auf hoher See.

Der **Basstölpel** *(Sula bassana)*, mit einer Flügelspannweite von fast 2 m der größte Seevogel der Nordhalbkugel, legt seine Nester direkt unterhalb derer der Alken so dicht beieinander an, dass keine Handbreit Fels frei bleibt. Nichts ist aufregender, als einem Basstölpel bei der Jagd zuzuschauen, denn der über 3 kg schwere Vogel gleitet wie ein Adler hunderte von Metern über dem Meer dahin, durchdringt mit Argusaugen die Fluten und schießt – hat er einen Fisch entdeckt – mit angelegten Flügeln wie eine Rakete auf die Wasseroberfläche zu, in die er senkrecht eintaucht, um schon Sekunden später mit der Beute im Schnabel wieder aufzusteigen.

Die nächste Etage der Vogelfelsen wird von den **Dreizehenmöwen** *(Larus tridactylus)* kolonisiert. Dieser langflügelige, perlgraue Seevogel brütet in winzigen Felsnischen und auf Vorsprüngen, wo die Weibchen jeweils drei Eier in kleine Nester legen. Nach 22 Tagen schlüpfen die Küken aus, und die folgenden fünf Wochen, bis sie flügge sind, markieren den gefährlichsten Zeitraum ihres Lebens: Ständig liegen die großen Verwandten, die Raubmöwen, mit unverhohlener Gefräßigkeit auf der Lauer, um bei der geringsten Unachtsamkeit der Eltern (die die Jungvögel mit ihren Körpern schützen) wie Sturzbomber herabzustoßen. Gefährlich ist auch der ›Herrscher der Lüfte‹, der gewaltige **Seeadler** *(Haliaetus albicilla)*, der an Flügelspannweite in Europa nur noch vom Steinadler überboten wird und von seinen hochgelegenen Horsten herabgleitet, um für sich und seine Jungen die reich gedeckte ›Vogelbergtafel‹ zu plündern.

Ålesund im Morgenlicht

solutes Spitzenhotel der Stadt, auch ihr neuestes, die 131 Zimmer sind von erlesenem Komfort, DZ im Sommer ca. 940 NOK, sonst 1095–1545 NOK.

Rica Park Hotel 4 : Storgata 16, Tel. 70 13 23 00, Fax 70 13 22 80, www.rica.no. Neungeschossiger Neubau oberhalb des Stadtzentrums mit 145 komfortablen Zimmern und gutem Service. EZ 1425 NOK, im Sommer 795 NOK, DZ 1625 NOK, im Sommer 995 NOK.

Comfort Hotel Bryggen 5 : Apotekergata 1–3, Tel. 70 12 64 00, Fax 70 12 11 80, www.choicehotels.no. Schmucker Jugendstilbau am Brosund mit Blick auf Hafen und Stadt. Die 85 Zimmer sind ebenso stilvoll wie das gesamte Interieur, eine der besten Adressen der Stadt. EZ 1425 NOK, DZ 1650 NOK, Sommerrabatt mit dem Nordic Hotel Pass.

Scandic Hotel Ålesund 6 : Molovegen 6, Tel. 21 61 45 00, Fax 21 61 45 11, www.scandic-hotels.com. Am Kai gelegener Glasneubau (5 Etagen) mit Hafen-Aussicht auch von den meisten der 118 Zimmer. EZ ab 620 NOK, DZ ab 740 NOK.

Ålesund Vandrerhjem 7 : Parkgata 14, Tel. 70 11 58 30, Fax 70 11 58 59, www.vandrerhjem.no; 1.5.–1.9. Jugendherberge in einem großen grauen Steinbau aus dem Anfang des 20. Jh. Bett ab 225 NOK, EZ 410 NOK, DZ 550 NOK; Frühstück inkl., Lunchpaket 55 NOK.

Auf der Vogelinsel Runde übernachtet man im **Runde Camping og Vandrerhjem** (Tel. 70 08 59 16, Fax 70 08 58 70; www.runde.no; 1.5.–31.8.); Bett (ab 150 NOK), EZ (250 NOK), DZ (350 NOK); auch Zelten ist möglich.

Sjøbua Fiskerestaurant 8: Brunholmgt. 1, Tel. 70 12 71 00, Mo–Sa 16–23 Uhr. Top-Restaurant der Stadt in einem alten Speicherhaus direkt am Brosund. Was hier in Sachen Fisch und Meeresfrüchte serviert wird, gehört mit zum Besten in Norwegen. Vorspeisen ab 80 NOK, Hauptgerichte 230–260 NOK.

Fjellstua 9: Aksla, Tel. 70 10 74 00, 1.5.–1.10., tgl.11–20 Uhr, 17.3.–1.5. tgl. 12–18 Uhr, sonst geschlossen. 1903 errichtet, ist die mehrfach umgebaute Fjellstua, die sich jetzt als ein moderner Glaskuppelbau präsentiert, das älteste Restaurant der Stadt, definitiv mit dem schönstmöglichen Stadt-Panorama. Die Gerichte sind in Relation zu ihren Preisen korrekt. Vorspeisen 60–70 NOK, Hauptgerichte um 150 NOK, Renner des Hauses ist Apfelkuchen mit Eis (45 NOK).

Brasserie Normandie 3: Rica Park Hotel, Storgata 16, Tel. 70 13 23 00, Mo–Sa ab 18 Uhr. Das, wie es heißt, eleganteste Restaurant der Stadt gilt als eine der ersten Gourmet-Adressen von Westnorwegen und gefällt nicht zuletzt auch wegen seiner ebenso festlichen wie gemütlichen Einrichtung (viel Leder, viel Kunst und eine dezente Beleuchtung). Die Gerichte reichen von exotisch bis norwegisch und sind französisch verfeinert.

XL Diner 10: Skaregata 1, Tel. 70 12 42 53; tgl. ab 15 Uhr bis Mitternacht. Spezialitätenrestaurant der norwegisch inspirierten kreolischen Küche, mit der, wie es heißt, schönsten Aussicht über den Ha-

fen. Man kann auch draußen sitzen, die Preise liegen zwischen 80 und 275 NOK.

Größter Anbieter von qualitativ hochwertigen Souvenirs aus Wolle und Holz, Eisen, Silber und Keramik ist **Husfliden AS** (Parkgata 1, Tel. 70 12 16 68; Mo–Fr 9.30–17, Sa bis 15 Uhr).

Mitte Juni: **Ålesund Drachenbootfestival**

Ende Juni/Anfang Juli: International Chamber Music Festival, zehn Tage

Anfang Juli: Bootfestival, fünf Tage

Ende Sept.: Ungjazz Ålesund

Das Touristenbüro organisiert geführte **Sightseeingtouren** nach Runde, Geiranger und ins Romsdal.

Cruise Service: Tel. 70 19 29 91, www.cruiseservice.no. Boots- und Angeltouren, Ausflüge zur Vogelinsel Runde

Turistforeningen: Keiser Wilhelmsgate 22, Tel. 70 12 58 04, www.aast.no. Wanderungen im Gebiet der Sunnmøre-Alpen. Wer die **Vogelinsel Runde individuell** besuchen möchte, nimmt am besten das tgl. ab Ålesund verkehrende Schnellboot mit Busanschluss nach Runde (2,5 Std. insgesamt), von dort 1.5.–31.8. tgl. um 11, 13 und 16 Uhr Bootstouren zum Vogelfelsen. Um 17.05 Uhr geht's per Bus/Schnellboot wieder nach Ålesund zurück. Auch wandernd kann man die Vogelfelsen erreichen. Es werden spezielle Angeltrips organisiert (1.5.–31.8. tgl. um 19 Uhr ab Runde, 150 NOK, ca. 2,5 Std.).

Flug: Vom rund 20 Fahrminuten außerhalb gelegenen Flughafen werden Oslo, Bergen und Trondheim bedient, nach Ankunft einer Maschine gibt es einen Buszubringer ins Zentrum (25 Min., 72 NOK) und direkt zu den Spitzenhotels der Stadt.

Bus: Verbindungen Richtung Bergen und

Trondheim, auch Geiranger ist mit öffentlichen Verkehrsmitteln erreichbar.

Taxis sind meist direkt am Kai zu finden bzw. ein Stück weiter stadteinwärts. Wer eine Sightseeingtour durch die Stadt machen möchte, kann an Bord (über die Informationsstelle oder Tel. 70 10 30 00) bereits ein Fahrzeug zum Kai ordern.

Mietwagen: u. a. über Budget (Tel. 70 12 21 16), Avis (Ålesund Flughafen, Tel. 70 18 34 60) und Hertz (Ålesund Flughafen, Tel. 70 18 36 50).

Geirangervegen

Alle Wege nach Geiranger sind von größter Dramatik. Wer hier einen Stopp einlegt, der ›muss‹ einfach mal über den Geirangervegen gefahren sein, der 1900 in Paris während der Weltausstellung als Meisterwerk der Straßenbaukunst preisgekrönt wurde. Der spektakulärste Abschnitt führt vom Meer zur 1038 m hoch gelegenen **Djupvasshytta.** Unterwegs, etwa bei km 4, bietet sich bei **Flydalsjuvet** die berühmteste Postkartensicht auf Ort und Fjord. Auch der Ausblick von der Djuppvasshytta ist beeindruckend, doch nicht vergleichbar mit dem, das sich vom 1494 m hohen Gipfel des **Dalsnibba** präsentiert. Dorthin zweigt an der Hytta eine 5 km lange Straße ab. Am entspanntesten ist die extrem serpentinenreiche Fahrt im Rahmen einer Taxitour zu genießen. Sie dauert maximal 2 Std. und kostet ca. 1000 NOK für bis zu 6 Personen.

Nach Geiranger

Reiseatlas: S. 205, D/E 2–E/F 3

»Die Landschaft ist so schön, dass es innerlich schmerzt«, schrieb Liv Ullmann in den ›Wandlungen‹ über ihr Heimatland, und wo könnte dieser Schmerz größer sein als dort, wo die Natur in ihren ›norwegischsten‹ Erscheinungsformen auftritt? In der Welt der Fjorde, der monumentalen Schmelzrinnen vom Ende der Eiszeit! Sie gelten als Inbegriff norwegischer Landschaftsmajestät und ziehen sich, wie der längste der Welt, der Sognefjord, bis über 200 km tief ins Land hinein.

Auch der **Storfjord,** durch den es nun von Ålesund aus hindurchgeht, erreicht noch 84 km Länge, bevor er sich verzweigt. Gen Osten verläuft der Norddalsfjord nach Valldal, gen Süden öffnet sich der gut 20 km lange Sunnylvsfjord, von dem wiederum der 16 km lange **Geirangerfjord** abzweigt, der seit 2005 als Weltnaturerbe die World Heritage List der UNESCO schmückt. Mal stampft unser Schiff über mächtige Wasserweiten dahin, in deren Hintergrund majestätische Gebirge stehen, mal und insbesondere im letzten Abschnitt, durch enge Felsschluchten und von Wänden umschnürt, die hunderte Meter tief im irisierend grünblauen Wasser wurzeln und sich wiederum bis weit über 1000 m über den Meeresspiegel hinaufrecken, wo auf schmalen Simsen winzige Gehöfte balancieren und von unerreichbar scheinenden Graten silbern pulsierende Wasserfälle

Blick auf den Geirangerfjord

herabstürzen. Jeder Fjord hat seinen eigenen Charakter.

Wir stehen auf dem Panoramadeck unseres Schiffes, schauen und staunen, und auch der Anblick von **Geiranger** – idyllisches Dorf am Wiesenufer im Saum steilster Berge – ist kaum in Worte zu fassen. Dieser Anblick gilt als ein Höhepunkt jeder Norwegen-Reise schlechthin, und etwa eine viertel Stunde lang hat man Zeit, ihn in Ruhe zu genießen, denn so lange etwa dauert es, bis alle, die in Geiranger verweilen oder aber am Busausflug nach Ålesund zurück (bzw. nach Molde, s. u.) teilnehmen wollen, vom Schiff auf das Zubringerboot umgestiegen sind.

Geiranger Turistkontor: 6216 Geiranger, Tel. 70 26 30 99, Fax 70 26 31 41, www.geiranger.no; 1.6.–1. 9.

Union Hotel: Tel. 70 26 83 00, Fax 70 26 83 51, www.union-hotel.no. Herrliche Lage und Aussicht, große Komfortzimmer; schöner Garten, Schwimmhalle, 168 Zimmer. Preis pro Person im EZ oder DZ ab 730 NOK bzw. 575 NOK (mit Hotelpass).
Grande Fjord Hotel: Ortsausgang Richtung Ørneveien, Tel. 70 26 94 90, Fax 70 26 94 91, www.grandefjordhotel.com. Neues, mehrstöckiges Komforthotel in Panoramalage mit sehr gepflegten Balkonzimmern; gehobene Ausstattung, auch Touren und Aktivitäten werden geboten. EZ ab 800 NOK, DZ ab 890 bzw. 980 NOK (Sommer).

Restaurant Olebuda, Tel. 70 26 32 40. Beliebtestes Restaurant im Ort, auch zum Draußensitzen; kleine und große Gerichte, Spezialität sind die *Hvittløksdampende Blåskjell* (Muscheln in Knoblauchsauce) und generell Meeresfrüchte.

Das Touristenbüro informiert über **Fjordtouren, Kajaktouren, Bootsverleih** und **Wandermöglichkeiten.** Größter Anbieter für **Fjord-Sightseeing** ist Geiranger Fjord Service (Tel. 70 26 30 07, www.geiranger fjord.no).

Bus: Verbindungen u. a. in Richtung Otta und Åndalsnes entlang der ›Goldenen Route‹.
Fährverbindung: Anfang Mai–Mitte Sept. 10mal tgl. nach Hellesylt.

Geiranger – Ålesund Geiranger – Molde mit Trollstigen

Reiseatlas: S. 205, F 3–2
Während das Hurtigruten-Schiff wieder gen Ålesund ausläuft, steigen wir in den Bus. Der überaus spektakuläre Weg aus Geiranger heraus folgt dem 1952 eröffneten **Ørneveien** (Adlerstraße), der mit zahlreichen Kehren von 13 m Radius bis auf 625 m Höhe hinaufführt. Den atemberaubendsten Ausblick genießt man fraglos bei Ørnesvingen, der 5 km nördlich von Geiranger gelegenen ›Adlerkurve‹, von wo aus sich der ganze Fjord und der Wasserfall ›Sieben Schwestern‹ aus der Vogelperspektive betrachten lassen. Es schließt sich die Fahrt über eine karge Hochebene an, und schon geht es wieder hinunter zum 25 km von Geiranger entfernten Ort Eidsdal, wo die Straße am Ufer des Norddalsfjords endet. Mit der Fähre erreicht man in 15 Minuten den gegenüberliegenden Ort Linge (der nördlichste des Landes, in dem sich noch der Obstanbau lohnt; hier reifen sogar Pfirsiche und Apriko-

sen). Vor der Öffnung des Trollstigen bzw. nach seiner Schließung geht es von hier aus entlang dem Norddalsfjord und dem Storfjord nach Ålesund zurück.

Rund 4,5 Stunden dauert das Erlebnis Ørneveien, 7,5 Stunden, wenn im Anschluss an den Ørneveien der **Trollstigen** auf dem Weg nach Molde befahren wird. Dann geht es von Linge aus weiter nach Valldal, das 1934 traurige Berühmtheit erlangte, als das nahe Tafjord durch eine Naturkatastrophe völlig zerstört wurde. 7 Mio. m^3 Gestein stürzten damals in den Fjord, und die Flutwelle, in der 41 Menschen umkamen, hatte selbst im inneren Fjord noch eine Höhe von über 15 m (an der Absturzstelle war sie mehr als 60 m hoch). Im weiteren Verlauf passiert die Straße bald die 5 m breite Klamm Gudbrandsjuvet, bevor sie in weiten Schleifen zum Rasthaus Trollstigheimen ansteigt, dem mit 850 m höchsten Punkt der Strecke. Die meisten Besucher, die aus Richtung Geiranger kommen, machen hier enttäuschte Gesichter, weil sich das erwartete Landschaftsdrama nicht einstellt. Sie verwechseln Trollstigheimen mit dem Aussichtspunkt Trollstigen, der erst nach weiteren 3 km am Weg liegt. Unzählige geparkte Autos und Busse markieren die Stelle, an der auch zahlreiche Souvenirbuden liegen. Dort finden insbesondere Trollfiguren in allen nur denkbaren Größen und Formen reißenden Absatz. Das Trollstig-Wegmuseum dokumentiert die Baugeschichte dieser spektakulären Straße, die ab 1925 errichtet wurde (zuvor verlief ein halsbrecherischer Saumpfad ins Isterdal hinunter). Elf Jahre später war es geschafft, eine der extremsten Gebirgsstraßen Europas konnte eröffnet werden, was kein Geringerer als König Håkon VII. am 31. 7. 1936 eigenhändig übernahm. Es dauerte nicht lange, bis der Trollstigen nach dem Zweiten Weltkrieg zur populärsten Touristenattraktion des Landes avancierte. Kein Wunder, denn der Blick hinunter ins 850 m tiefer gelegene Tal, hinüber auf die gezackten Bergketten des Trolltindan (1795 m), Bispen (1450 m), Kongen (1614 m), Dronningen (1568 m) und vor allem auf die direkt in die nahezu senkrecht abfallende Felswand gesprengte Straße mit ihren elf Kehren ist schlicht überwältigend.

Auf der folgenden Gefällstrecke (bis 12 %) wird man wohl mehrmals ins Schwitzen kommen. Sei es wegen der schwindelerregenden Tiefe, sei es wegen der engen Kurven oder schmalen Fahrbahn. Zwar wurde die jährlich von etwa 600 000 Touristen besuchte Strecke ab 2004 für rund 16 Mio. NOK umgebaut und gesichert, doch hat sich deswegen an der Dramatik der Serpentinen und am ästhetischen Gesamteindruck (wie's im offiziellen Statement heißt), nichts geändert. Unterwegs wird ein Knie des rund 180 m hohen Wasserfalls Stigfoss gequert, dann ist die Talsohle des Isterdal erreicht. Nach all den einzigartigen Eindrücken dieser Etappe kann man auf der noch folgenden Strecke bis Molde (s. S. 163ff.), wo wir kurz vor 21 Uhr wieder an Bord gehen, keine Highlights mehr erwarten.

DRITTER TAG: KRISTIANSUND – RØRVIK

Am Morgen wird Trondheim angelaufen, Norwegens historische Hauptstadt. Aus dem Trondheimsfjord heraus geht es an zusehends wilder werdender Küste durch dramatisch enge Sunde zum Holzhausstädtchen Rørvik am Nærøysund, dem ›Tor zu Nordland‹.

Nach Trondheim

Reiseatlas: S. 207, D 3
Die Strecke von **Kristiansund** (s. S. 159ff.) nach Trondheim legt das Schiff nachts zurück. In **Trondheim** beträgt die Liegezeit im Sommer 3.45 Std., im Winter rund 6 Std. Im Winter steht auf der nordgehenden Route auch eine Stadtbesichtigung auf dem Programm, die ansonsten für den elften Tag vorgesehen ist (s. S. 150ff.)

Im Sommer lohnt ein Landausflug zum **Ringve-Museum**. Das Musikhistorische Nationalmuseum befindet sich rund 3 km außerhalb des Stadtzentrums in einem der ältesten Herrensitze der Region. Der Nachwelt erhalten sind hier u. a. mehr als 1800 verschiedene Musikinstrumente nebst tausenden Fotografien rund 25 000 Kompo-

sitionen, Pianola- und Phonographen-Rollen, Schallplatten und andere Tonträger. Präsentiert werden die Exponate auf vorbildliche Weise in verschiedenen Gebäuden. Im Haupthaus, im Stil des späten 18. Jh. gehalten und nur im Rahmen von Führungen zu besuchen, lohnt ein Gang durch die Geschichte der Klassischen Musik Europas. Die einzelnen Räume tragen die Namen der herausragenden Komponisten der jeweiligen Ära. Auch die dazugehörigen Instrumente sind zu bewundern, darunter zahlreiche Einmaligkeiten (u. a. eine im 17. Jh. in Norwegen erbaute Orgel) und Kuriositäten (z. B. das ›Monochordon Unicum‹ von 1752). Eine weitere Abteilung ist der Geschichte der ›leichten‹ Musik gewidmet. Wer sich mehr für Natur interessiert, wird den **Botanischen Garten** lieben, der 1973 nach den strengen Vorgaben der englischen ›Park-Etikette‹ angelegt wurde. Im so genannten Renaissancegarten gedeihen mehr als 120 verschiedene Kräuter. Im Arboretum stehen die 80 meistvertretenen Baumarten der nördlichen Hemisphäre (18.5.–30.6. sowie 9.8.–12.9. tgl. 11–15, 1.7.–8.8. tgl. bis 17 Uhr, sonst nur So 11–16 Uhr).

Ausflüge Tag 3

Trondheim Stadtrundfahrt: Mitte April–Sept. inkl. Besuch des Nidarosdoms und des Ringve Museums, Dauer 2,5 Std.; Okt.–Mitte April inkl. Besuch des Nidarosdoms, Dauer 2 Std.; s. S. 153

Nordland entgegen

Reiseatlas: S. 206/207, C–D 3–1

Viele Gebiete Norwegens erheben für sich den Anspruch, alle Vorzüge der Naturlandschaft innerhalb ihrer Grenzen zu vereinigen, und auch Trøndelag, das ›geografische Herz Norwegens‹, macht da keine Ausnahme. Voller Stolz verkünden die rund 400 000 Einheimischen, ihr Landesteil sei *Norge i ett nøtteskall,* Norwegen in einer Nussschale. Das 41 000 km² große Gebiet erstreckt sich von den seenreichen Wald- und Hochfjellflächen an der Grenze zu Schweden über weite Taleinschnitte bis hin zur wild zerklüfteten Fjordküste im Westen und bildet in geografischer wie landschaftlicher Hinsicht den Übergang zwischen Süden und Norden. Trotz der nördlichen Breite, die der von Island und Süd-Grönland entspricht, ist hier die Landwirtschaft überaus ertragreich. Es gedeihen Obst, Gemüse und Getreide. Insbesondere die flachen Ufersäume des ca. 130 km langen **Trondheimsfjord,** die nur etwa ein Sechstel der Gesamtfläche dieses Landesteils einnehmen, vereinigen auf sich die Hälfte des kultivierten Landes von ganz Trøndelag. Durch diesen äußerst mild konturierten Fjord verläuft ab Trondheim unsere Route.

Sofort nach Ankerlichten geht es an der Insel **Munkholmen** vorbei, wo einst das Nidarholm-Kloster stand, das nach einem Brand (1531) zur Festung

Das Ringve Museum

79

umgebaut wurde. Bald wird der Fjord schmaler, und etwa eine Stunde nach Auslaufen von Trondheim passieren wir den rechter Hand gelegenen Ort **Rissa,** der an seinen riesigen Kränen unschwer zu erkennen ist. Sie gehören zur Fosen Verksted, auf der u. a. die beiden neuesten Hurtigruten-Schiffe – die ›MS Trollfjord‹ und die ›MS Midnatsol‹ – auf Kiel gelegt wurden.

Immer schmaler wird nun der Fjord, der durch die Engstelle entstehende Gezeitenstrom immer stärker. Wer mit einem Fernglas ausgerüstet ist, kann bald an beiden Ufersäumen die Überreste der alten **Sperrfestung Agdenes** ausmachen, die am 9. April 1940 allerdings wegen Munitionsmangels machtlos war, als ein deutsches Schlachtschiff in den Fjord einlief, um Trondheim einzunehmen.

Ab der Fjordöffnung nimmt unser Schiff Kurs auf Nord. Auf der direkt linker Hand gelegenen Insel **Storfosna** befand sich im Mittelalter einer der größten Gutshöfe des Trøndelag.

Nach und nach werden die Abstände zwischen den Gehöften weiter, und das Land nimmt ein zusehends wilderes Gepräge an. Aus Wiesengrün als dominante Landschaftsfarbe wird bald Felsgrau und -braun, vereinzelt sieht man auch dunkle Nadelwälder, die hier, im Grenzsaum zwischen Mischwald und Taiga weiter an die Westküste heranreichen als irgendwo sonst im Königreich. Wir verlassen nun die gemäßigten Zonen, und nachdem wir das markante Motiv des rot leuchtenden Kjeungskjær Fyr (Leuchtturm) passiert haben, geht es hinein in das mit tausenden Schären übersäte

Frohavet. Diese Meeresbucht ist für ihren sprichwörtlichen Herings-Reichtum bekannt, doch für die Wirtschaft des Landes weitaus bedeutsamer ist heute die weit draußen liegende Haltenbank, wo von Bohrinseln aus gigantische Erdöl- und Erdgasfelder erschlossen werden.

Um den mit Untiefen gespickten und im Zickzack-Kurs verlaufenden **Stokksund** ranken sich viele Geschichten. Die wohl bekannteste handelt von Kaiser Wilhelm II., der hier während seiner ersten Nordlandreise mit der ›Hohenzollern‹ angeblich die Fassung verloren und dem Lotsen das Steuerrad aus der Hand gerissen haben soll.

Ganz nah unter Land fährt nun das Schiff, und immer höher ragen die gewaltigen Buckelberge, die in ihrer weitgehend vegetationslosen Klobigkeit imposanter werden, je nördlicher es geht. Wir passieren zwei weitere, ebenso enge wie eindrucksvolle Sunde, dann liegt Buholmråsa Fyr voraus, ein einsamer Leuchtturm ›am Ende der Welt‹, der die als **Folda** bekannte offene Meeresstrecke markiert, die nun voraus liegt. Bei rauer See kann es einem hier durchaus ein wenig mulmig werden, doch nicht lange, da kommen wir in den Bereich von Vikna, wo unsere Fahrrinne erneut im Schutz von unzähligen Holmen, Schären und Inseln verläuft, um schließlich in den **Nærøysund** einzumünden. Diese natürliche Wasserstraße gilt als ›Tor zu Nordland‹, obwohl die Grenze zwischen dem Trøndelag und dem zu Nord-Norwegen gerechneten Bezirk Nordland erst nördlich von **Rørvik** (s. S. 149, Tag 10) passiert wird, das nun voraus liegt.

VIERTER TAG: BRØNNØYSUND – SVOLVÆR

Küsten-Norwegen als Augenweide – an diesem Tag ist es in Vollendung zu genießen: Morgens geht es über den Polarkreis hinweg in den Bereich des Svartisen-Gletschers. Ziel einer Bustour ist der Saltstraumen, der stärkste Gezeitenstrom der Welt, der nach Bodø überleitet, der Hauptstadt Nordlands. Vorbei an den Lofoten fährt das Schiff in den Raftsund, eine der engsten und extremsten Wasserstraßen der Welt.

Über den Polarkreis nach Bodø

Reiseatlas: S. 208, B 2–209, E 2

In der Nacht haben wir Brønnøysund (s. S. 147), Sandnessjøen (s. S. 145) und Nesna (s. S. 143) angelaufen, und beim Frühstück ist der Speisesaal ungewohnt leer. Grund für dieses Phänomen ist eine Linie, die bei 66° 33'51" verläuft: der **Polarkreis**. Er markiert die Trennlinie zwischen der Polarzone und der gemäßigten Zone. Am 21. Juni erscheint die Sonne auf dieser Linie genau um 24 Uhr am Horizont. Dieses Erlebnis will niemand verpassen, und entsprechend eng geht es an der Backbord-Reling des Oberdecks zu. Von hier aus sieht man nämlich die Trennlinie, die auf einer kleinen Schäre durch das Modell einer Weltkugel markiert ist. Im Westen verläuft der Polarkreis quer durch die von Sagen umwobene und an ihrem Gipfelsporn unschwer zu erkennende Insel **Hestmannøy** (s. S. 144).

Nördlich von Hestmannøy taucht links bald die 440 m hohe Insel **Rødøy-løven** aus dem Meer, die aus rot schimmerndem Serpentin besteht und von ihrer Form her an eine Sphinx erinnern kann. Dann kommt das Eisfeld des **Svartisen-Gletschers** in Sicht, das sich wie ein weißes Leinentuch vom 1599 m hohen Snøtind aus strahlend entfaltet. Diesem Gletscher, mit rund 370 km^2 Fläche der zweitgrößte von Norwegen, können wir im Rahmen eines Ausflugs ganz nahe kommen und müssen zu diesem Zweck bei der außerordentlich fruchtbaren Schieferinsel **Grønøy** an Bord eines kleinen Schiffes gehen, das sich durch die Meerengen hindurch in den Holandfjord schlängelt.

Ausflüge Tag 4

Besuch des Svartisen-Gletschers: April bis Okt., mit Bus und Boot, Dauer 6 Std., s. S. 81ff.
Bootsfahrt zum Saltstraumen: April – Oktober, Dauer 2 Std., siehe S. 82

Der Svartisen-Gletscher ist Ziel eines Ausfluges

Dort geht es an Land und direkt an die blauglitzernde Eiswalze des Engabreen (Nebenarm des Svartisen) heran, die wie ein Denkmal der Glazialzeit über dem türkisfarbenen Gletschersee Engabreenvatnet hängt.

Nach dieser Eisvisite steigen wir in den Bus und fahren auf der Reichsstraße 17, die auch den Namen **Kystriksveien** trägt, nach Norden. Die Landschaft ist außerordentlich reizvoll und abwechslungsreich, auch mehrere ehemalige Handelsplätze liegen am Weg nach Bodø, doch Höhepunkt dieser Tour sowie auch einer eigenen Tour ist ein Besuch des **Saltstraumen,** der sich zum Gezeitenwechsel mit bis zu 20 Knoten Geschwindigkeit durch den nur 150 m breiten Sund zwischen dem Saltfjord und Skjerstadfjord ergießt und im Ruf steht, der stärkste Mahlstrom dieser Erde zu sein. – Die Aussicht von

der Bogenbrücke über den Sund auf die tosenden Wassermassen und die schneebedeckten Berge in der Ferne ist schlicht faszinierend!

Aber auch wer auf den sechsstündigen Landausflug verzichtet, wird auf der Strecke nach Bodø unvergessliche Eindrücke genießen können, denn immer wieder geht es nah unter Land dahin, um Schären, Inselchen und Inseln herum, an alten Handelsplätzen vorbei, die heute keinerlei Bedeutung mehr haben und wie verzauberte Idylle wirken, Relikte aus einer gerade erst vergangenen Zeit, als Nordland nahezu keine Straßen kannte, aller Verkehr übers Wasser durch die so genannte Nordlandrinne führte. Auch **Ørnes,** der nächste angelaufene Ort, ging aus einem Handelsplatz hervor, und der Anblick der zu Füßen des markanten Berges Spilderhesten ausgebreiteten

Streusiedlung am Ufer einer seegleichen Meeresbucht ist von ausnehmender Schönheit. Ebenso der von Sandstränden begleitete Weg von Ørnes wieder hinaus in die Nordlandfahrrinne, in der sich voraus bald das Vorgebirge **Kunna** zeigt. In den Tagen der Nordlandboote galt es als eines der gefürchtetsten Hindernisse, hier haben in der Vergangenheit schon hunderte Boote Schiffbruch erlitten.

Unerhört wild und erhaben präsentiert sich weiterhin die Fjord- und Gebirgslandschaft, rückblickend genießt man noch eine ganze Weile die Aussicht auf die Bergketten der Svartisen-Gruppe, zur Rechten auf bizarr geformte Karlinge, die als bis zu 1000 m hohe Bergskulpturen aus dem Meer ragen. Etwa eine Stunde nach Verlassen von Ørnes taucht linker Hand die ebenfalls ganz vom Gletschergriff der Eiszeiten geprägte Insel **Fugløya** auf (ihrem Namen entsprechend wird sie von zehntausenden Seevögeln bevölkert).

Meløy Turistkontor: Postboks 254, 8151 Ørnes, Tel. 75 75 48 88, Fax 75 75 48 08, www.meloyinfo.no.

Bodø

Reiseatlas: S. 209, E 2
Bodø, die rund 44 000 Einwohner zählende Hauptstadt von Nordland, ist Sitz des Militäroberkommandos für Nord-Norwegen, und da die Fahrrinne direkt am südlich gelegenen Flughafen vorbeiführt, kann man sich mit eigenen Augen davon überzeugen, welcher Verteidigungs-Aufwand hier zur Zeit des Kal

ten Krieges betrieben wurde: Das gesamte Flugfeld ist gespickt mit dutzenden Bunkern und getarnten Hangars, und noch heute machen hier am Himmel NATO-Jäger und -Bomber lautstark von sich hören. Der letzte Angriff freilich ist lange her. Er wurde im Mai 1940 von der deutschen Wehrmacht geführt. 420 der damals 760 Häuser fielen den schweren Bombardements zu Opfer, und so darf man sich nicht wundern, dass die Stadt heute weitestgehend ein Stein- und Betonkleid trägt. Idylle ist in dieser wichtigen Verwaltungs-, Handels- und Industriestadt nicht zu erwarten, und dass sich hier sommers dennoch viele Touristen aufhalten, hat vorrangig damit zu tun, dass hier die Nordlandbahn endet und für viele Reisende das ›Abenteuer Lofoten‹ mit einer Fährpassage nach Moskenes beginnt.

Ein paar Sehenswürdigkeiten laden dennoch in Bodø ein. Das eindrücklichste Erlebnis ist ein Besuch des etwa 3 km entfernten **Rønvik-Fjell,** auf dessen Höhe eine Straße führt. Am Kai (mit Mahnmal für die Opfer des Untergangs des Hurtigruten-Schiffes ›MS Prinsesse Ragnhild‹ im Oktober 1940) ist schnell ein Taxi gefunden, und nur wenige Minuten dauert die Fahrt auf den etwa 150 m hohen Panoramaberg. Von oben hat man eine weite Aussicht auf die gesamte Lofoten-Kette im Westen und einen Ausblick auf den alten Handelsort Kjerringøy im Nordosten.

Auch **Kjerringøy** selber, das mit seinen 15 historischen und authentisch im Stil des 19. Jh. eingerichteten Gebäuden als eines der wichtigsten baulichen Denkmäler Nord-Norwegens gilt, wäre unbedingt einen Besuch wert. Doch die gut 80 km hin und zurück sind im Rahmen unseres Landgangs kaum zu bewältigen. Wer aber länger in Bodø bleibt, sollte diesen ehemals reichsten Handelsplatz Nord-Norwegens unbedingt besuchen und sich die Diashow ansehen (24.5.–24.8. tgl. 11–17 Uhr; www.kjerringoy.no).

Schon eher mit unserer Landgang-Zeit vereinbar ist ein Besuch im **Nordlandmuseum** 1 im ältesten erhaltenen Gebäude der Stadt (1903). Es be-

richtet über die Geschichte der Region, informiert über den Alltag der Fischerbauern (früher waren die meisten Nordland-Fischer auch als Bauer tätig und umgekehrt) und zeigt den Silberschatz von Bodø. Er wurde 1919 gefunden, enthält u. a. Schmuckstücke und Münzen aus Arabien und gilt als größter eisenzeitlicher Fund Nord-Norwegens (Prinsens gt. 116, ganzjährig Mo–Fr 9–15, Sa/So ab 12, Mai–Aug. Sa ab 10 und So ab 12 Uhr).

Die direkt gegenüber liegende **Kathedrale** 2 (Domkirke), Sitz des Bi-

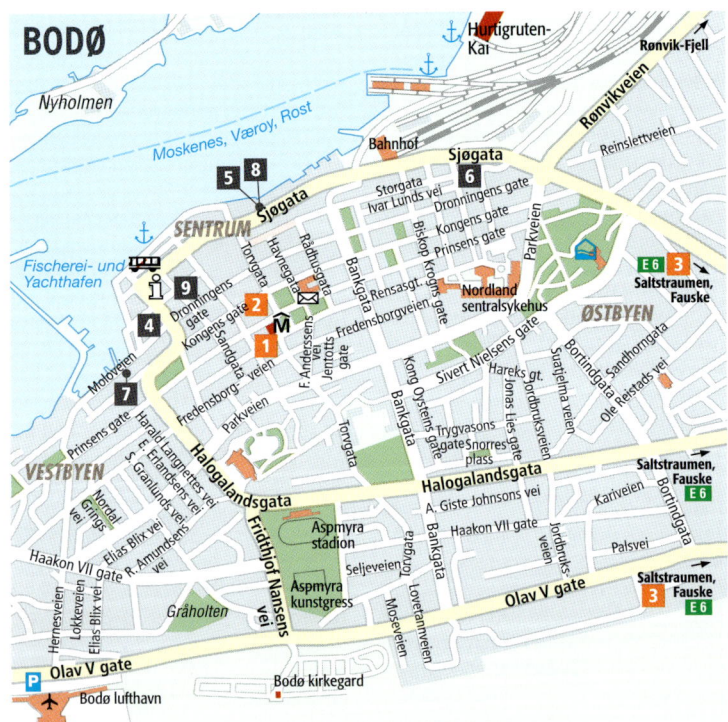

schofs von Nord-Norwegen, folgt dem nüchternen Baustil der 1950er Jahre, der auch das Zentrum rings um den Torget prägt. Rund 10 Minuten ist man vom Hurtigruten-Kai bis hierher unterwegs.

Die größte Anziehungskraft hat für die meisten Besucher der ausgedehnte **Fischerei- und Yachthafen,** den man von einer lang gestreckten und mit Parkbänken versehenen Mole aus in Ruhe betrachten kann. Bleibt schließlich das außerhalb gelegene **Luftfahrtmuseum** 3, das auf über 10 000 m²

Fläche umfassend und spannend über die Geschichte der zivilen und militärischen Luftfahrt informiert. Insgesamt 34 Flugzeuge von der AVRO 504 (1913) bis zu einem modernen Kampfjet sind hier ausgestellt, und nicht nur Kinder geraten schier aus dem Häuschen, wenn sie an einem Flug im Mitfliegersimulator teilnehmen (Norsk Luftsfartsmuseum, 16.8.–14.6. Mo–Fr 10–16, Sa/So 11–17, im Sommer So–Fr 10–19, Sa bis 17 Uhr; www.luftfart.museum. no).

Sehenswürdigkeiten
1 Nordlandmuseum
2 Kathedrale
3 Luftfahrtmuseum

Übernachten
4 Radisson SAS Hotel Bodø
5 Rica Hotel Bodø
6 Bodø Vandrerhjem

Essen und Trinken
7 Egon Bodø
8 Blix Restaurant
9 Kafé Kafka

Havørnklubben

Keine Stadt der Welt weist einen größeren Bestand an Seeadlern auf als Bodø, und mit ein bisschen Ausdauer ist es meist kein Problem, einen dieser majestätischen Greifvögel im Gleitflug über der Stadt zu beobachten. War einem das Glück hold, ist die Aufnahmebedingung in den exklusiven Havørnklubben (Seeadlerclub) von Bodø erfüllt. Die Mitgliedschaft kann in der Touristeninformation und im Luftfahrtmuseum beantragt werden. Im Sommer organisiert das Touristenbüro dreistündige Seeadler-Bootssafaris zur vorgelagerten Insel Landegode (4.–31.7., 400 NOK), empfohlener Beobachtungspunkt für Seeadler ist ansonsten das Rønvik-Fjell (s. S. 83), wo auch ein paar Infotafeln einladen und man die Mitternachtssonne von 2.6.–10.7. sehen kann.

Destinasjon Bodø: Sjøgata 3, 8001 Bodø, Tel. 75 54 80 00, Fax 75 54 80 01, www.bodoe.com; 1.9.–1.6. Mo–Fr 9–16 und Sa 10–15, während der Saison Mo–Fr 9–20, Sa ab 10, So ab 12 Uhr.
Nordland Reiseliv: P.O. Boks 434, 8001 Bodø, Tel. 75 54 52 00, Fax 75 54 52 10, www.visitnordland.no. Informationen über den gesamten Bezirk.

Radisson SAS Hotel Bodø [4]: Storgata 2, Tel. 75 51 90 00, Fax 75 52 90 01, www.radissonsas.com. Mit 190 Zimmern das größte Hotel am Ort und das mit der weitesten Aussicht. Von der Bar Top 13 im 12. Stock schaut man bei gutem Wetter bis auf die Lofoten. Die Zimmer sind im skandinavischen, chinesischen, japanischen und englischen Stil ausgestattet. Preise von 695–1445 NOK.
Rica Hotel Bodø [5]: Sjøgata 23, Tel. 75 54 70 00, Fax 75 54 70 55, www.rica.no. Top-Lage am Meer mit herrlicher Aussicht. Die 113 komfortablen Zimmer wurden 2003 renoviert, genügen hohen Ansprüchen und kosten zwischen 890 NOK/DZ (Sommer) und 1440 NOK.
Bodø Vandrerhjem [6]: Storgata 90, Tel. 75 52 04 02, Fax 75 52 04 03, www.vandrerhjem.no; ganzjährig. Holzbau in zentraler Lage. Betten ab 150 NOK, EZ 250 NOK, DZ 350 NOK.

Egon Bodø [7]: Moloveien 14, Golden Tulip Rainbow Nordlys Hotel, Tel. 75 53 19 90; Mo–Sa ab 11 Uhr, So ab 12 Uhr. Gemütliches Restaurant der landesweit beliebten Egon-Kette am Kleinboothafen mit großer Auswahl an Mittagsgerichten. Tellergerichte um 120 NOK, Vorspeisen um 60 NOK, Hauptgerichte 164–220 NOK, Pizzen ab 129 NOK.
Blix Restaurant [8]: Sjøgata 25, Tel. 75 54 70 87; Mo–Sa ab 17 Uhr. Informelles Restaurant im Rica-Hotel mit einer nostalgischen Einrichtung aus den 1950er und 1960er Jahren. Krusten- und Schalentiere sind die Spezialität des Hauses, Hauptgerichte 235 NOK.
Kafé Kafka [9]: Sandgt. 5 B, Tel. 75 52 35 50; Mo-Sa ab 11, So ab 12 Uhr. Bodøs Kulturcafé, recht originell und stadtbeliebt, doch weniger Café als mehr Pub und Restaurant, auch wenn es hier den besten Kaffee der Stadt gibt. Günstige Gerichte der so genannten New World Cuisine zwischen etwa 60 und 150 NOK.

Bodø Husfliden: Storgt. 15, Tel. 75 54 43 00. Strickwaren und Keramik, Holz-, Stein- und Metallarbeiten.
Bertnes Geo Senter: Reichsstraße 80, 9 km außerhalb Richtung Fauske, Tel. 75 51 83 03, www.bertnesgeosenter.no; im Sommer tgl. 9–20, sonst Mo–Fr 9–18, Sa 9–15 und So 12–18 Uhr. Die Taxifahrt zu Nord-Norwegens größtem Steinladen lohnt sich, denn er ist eine Fundgrube für Steine, Mineralien, Gold- und Silberschmuck, Trophäen u.a.; mit Restaurant .

Aug.: **Nordland Musikfestwoche**, eines der größten Kulturfestivals Nord-Norwegens. Zehn Tage Musik aller Gattungen. Informationen Tel. 75 54 90 40 und www.nordland-musikkfestuke.no.
Weltmeisterschaft im Seelachs-Angeln am Saltstraumen, Informationen über das Touristenbüro.

Das Touristenbüro organisiert u. a. **Bootsverleih, Bootsausflüge** in die Inselwelt vor Bodø, **Stadtrundfahrten** (1.5.–30.9.), **Seeadlersafaris** (im Sommer) und Tagesausflüge zum **Svartisen-Gletscher** (im Sommer).

Flug: Der Flughafen liegt rund 2 km außerhalb (Taxi 80 NOK, Bustransfer 22 NOK). Verbindungen mit Braathens, SAS, Widerøe sowie Norwegian Air Shuttle zu allen größeren Städten des Landes und den Lofoten.

Ende August findet am Saltstraumen die Weltmeisterschaft im Seelachs-Angeln statt

Zug: zweimal tgl. nach Trondheim mit Anschluss nach Oslo.

Bus: tgl. nach Narvik, Schweden (Skellefteå), auf die Lofoten und die Insel Hamarøy.

Schiff/Fähre: Autofähre zu den Lofoten (Moskenes, Værøy und Røst), einmal tgl. Schnellboot nach Svolvær.

Mietwagen: Avis (Tel. 75 54 10 00), Hertz (Tel. 75 54 84 00) und Bodø Bobilutleie (Wohnmobil-Verleih; Arnbakken 2, Tel. 75 56 01 68, Fax 75 56 00 26, www.bodo-bobilutleie.no).

Über den Vestfjord nach Stamsund

Reiseatlas: S. 209, E 2–210 A 4

Um 15 Uhr lichtet unser Schiff in **Bodø** die Anker, fährt dann vorsichtig aus der geschützten Bucht heraus und schlängelt sich, zwischen Schären hindurch, in den **Landegofjorden** hinein, der durch die lang gestreckte Felsinsel Landego-

de gebildet wird. Weiter geht es, an der Insel und ihrem gewaltigen Leuchtturm vorbei mit Kurs Nord-Nordost auf den **Vestfjord** hinaus, der sich wie ein Keil zwischen das Festland und die Lofoten schiebt und von seiner Größe her selbst ein kleines Meer zu sein scheint. Entsprechend gefährlich war in alten Tagen die Querung, und selbst heute kann diese vierte offene Meeresstrecke unserer Postschifflinie bei schlechtem Wetter schwer zu bewältigen sein.

Hinter uns staffeln sich die Berge bis hinauf nach Schwedisch Lappland, während im Westen bald die 365 Inseln von **Røst** in der Vestfjord-Dünung wie Fische auf- und untertauchen. Dort draußen, am Rande des Nordmeeres und im direkten Einflussbereich des Golfstromes, herrscht ein außerordentlich mildes Klima ganz ohne Wintertage (also ohne Tage mit einer Durchschnittstemperatur unter 0 °C), aber trotz dieser Gunst bewohnen heute nur noch etwa 680 Menschen diese Inselgruppe. Alle leben auf Røstlandet, einem 11 km^2 großen Tellergebilde.

Nördlich von Røst erspähen wir eine Weile später die ebenfalls zu den Lofoten gehörige und bis über 400 m hoch aufragende Insel **Værøy,** auf deren höchster Erhebung die graue Wabenkuppel einer NATO-Lauschstation steht. Ein Stückchen südlich dieser Landmarke erhebt sich die etwa 300 m hohe Mostadheia, und auch dieser Berg gehört zum Reich der Seevögel, insbesondere der Papageitaucher, die dort eine ihrer weltweit größten Kolonien haben. Eine Bootsfahrt an den Vogelberg heran oder – besser noch – eine kombinierte Boots-/Wandertour gehört zu den Highlights eines Lofoten-Aufenthaltes (s. S. 135ff.). Im Rahmen solcher Touren wird der nördlich angrenzende **Moskenesstraumen** gequert, der gefürchtetste aller ›Mahlströme (s. S. 89).

Nun aber ist es an der Zeit, sich der nördlich von Værøy bzw. dem Moskenesstraumen beginnenden **Lofoten-Wand** zuzuwenden, die sich, obwohl noch gut zwei Fahrstunden entfernt, wie ein gigantisches Bollwerk aus Schwarz und Weiß, Fels und Eis, aus der arktischen See erhebt. Doch was sich gerade noch als monumentale Mauer präsentiert, löst sich im Näherkommen von Minute zu Minute zu einer Kette von schartigen Gipfeln, Bastionen und Zinnen, die als bizarr skulptierte Zackenlinie den Horizont verstellt. Und es wird augenfällig, warum die Wikinger, die hier im 9. Jh. Vågan, die erste Stadt nördlich des Polarkreises gründeten, dem Archipel mit feinem Sprachgefühl den Beinamen ›Insel der Götter‹ gegeben haben.

Zum ›Archipel des Kabeljau‹ wurde die rund 1200 km^2 große Inselgruppe ab dem 12. Jh., denn spätestens seit dieser Zeit, so berichten die Sagas, fuhren von hier große Schiffskonvois bis hinunter nach Bergen, um Stockfisch, an der Luft getrockneten Dorsch, gegen andere Waren zu tauschen.

Die Genese der über 100 km langen und untereinander mittels Brücken und einem Tunnel verbundenen Inselkette ist fast so alt wie die der Erde, und in ihren glasklaren Seen, die im Verhältnis zu ihrer Fläche zu den tiefsten der Welt zählen, findet sich noch heute urzeitliches Meerwasser, fossiles Überbleibsel jener Zeit, als das Land unter Wasser lag. Die Gezeitenströme der Lofoten gehören mit zu den stärksten der Welt, und nirgendwo wird eine vergleichbar hohe Temperaturanomalie verzeichnet wie hier, wo es dank Golfstrom im Durchschnitt 24 °C wärmer ist als sonst auf diesem Breitengrad. Hier gibt es große Seevogel-Kolonien, die vielleicht schönsten Strände des ganzen Nordens und einige der sehenswertesten Museen und Galerien.

Entlang der Lofoten-Wand nach Svolvær

Reiseatlas: S. 210, A 4–B 3
Von **Stamsund** (s. S. 138f.) aus geht das Schiff auf Nord-Nordost, und über die Bugspitze hinweg blicken wir jenseits des **Henningsværstraumen** auf die Insel Austvågøya, die sich mit Kegeln und Monolithen, Tafelbergen und

DER MAHLSTROM

Zwischen Moskenesøya und Værøy zwängt sich im Rhythmus von Ebbe und Flut der gefürchtetste aller Gezeitenströme, der Moskenesstraumen. Selbst bis ins ferne Arabien war schon vor Jahrhunderten der Ruf des ›Nabels der Welt‹ gedrungen, von dem man bis ins 18. Jh. hinein annahm, dass er »ein Abgrund sey, der durch die Erdkugel hindurchgienge, und seinen Ablauf in einem entfernten Land hätte« bzw. »in den bothnischen Meerbusen«. Erst der Bischof von Bergen, Erik Pontoppidan, beschrieb 1755 in seinem ›Versuch einer natürlichen Historie von Norwegen‹ die Ursachen des Gezeitenstroms: »Sein wütendes Toben übertrifft dasjenige eines Wasserfalls und kann pausenlos auf große Entfernungen vernommen werden, mit Ausnahme einer Viertel Stunde nach je sechs Stunden, was also mit dem Zeitpunkt des Gezeitenwechsels zusammenfällt.« Und er zitierte den Chronisten Rasmus: »Die Wirbel oder Löcher des Stroms sind so tief und groß, dass, wenn ein Schiff hineingeriete, solches sinken oder untergehen müsste … Es trägt sich auch oft zu, dass, wenn große Walfische dem Strom zu nahe kommen …, sie schrecklich brüllen und blöken, wenn sie hinuntergezogen werden.«

Auch Edgar Allan Poe und Jules Verne haben dem Strudel literarische Denkmäler gesetzt, doch die ungeheure Gewalt des Moskenesstraumen ist nicht nur Legende: Mit fast 10 Knoten (18,5 km/h) presst sich der Meeresrücklauf durch die 4 km breite Enge und befördert bei jedem Tidenwechsel Millionen Kubikmeter Wasser. Dass das Südkap von Moskenesøya Hell heißt (Glück), kommt nicht von ungefähr, denn die Fischer beten vielfach um Glück, wenn sie sich dieser ›Düse‹ nähern, die selbst großen Schiffen gefährlich werden kann, insbesondere, wenn Sturm und Gezeitenrichtung entgegengesetzt wirken und sich Sturzseen aufbauen.

Wen wundert es da, dass nach den Sagen der Wikinger der Moskenesstraumen die Menschen von den ›Inseln der Götter‹ fernhalten sollte? Oder dass die Lofoter glaubten, Trolle seien für Nordlands Trompet (wie der Mahlstrom seit der Zeit des dichtenden Priesters Peter Dass, s. S. 146, auch genannt wird) verantwortlich: Nach dieser Sage hauste einst ein weiblicher Troll auf Moskenesøya und ein männlicher auf Værøy. Beide waren verheiratet und lebten von Fischsuppe, die sie in einem riesigen ›natürlichen Kochtopf‹, der Meerenge zwischen den Inseln, zubereiteten. Eines Tages machten Meerjungfrauen das Gebiet unsicher, und der Trollmann stieg in die Tiefe, um sie zu vertreiben. Aber wie er die Schönen sah, legte sich sein Zorn, Kraft stieg ihm in die Lenden und er verließ den Pfad der Tugend. Als er in einer Vollmondnacht wieder auftauchte, war seine Angetraute so erbost über das schamlose Tun ihres Alten, dass sie wie eine Furie mit dem Kochlöffel in der Suppe rührte, wodurch riesige Flutwellen entstanden. Er fand das albern und äffte sie nach. Doch weil er in die andere Richtung rührte, entstanden Wirbel und Sturzseen. Und weil sie nicht gestorben sind, rühren sie noch heute, am schlimmsten bei Vollmond, weil sie sich dann daran erinnern, wie der Ehekrach begann.

Pyramiden bis 1000 m hoch aus dem Vestfjord aufwirft und gen Süden in eine Schärenkette ausläuft. Darauf halten wir zu, und nicht lange, da wird offenbar, dass die wie Tuschestriche in der lang gezogenen Dünung liegenden Inselchen allesamt bewohnt sind: Je näher wir kommen, desto klarer lassen sich dichtgedrängte Häuser und Fischerhütten ausmachen, allesamt farbenfroh gestrichen, hinter denen als monumentale Landmarke die 942 m hohe Felsmasse des **Vågakallen** steil gen Himmel steigt. Diese Bergbastion vor Augen wird verständlich, warum die Lofoten-Fischer früher nicht hinausfuhren, ohne zuvor ihren ›Våga-Kerl‹ um Glück und gesunde Heimkehr gebeten zu haben.

An diesem Berg vorbei wird unsere Fahrt verlaufen, doch zuvor kommen wir den bewohnten Schären auf bis zu einen Kilometer nah und sehen, dass sie allesamt durch Brücken miteinander verbunden sind. Nicht einsehen können wir den Hafen dieses wahrhaft ›amphibischen‹ Ortes, in dem zwischen Januar und März, zur Zeit des Lofoten-Fischfangs, oft dutzende Trawler vor Anker liegen. In manchen Jahren wurde in **Henningsvær** (s. S. 136f.) ein Viertel der gesamten Lofoten-Fangmenge angelandet.

Wir schwenken nun auf Parallelkurs zu Austvågøya, und immer wieder muss unser Schiff Fischkuttern, Segelyachten und Seekajaks ausweichen, ist doch die Strecke für ihren Fischreichtum ebenso berühmt wie für ihre Schönheit. Wir staunen, und erst das Tuten zweier Schiffshörner, von den Felswänden des Vågakallen als Echo

zurückgeworfen, holt uns in die Wirklichkeit zurück: Hier, kurz vor Svolvær nämlich, begegnet das nordgehende Schiff dem nach Süden fahrenden.

Wenige Minuten später können wir den Kirchturm von **Kabelvåg** (s. S. 139f.) ausmachen. Jetzt trennen uns nur noch 4 km vom nächsten Etappenziel, und deutlich spürbar rotieren die Schrauben immer langsamer, bis wir einschwenken in das von Schären verstellte Hafenbecken von **Svolvær** (s. S. 133ff.). Anmutig breitet sich die Stadt an der Felswurzel steiler Berge auf einem Gewirr von Schären, Inseln und Halbinseln aus, und bis in den Juni hinein hängt stets ein fischiger Geruch in der Luft, der in Schwaden von den Stangenwäldern der unzähligen Stockfischgerüste herüberweht, die hier, an der Hafeneinfahrt, oft jeden freien Quadratmeter bedecken. Paarweise am Schwanz zusammengebunden, baumeln die vom Seewind zu knöchernen Mumien getrockneten Dorschleiber an ihren ›Galgen‹. Die Köpfe hängen separat, denn während die Leiber in Südeuropa (wo sie als Fastenspeise begehrt sind) ihre Märkte haben, sind die Köpfe meist für Afrika bestimmt oder werden zu Dünger verarbeitet, ›Guano‹, wie man hier (nicht ganz korrekt) sagt.

Doch Svolvær ist noch nicht die letzte Etappe dieses an Eindrücken so außerordentlich reichen Tages. Vor Mitternacht wird man kaum das Panoramadeck verlassen wollen, geht es doch in diesem Abschnitt durch den eng von Bergen ummauerten und unglaublich dramatischen Raftsund (s. S. 131f.), der schließlich nach Stokmarknes (s. S. 130) überleitet.

FÜNFTER TAG: STOKMARKNES – SKJERVØY

Wild zerzauste Fels- und liebliche Wiesenküsten prägen Senja, Norwegens zweitgrößte Insel, die am Weg von Harstad nach Tromsø liegt, der größten Metropole des hohen Nordens und ›Pforte zum Eismeer‹. Abschließender Höhepunkt des Tages ist die Passage entlang der bis 1800 m hoch aufragenden Lyngen-Alpen.

Nach Tromsø

Reiseatlas: S. 210, B 3–212, A 4
In den frühen Morgenstunden hat das Schiff den schmalen Risøysund zwischen den Inseln Hinnøya im Süden und Andøya im Norden durchfahren und einen Bogen nach Südosten geschlagen, um das aufstrebende **Harstad** (s. S. 127ff.) anzulaufen, das durch die reichen Fischfangjahre des 19. Jh. zu Wohlstand kam, 1903 die Stadtrechte erhielt und heute neben Tromsø das wichtigste Handels- und Verkehrszentrum des Bezirks Troms ist. Vor allem Fischverarbeitung, Schifffahrt und Schiffsbau sind hier bedeutende Wirtschaftsfaktoren, doch die größten Wachstumsimpulse erhielt die heute rund 23 000 Einwohner zählende Stadt von den Erdölförderungsaktivitäten vor der nord-norwegischen Küste. Gehen die Rechnungen der Ölgesellschaften auf, von denen sich bereits mehrere in Harstad niedergelassen haben, wird diese Stadt einmal den Rang einnehmen, den die Ölmetropole Stavanger im Süden des Landes heute hat.

Aber Harstad ist nicht Abu Dhabi oder Kuwait City, keine aus dem Boden gestampfte Siedlung, denn das Gebiet war schon in grauer Vorzeit besiedelt. Die außerhalb der Stadt liegende **Trondenes kirke** (s. S. 127) war im Mittelalter die bedeutendste Kirche des hohen Nordens. Den Aufenthalt in Harstad sollte man nutzen, um durch die Straßen des kleinen Zentrums zu schlendern und einen Blick auf den Hafen zu werfen, der sich als ein buntes Durcheinander von Fischkuttern, und Frachtern, Tankern und Versorgungsschiffen für die Ölplattformen präsentiert.

Von Harstad aus fährt das Schiff in nordöstliche Richtung den breiten Vågsfjord hinauf, der vor **Senja,** der mit

Ausflüge Tag 5

Stadtrundfahrt Tromsø: zu den wichtigsten Sehenswürdigkeiten, ganzjährig, Dauer 2,5 Std.
Husky-Schlittenfahrt in Tromsø: November – April, Dauer 3 Std.
Besuch im Tromsø Villmarkssenter: Juni–Aug., Dauer 3 Std.

Die ›MS Finnmarken‹ auf ihrer Jungfernreise

1590 km² zweitgrößten Insel Norwegens, in den Tranøy- und schließlich in den Solbergfjord übergeht. Die Küste auf beiden Seiten der nun immer schmaler werdenden Fahrrinne ist mit friedlichen Weilern und kleinen Laubwäldern freundlich anzusehen und hügelig, doch sieht man im Norden von Senja hinter wellenförmigen Rücken gewaltige Berge aufsteigen. Wer immer sich aufmacht, diese Insel ein wenig näher zu erkunden, wird feststellen, dass die West- und Nordseite oft von dunklen Wänden gebildet wird, die bis 1000 m hoch fast senkrecht aufsteigen. Höchstens die Lofoten und die Lyngen-Alpen (s. S. 98) können es in Sachen Dramatik mit dieser steinernen Urwelt aufnehmen. Einzigartig ist der im Südosten gelegene Ånderdal-Nationalpark mit seinen tiefen Waldschluchten und bis über 500 Jahre alten Kiefern.

Noch schmaler wird der Fjord und geht schließlich in den Gisund über, der die Insel Senja vom Festland trennt. Die Gisund-Brücke, mit 1150 m Länge übrigens eine der längsten Pfeilerbrücken Europas, überspannt diese Engstelle. Am Festlands-Brückenkopf liegt **Finnsnes,** unser nächster Anlegeplatz und idealer Ausgangspunkt für Exkursionen nach Senja. Etwa 4500 Einwohner leben in diesem wichtigen Dienstleistungszentrum und Hauptort der Lenvik-Kommune, das kleine Zentrum erstreckt sich direkt beim Kai.

Der Aufenthalt ist nur 30 Minuten kurz, schon geht es weiter gen Norden unter der Brücke und durch den **Gisund** hindurch. Hier soll Ende des 9. Jh. der Wikingerhäuptling Ottar gelebt haben, dem die Nachwelt die ersten ausführlichen schriftlichen Quellen über Nord-Norwegen verdankt. Er unternahm u. a. eine kombinierte Handels- und Entdeckungsreise bis ins Weiße Meer. Diese Fahrt ist bekannt, da Ottar später in den Dienst von König Alfred von England trat, der die Berichte so einzigartig fand, dass er sie in eine von ihm bearbeitete Ausgabe der Weltgeschichte einfügte.

Nun markiert der zwischen der Insel Kvaløy und dem Festland verlaufende Straumsfjord die Richtung. Wie schnell wir durch die bald schmaler werdende Fahrrinne dahingleiten, ist eine Frage des Gezeitenstandes, denn der in der Engstelle verlaufende **Rystraumen** kann eine Geschwindigkeit von über 6 Knoten erreichen, womit er als das anstrengendste Hindernis für die Schiffe der Hurtigruten gilt.

An der Öffnung des Rystraumen in den Balsfjord kann man voraus bereits einen ersten Blick auf Tromsø genießen. Hier bei Håkøybotn wurde vor der backbord aufragenden Insel Kvaløy das deutsche Schlachtschiff ›Admiral Tirpitz‹ am 12. November 1944 mit über 1200 Mann Besatzung von britischen Bombern versenkt.

Destinasjon Midt I Troms: Boks 326, 9253 Finnsnes, Tel. 77 85 07 30, Fax 77 85 07 31, www.dmit.no.

Tromsø

Reiseatlas: S. 212, A 4
An Tromsø, auf der flachen Insel Tromsøya mitten im Balsfjord zwischen dem Festland und Kvaløy gelegen, ist alles außergewöhnlich. Die schon im Mittelalter bedeutsame und um 1250 unter König Håkon Håkonsson als Kirchspiel gegründete Siedlung erhielt 1794 Stadt- und Handelsrechte, wurde bald darauf Bischofssitz und ist heute mit rund 62 000 Einwohnern und einer Fläche von 2558 km^2 die größte Metropole des hohen Nordens, gleichzeitig die flächengrößte von Norwegen, auch die einzige nördlich von Trondheim, die urbanen Charakter besitzt.

Als Ausgangspunkt zahlreicher Expeditionen war Tromsø ›Pforte zum Eismeer‹. Fridtjof Nansen startete von hier zu seiner berühmten Eisdrift mit der ›Fram‹; Roald Amundsen besuchte die Stadt mit der ›Gjøa‹ und der ›Maud‹, auch Andrée und Carlsen begannen hier ihre Fahrten ins Ungewisse.

Heute ist Tromsø mit all seinen Handels- und Dienstleistungsbetrieben sowie der nördlichsten Universität der Welt das bedeutendste Wachstumszentrum Nord-Skandinaviens. Und weil Tromsø im Zweiten Weltkrieg, während dem es für kurze Zeit die Hauptstadt des freien Norwegens war (am 7. Juni 1940 flohen König und Regierung von hier nach England), von Zerstörungen weitgehend verschont blieb, besitzt die Stadt neben der berühmten Eismeer-Kathedrale und zahlreichen Museen, der nördlichsten Brauerei, des nördlichsten Planetariums der Welt sowie anderer nördlichster Einmaligkeiten auch zahlreiche alte Holzhäuser. All das verleiht ihr zusammen mit dem urbanen Treiben und der Farbenpracht des Hafenlebens vor der Kulisse bis über 1200 m hoher ›Alpengipfel‹ außerordentlich viel Atmosphäre.

Vor dem Hintergrund der Stadthistorie ist auch der Name der **Eismeer-**

Kathedrale ☐1 (Ishavskatedralen) zu verstehen, die in ihrer äußeren Form an die mächtigen Trockenfisch-Gestelle erinnert, denen man an den Küsten des Nordmeeres überall begegnet. Aber auch Polarnacht, Mitternachtssonne und Nordlicht soll der futuristisch wirkende Bau symbolisieren. Die 23 m hohe Ostgabel schmückt ein 140 m² großes Glasmosaik, das die Wiederkunft Christi darstellt. Das offiziell schlicht ›Tromsdalen-Kirche‹ geheißene Gotteshaus wurde 1965 geweiht und steht am Festlands-Brückenkopf der 1036 m langen und 38 m hohen Tromsøbrua, die auf mehreren Dutzend Säulenpaaren im Tromsøsund ruht, der verkehrsreichsten Wasserstraße des Nordens (1.6.–15.8. Mo–Sa 9–19, So ab 13; 16.8.–31.5. tgl. 16–18 Uhr).

Auch ein Spaziergang durch die Stadt ist durchaus reizvoll, denn die

TROMSØ
0   200 m

Sehenswürdigkeiten

1 Eismeer-Kathedrale
2 Tromsø-Museum
3 Polaria
4 Polarmuseum
5 Roald Amundsen-Statue
6 Dom

Übernachten

7 Radisson SAS Hotel Tromsø

8 Rica Ishavshotel
9 AMI Hotel

Essen und Trinken

10 Compagniet Restauration
11 Markens Grøde
12 Vertshuset Skarven
13 Peppermøllen Mat- og Vinhus
14 Aunegården

beachtliche Anzahl alter Holzhäuser unterscheidet Tromsø von allen anderen Städten des hohen Nordens, und auch die hohe Dichte gemütlicher Cafés, Kneipen, Bistros und Restaurants im Zentrum findet nördlich von Trondheim kein Gegenstück. Selbst morgens um vier ist hier immer noch was los, und zumindest den skandinavischen Besuchern gilt das Tromsøer Nightlife als Hauptattraktion der Stadt.

Das 4 km außerhalb vom Stadtkern (Bus Nr. 28) gelegene **Tromsø-Museum** 2 informiert in verschiedenen Abteilungen außerordentlich anschaulich (z. B. mittels riesiger Dioramen) über Geologie, Flora, Fauna, Samen- und Kirchenkunst, neuere Kulturgeschichte und Volksmusik. Hier sollte man der Sprache der Samen-Seele als Wolf-, Rentier- oder Wildgans-Joik lauschen. Ebenfalls lohnend ist ein Besuch im Aquarium und in der Freilichtabteilung (1.6.–31.8. tgl. 9–18, sonst Mo–Fr 9–15.30, Sa/So 11–17 Uhr).

Die Barents-Region und das nördliche Polargebiet sind Hauptthema des in der Nähe des Stadtzentrums gelegenen Erlebniszentrums **Polaria** 3. Auch ein Panoramafilm zu Spitzbergen wird gezeigt, es gibt u. a. ein Aquarium und ein Seehundbassin, und seit Sommer 2005 starten direkt vor dem Zentrum Walsafaris (s. S. 98; 18.5.–15.8. tgl. 10–19, sonst tgl. 12–17 Uhr).

Im Zentrum dokumentiert das **Polarmuseum** 4 die zahlreichen Expeditionen, die in Tromsø ab 1820 ihren Ausgang nahmen (16.6.–15.8. tgl. 10–19, 16.8.–30.9. und 1.3.–15.5. tgl. 11–17, sonst tgl. 11–15 Uhr). Das Museum ist insbesondere den Fahrten von Fridt-

jof Nansen und Roald Amundsen gewidmet. Amundsen, Bezwinger des Nordpols und erster Mensch am Südpol, startete von hier aus am 18. Juni 1928 mit dem französischen Flugzeug ›Latham‹, um dem verschollenen Umberto Nobile zur Hilfe zu eilen. Er kam nie zurück. Ihm zu Gedenken wurde in einer Parkanlage am Kai die **Roald Amundsen-Statue** 5 errichtet.

Tromsø von oben

421 m hoch ist der ›Hausberg‹ von Tromsø, der Storsteinen, und nur wenige Minuten dauert die Fahrt mit der Fjellheisen-Seilbahn (vor der Eismeer-Kathedrale ausgeschildert; erreichbar auch mit der Buslinie 26) von der Talstation am Solliveien 12 auf die panoramareiche Höhe. Die Aussicht auf die Kathedrale und den Sund, das Hurtigruten-Schiff und die Stadt sowie über die gesamte Insel Tromsøya hinweg ist von faszinierender Schönheit, doch die spektakulärsten Ausblicke genießt man nicht direkt von der Bergstation aus, sondern von einem linker Hand befindlichen Steilfelsen oder – noch besser – von der Fløya-Höhe, einer rund 230 m über der Station gelegenen und mit einer Fahne geschmückten Fjellhöhe, wohin ein deutlich sichtbarer, 1,5 km langer Weg führt. Vom 1.4. bis 30.9. verkehrt die Bahn tgl. 10–17, 20.5.–20.8. 10–1 Uhr nachts; im März nur Sa/So 10–17 Uhr, hin und zurück 85 NOK; www.fjellheisen.no.

Auf dem Weg zum Denkmal genießt man schöne Ausblicke auf den Hafen und die wenigen noch erhaltenen alten Speicherhäuser. Der **Dom** [6] wurde 1861 im neugotischen Stil erbaut und ist mit seinen rund 750 Sitzplätzen eine der größten Holzkirchen des Landes (ganzjährig Di–Sa 12–16, So 10–14, vom 1.6.–31.8. So bis 16 Uhr).

Schöne alte Häuser stehen insbesondere an der Sjø- und Skippergata, die beide zur **Storgata** führen, der Haupt-Shoppingmeile Tromsøs, an der, Hausnummer 4, auch die Probierhalle der nördlichsten Brauerei der Welt zu einem Besuch einlädt (Mo–Do 9–17, Fr bis 18, Sa bis 15 Uhr, Führungen Mo–Do 13, im Sommer auch 15.30 Uhr).

Destinasjon Tromsø: Storgata 61–63, 9253 Tromsø, Tel. 77 61 00 00, Fax 77 61 00 10, www.destinasjon tromso.no; 22.5.–31.8. Mo–Fr 8.30–18, Sa/So 10–17, sonst Mo–Fr 9–16, Sa 10–14 Uhr.

Radisson SAS Hotel Tromsø [7]: Sjøgt. 7, Tel. 77 60 00 00, Fax 77 68 54 74, www.radissonsas.com. Eines der besten Hotels der Stadt, die Ausstattung genügt gehobensten Ansprüchen. Die schönsten Zimmer blicken zum Tromsøysund. EZ ab 920 NOK, DZ ab 995 NOK.

Rica Ishavshotel [8]: Fr. Langesgt., Tel. 77 66 64 00, Fax 77 66 64 44, www.rica.no. Spitzenhotel in unvergleichlicher Lage am Kai mit herrlicher Aussicht auf den Tromsøysund, die Eismeer-Kathedrale und die Berge. EZ ab 945 NOK, DZ ab 1145 NOK.

AMI Hotel [9]: Skolegt. 24, Tel. 77 62 10 00, Fax 77 62 10 01, www.amihotel.no. Garni-Hotel in zentraler Lage, ordentliche Zimmer. EZ ab 390 NOK, DZ ab 490 NOK, Familienzimmer ab 200 NOK/Person.

Tromsø Vandrerhjem: Åsgårdveien 9, Tel. 77 65 76 28, www.vandrerhjem.no; 17.6.–14.8. Rund 1 km außerhalb des Zentrums. Betten ab 170 NOK; EZ ca. 300 NOK, DZ ab 400 NOK.

Compagniet Restauration [10]: Sjøgt. 12, Tel. 77 66 42 22, www.com pagniet.no; Mo–Sa ab 18 Uhr. Gilt als das beste Restaurant Nord-Norwegens – eine Empfehlung für den besonderen Abend, Vorspeisen 95–125 NOK, Hauptgerichte 270–298 NOK.

Markens Grøde [11]: Storgata 30, Tel. 77 68 25 50, Di–Sa 17.30–23 Uhr. Spezialität sind die üppigen Menüs (z. B. 4 Gänge zu 500 NOK), aber auch á la carte hat man reiche Auswahl an Vorspeisen (um 100 NOK), Fischgerichten sowie insbesondere Wild (ab 250 NOK), und stets eine Empfehlung ist der ›Viltsynfoni‹ (310 NOK) mit Schneehuhn, Rentier und Hirsch.

Vertshuset Skarven [12]: Strandtorget 1, Tel. 77 60 07 20; tgl. ab 11 Uhr. Eine Institution in Tromsø ist dieses Restaurant-Haus mit mehreren Lokalen unter einem Dach. Im ›Wirtshaus‹, im Skarvens Biffhus, dreht sich alles um Steaks, während das Sjømatrestaurant Arctandria als Tromsøs berühmtestes Fisch- und Schalentier-Restaurant gilt; Vorspeisen um 100 NOK, teils ausgefallene Gerichte wie Fischeintopf mit Wal-Chorizo oder Trockenfischcreme; die Hauptgerichte gibt es ab 200 NOK (Bacalao), Favorit sind die Kamtschatka-Krabben (300 NOK), am exotischsten Seehund-Schinken (200 NOK).

Peppermøllen Mat- og Vinhus [13]: Storgata 42, Tel. Tel. 77 63 00 00; Mo-Do 16–23, Fr/Sa ab 15, So 15.30–21.30 Uhr. Laut Eigenwerbung das traditionsreichste Restaurant von Tromsø. Angenehme Atmosphäre, Hauptgerichte ab 260, Menü ab 380 NOK.

Aunegården [14]: Sjøgt. 29, Tel. 77 65 12 34; Mo–Sa ab 10.30 Uhr, So ab 12 Uhr.

In der Eismeer-Kathedrale in Tromsø

Kürzlich restauriertes Café/Gourmet-Restaurant in einem Haus aus dem frühen 19. Jh. Wie es heißt, gibt es hier mit Abstand die besten Kuchen der Stadt. Lunch ab 80 NOK, Hauptgerichte 125–223 NOK.

Snarby Strikkestudio: Fr. Langesgt. 18, Tel. 77 64 13 20. Größte Auswahl von ganz Tromsø an Strickjacken und Pullovern im Norweger-Design.
ASVO-butikken: Fr. Langesgt. 13, Tel. 77 60 68 60. Große Auswahl an Nord-Norwegen-typischen Souvenirs.
Kunstverein Tromsø: Muségt. 2, Tel. 77 64 58 27; Di–So 12–17 Uhr. Größte Kunstausstellung der Region, in der angeschlossenen Galerie kann man Werke nord-norwegischer Künstler und Kunsthandwerker erstehen.

Gran Bar: Grand Nordic Hotel, Strandskillet, Tel. 77 75 37 77. Elegante Bar (die älteste der Stadt). Nach einem einleitenden Schluck geht's üblicherweise ins im gleichen Haus gelegene **Papagena,** das als ›der‹ Treffpunkt in

Tromsø für das gesetztere (und an Swing interessierte) Publikum gilt.
Circa: Storgata 36, Tel. 77 68 10 20. Jazz, teils live; lockere Atmosphäre, kleine Gerichte, Bier und Wein.
Rorbua: Radisson SAS Hotel, Sjøgt. 7, Tel. 77 60 00 00. Pub mit volkstümlicher Atmosphäre (Gesang und Musik), große Wein- und Bierauswahl; berühmteste Fischerhütte *(rorbu)* des Landes, von hier aus wird eine TV-Sendung übertragen.

Rund fünf Dutzend Veranstaltungen rund ums Jahr, u. a. das **Internationale Filmfestival** (Norwegens größtes Filmfestival, 6 Tage im Januar; www. tiff.no), das **Nordlichtfestival** (4 Tage Ende Januar, www.nordlysfestivalen.no; Musik mit hochklassigem Anspruch), das **Riddu Festival** (5 Tage Mitte Juli, www. riddu.com; nicht nur Musik-Festival der ethnischen Minderheiten dieser Welt), das **Internationale Havfiskefestival** (2 Tage Ende Juli, www.storfisken.no), das **Karlsøyafestivalen** (5 Tage Anf. Aug., www. karlsoyfestival.com; Musik- und Kunstfestival auf Karlsøya), das **Ølfestivalen** (5 Tage Mitte Aug., www.mack.no) sowie der **Weihnachtsmarkt** Ende Nov.

(Symbol) **Tromsø Villmarkssenter:** Tel. 77 69 60 02, Fax 77 69 60 39, www.villmarkssenter.no; Gletscherwanderungen, Kajaktouren, Wanderungen, Hundeschlittenfahrten, Skitouren, Nordlichtfahrten… **Arctic Voyager:** Strandtorget 24, Tel. 77 62 44 40, Fax 77 62 44 41, www.arctic voyager.com. Vom 1.6.–31.7. werden tgl. (ab 9.30 Uhr) 5-6-stündige Touren angeboten, die 850 NOK/Pers. kosten und direkt beim Erlebniszentrum Polaria (s. o.) beginnen. Andere Angebote umfassen Segeltörns ums Nordkap herum, Eisbär-Safaris nach Spitzbergen.

(Symbol) **Flug:** Der Flughafen liegt rund 3 km außerhalb des Zentrums; Taxi 80–90 NOK, Flughafenbus ins Zentrum 45 NOK; Verbindungen mit SAS nach Spitzbergen, Oslo und Bodø, mit Widerøe nach Kirkenes Hammerfest, Alta, Andenes und Stokmarknes (Vesterålen), mit dem Billigflieger Norwegian nach Oslo.
Bus: mehrmals tgl. nach Narvik, Alta, Harstad, Finnsnes.
Schnellbootverbindungen tgl. mit Harstad und Finnsnes.
Mietwagen: u. a. über Europcar (Tel. 77 67 56 00), Avis (Tel. 77 61 58 50) und Hertz (Tel. 77 62 44 00).

Nach Skjervøy

Reiseatlas: S. 212, A 4–C 3
Nach dem Ankerlichten genießen wir erst einmal die Fahrt unter der 38 m hohen Tromsøbrua hindurch, sodann einen letzten Blick auf die dreieckige Eismeer-Kathedrale, über der der **Tromsdalstind** 1238 m hoch in den Himmel ragt. Er kann im Rahmen einer etwa siebenstündigen Wanderung bestiegen werden, und wer auf dem Gipfel steht, der wird sich fühlen wie auf einer Insel im Meer der Gebirgswogen, über die das Auge in jede Richtung mehr als 100 km weit schweifen kann. Der Blick umfasst auch die Inseln Kvaløy, Ringvassøy, Reinøy und Karlsøy, die die Fahrrinne vor dem offenen Eismeer schützen.

Nun aber ist es an der Zeit, der Steuerbordseite Beachtung zu schenken, erheben sich doch im Osten die **Lyngen-Alpen**, die ›Alpen Nord-Norwegens‹. Diese nahezu 100 km lange Fjellkette, die im Westen vom Ulls- und im Osten vom Lyngenfjord flankiert wird, gilt zusammen mit der Lofoten-Wand als eine der größten Naturattraktionen des Nordens. Aberhunderte Gipfel werfen sich hier zu bis zu 1800 m Höhe auf – gigantische Skulpturen, die der glaziale Eispanzer geformt hat. Aus monumentalen Trog- und Hängetälern drängen die grünblau schimmernden Ströme monströser Gletscher in rissigen Wellen in die Tiefe.

Und wieder ist ein Seitenwechsel erforderlich, denn an Backbord, gen Norden, stellt sich in der Ferne (aber nur mit dem Fernglas deutlich auszumachen) die nur wenige Kilometer lange, bis über 750 m hoch aufragende Insel **Fugløya** vor das offene Eismeer. Der Name ›Vogelinsel‹ trifft den Kern, denn das Eiland ist Heimat hunderttausender Seevögel, die die Insel zu einer der größten Seevogel-Kolonien des Landes machen. Menschen leben dort heute nicht mehr, doch gab es offenbar einmal eine Siedlung: Aus dem letzten Jahrhundert ist bezeugt, dass die starken Nordstürme

Blick auf die Lyngen-Alpen

die Häuser aufs Meer geweht haben, so diese nicht mit massiven Ketten am Fels verankert waren.

Zur linken sehen wir nun Arnøy, von der rechter Hand liegenden Insel Kågen nur durch den schmalen Kågsund getrennt. Bis etwa 1200 m hoch sind die säumenden Berge, auf die wir auch von **Skjervøy** aus (rund 30 Min. Liegezeit) eine schöne Aussicht genießen. Eingedenk der hochnördlichen Breite will man kaum glauben, dass hier schon in der Steinzeit Menschen gewohnt haben, doch wie Funde zweifelsfrei beweisen, ist die kleine, mit Kågen heute mittels eines Unterwassertunnels verbundene Insel eine der ›Wiegen der Zivilisation‹ in Nord-Norwegen. Hier ging Otto Sverdrup 1896 nach seiner Fahrt mit der ›Fram‹ über das Polarmeer an Land, und 36 Jahre später wurden die sterblichen Überreste der schwedischen Polarforscher Andrée und Strindberg nach Skjervøy gebracht. Heute ist der um die geschützte Hafenbucht ausgebreitete Ort mit seinen rund 2400 Einwohnern die größte Fischereisiedlung von Nord Troms. Die 1728 erbaute Kirche gilt als älteste Holzkirche der Region.

Troms Reiseliv: Hovedv. 2, 9151 Storslett, Tel. 77 77 05 77, Fax 77 77 05 71, www.visittroms.no

SECHSTER TAG: ØKSFJORD – BERLEVÅG

Was für ein Tag! Nachdem frühmorgens Hammerfest erreicht wird, die nördlichste Stadt der Welt, geht es nach Honningsvåg auf Magerøya, der Nordkap-Insel. Danach fahren wir entlang der geradezu erschütternden Küsten von ›Weltende‹ aus dem Nordmeer heraus in die Barents-See hinein.

Entlang der West-Finnmark

Reiseatlas: S. 213, D 2–214, A 1

Nach Mitternacht fuhr unser Schiff ins oftmals stark bewegte Lopphavet ein. Nach kurzem Aufenthalt in Øksfjord (s. S. 126) ging es durch den Sørøysund hindurch nach **Hammerfest** (s. S. 120 ff.), und jetzt, gegen sieben Uhr, bleibt die nördlichste Stadt der Welt schon wieder hinter uns zurück. An den Küsten von Kvaløya zur rechten und Sørøya zur linken Seite ist das Organische auf ein Minimum reduziert. Wir befinden uns am Nordrand der arktischen Tundra: Vegetationslose Bodenwellen und bizarr geformte Felsblöcke in Meeren aus Kies und Geröll enthüllen die geologischen Strukturen und die zugrunde liegenden Stoffe, die sich in lebhaften, mit dem Stand der Sonne variierenden Farben offenbaren.

Die **Finnmark,** die früher zumindest von den Norwegern als äußerster Norden der Welt angesehen wurde, pachteten die Bürger Bergens 1681 gegen eine jährliche Zahlung von 200 Reichstalern an die Königliche Kasse. Hierhin deportierte der reiche Süden Verbrecher und Landstreicher, bis sich Ende des 18. Jh. nach Aufhebung des Handelsmonopols neue Ideen durchsetzten. Die Finnmark erhielt Marktorte und Umschlagplätze, teils mit Stadtrechten. Diese Orte durften direkt mit dem Ausland (z. B. Russland) Handel treiben. Im Tausch gegen Fisch erhielten die Händler vor allem Getreide, das in diesen Breiten nicht mehr gedeiht. Mit der russischen Revolution kamen die Verbindungen zum Erliegen. Im gesamten Bezirk, mit einer Gesamtfläche von rund 49 000 km^2 größer als die Niederlande, leben mal gerade 73 000 Menschen, und es kostet den norwegischen Staat jährlich Milliarden Kronen, diesen Marginalraum bewohnt zu halten. Er ist von Entvölkerung bedroht, da helfen auch Subventionen und Steuererleichterungen nicht.

Bevor wir in den Hafen von **Havøysund** einlaufen, geht es vorbei an einer Phalanx (meist) wild rotierender Wind-Generatoren, die die Frage aufwerfen, warum an Norwegens Küste nur äußerst selten von dieser Möglichkeit der Stromgewinnung Gebrauch gemacht wird. Ein Argument ist sicher, dass Strom dank Wasserkraft auch so im Übermaß vorhanden ist, und ein anderes, dass es hier eben nur wenige Plätze gibt, wo der Wind nicht zu stark bläst und die niedergehenden Schneemengen nicht zu groß sind. In jedem Fall bieten die Windräder ein prächtiges Fotomotiv, und auch das Städtchen selbst, Zentrum der rund 1400 Einwohner zählenden Måsøy-Gemeinde, die vom Fischfang und der Fischverarbeitung lebt, ist mit seinen einzeln stehenden und meist farbenfroh gestrichenen Holzhäusern unterhalb der schmucken Kirche ein ausnehmend schöner Anblick.

Måsøy Tourist Information: c/o Måsøy Museum, Kirkeveien 3, 9690 Havøysund, Tel. 78 42 37 66, Fax 78 42 48 10, bernt.jacobsen@masoy.kommune.no; www.finnmark.org, www.visitnorthcape.com und www.masoy.kommune.no.

Zum Nordkap

Reiseatlas: S. 214, A/B 1

Das Schiff schlägt einen Bogen um die Porsanger-Halbinsel herum und durchpflügt nun ›aristokratisches Fahrwasser‹, nahm doch auch Louis Philippe von Orleans, der spätere Bürgerkönig Frankreichs und einer der ersten Nordkap-Touristen, diesen Weg im Jahre 1795. Überlandtouristen müssen den schmalen **Magerøysund** überqueren. Die Wasserstraße, die auf beiden Seiten von gletschergeformten Buckelbergen gefasst wird, trennt die Nordkap-Insel Magerøya vom Festland trennt. Bis 1999 bildeten sich hier oft

lange Staus, denn der Magerøysund war nur mit der Fähre zu überqueren. Jetzt gibt es den Meerestunnel, und es ist schon ein komisches Gefühl zu wissen, dass unter unserem Schiff reger Fahrzeugverkehr herrscht. Im Herbst sind hier auch häufig hinüberschwimmende Rentiere zu beobachten, nutzen doch die Samen aus Karasjok in der inneren Finnmark Magerøya als Sommerweide.

Nun liegt das Zentrum der ca. 3500 Einwohner großen Nordkap-Gemeinde **Honningsvåg** voraus, und vor allem fällt das lebhafte Treiben im Hafen auf. Honningsvåg ist die bedeutendste Fi-

Ausflüge Tag 6

Busfahrt zum Nordkap-Felsen: ganzjährig, aber stets mit Wetter-Vorbehalt, Dauer 3,5 Std, s. S. 103. Diese Tour auf das Nordkap-Plateau hinauf und in die Nordkap-Halle hinein ist wohl für jeden Hurtigruten-Reisenden ein Muss!

Busfahrt nach Gjesvær, Bootsfahrt zur Vogelbeobachtung: Mai bis August, Dauer 3,5 Std. Bei diesem Ausflug erfahren Sie Wissenswertes über lokale Flora und Fauna, insbesondere über das Vogelleben im Naturreservat Gjesværtappan, wo von April bis August Papageitaucher nisten. Auch Seeadler, Tordalken und Kormorane kann man beobachten. Wenn Zeit und Wetter es erlauben, hat man auch die Gelegenheit zum Angeln.

Unvergesslicher Anblick: Die Nordkap-Skulptur in der Mitternachtssonne

schereisiedlung der westlichen Finnmark, wovon auch all die Fischverarbeitungsfabriken, Werftbetriebe etc. am Kai zeugen. Die Stadt selber präsentiert sich – wie die meisten Orte der Finnmark – im Architekturkleid der Nachkriegszeiten, was dem Prinzip ›Verbrannte Erde‹ zu verdanken ist: Während des deutschen Rückzugs von der Murmansk-Front im Jahre 1944 wurden hier die Menschen von der Wehrmacht zwangsevakuiert und alle Gebäude vollständig zerstört. In Honningsvåg blieb nur die Kirche stehen. Sie kann besucht werden (1.6.–15.9. tgl. 8–22 Uhr), doch eigentliches Highlight der Stadt ist das Nordkap-Museum am Fiskeriveien (beim Touristenbüro), das u. a. über die Geschichte und regionale Küstenkultur von der Steinzeit bis heute informiert. Weitere Schwerpunkte sind Walfang, Fischerei und der Nordkap-Tourismus früherer Zeiten sowie die Verwüstung der Stadt durch die deutsche Wehrmacht (1.6.–15.8. Mo–Sa 10–19, So ab 12; 16.8.–31.5. Mo–Fr 12–16 Uhr).

44 km trennen Honningsvåg vom Kap, und bald geht es steil zu einem Pass auf 312 m Höhe ins Innere der Insel hinein, die genauso ›mager‹ ist, wie ihr Name Magerøya (magere Insel) vermuten lässt. Wohin man auch blickt: Steine, nichts als Steine, dazwischen schüttere Krautvegetation, Flechten und Moose und natürlich Schnee, oft bis in den Juli hinein. Auch Rentiere tauchen immer wieder am Straßenrand auf.

Dann ist das **Nordkap-Plateau** erreicht, wir befinden uns auf einer weiten, oft windumtosten Fläche, spähen von der 307 m senkrecht ins Meer fallenden Schieferklippe auf 71°10'21" nördlicher Breite in die ungeheure Weite Richtung Nordpol (2090 km entfernt) und wähnen uns am nördlichsten Punkt des Abendlandes. Freilich liegt noch Spitzbergen davor, und heute weiß man, dass nicht das Kap, vom englischen Seefahrer Richard Chancellor im Jahre 1553 auf seinen heutigen Namen getauft, sondern die westlich davon auf 71°11'09" nördlicher Breite gelegene Knivskjellodden der nördlichste Punkt Magerøyas ist. Aber solche geografischen Daten sind jetzt nebensächlich,

kann man sich doch an dieser Stelle der Unendlichkeit stellen wie einst Giuseppe Acerbi, ein italienischer Reisender, der hier 1789 voller Stolz ausrief:»Nun fühle ich mich nicht nur als menschliches Wesen, sondern als Schöpfer.« Wer diesen hohen Anspruch nicht hat, hält es vielleicht eher mit Francesco Negri, der an dieser Stelle 1664 meinte:»Hier, wo die Welt endet, nimmt meine Neugier ein Ende, und ich kehre zufrieden nach Hause zurück.«

Doch mit der Rückkehr hat es noch einige Tage Zeit, und wir machen uns auf, die Pfade zu beschreiten, die zwischen dem 1978 aufgestellten Modell der Weltkugel und einem weiter östlich angelegten Skulpturenpark zum Thema ›Frieden auf Erden‹ verlaufen. Sieben Kinder unterschiedlicher Nationen schufen hier 1988 sieben Reliefs. Aber unsere Zeit ist beschränkt, und einen Besuch der 5000 m^2 großen **Nordkap-Halle** sollte niemand missen: Über und unter der Erde findet man ein umfassendes Serviceangebot: Touristenbüro (auch Vermittlung von Führern, Buchung von Anschlusstouren), Postschalter (zum Abstempeln der Post), zahlreiche Souvenirgeschäfte, ein Café nebst Restaurant und ein exotisch anmutender Thai-Pavillon (zur Erinnerung an den Kap-Besuch des thailändischen Königs), die nördlichste ökumenische Kapelle der Welt (beliebt für Trauungen) und eine Multivisionsshow, in der fünf Kameras einzigartige Bilder der arktischen Natur auf eine 225°-Leinwand projizieren (1.5.–18.5. tgl. 12–18, 19.5.–15.6. 12–1, 16.6.–3.7. 9–2, 1.8.–31.8. 9–24, 1.9.–12.10 12–15.30, 13.10–30.4. 12–14 Uhr).

Bleibt schließlich die durch einen Tunnel erreichbare Grotten-Bar, wo man von einem Panoramafenster und einer Aussichtsterrasse aus den Nordkap-Blick bei Champagner und Kaviar genießen kann. Diese Tradition wird am Kap schon seit über 100 Jahren gepflegt, und den allermeisten Besuchern ist es zudem ein Bedürfnis, ein Nordkap-Zertifikat zu erstehen. Das kostet 39 NOK in der einfachen Version bzw. 175 NOK inkl. Mitgliedschaft im 1984 gegründeten Royal North Cape Club.

Nordkap Reiseliv AS: Nordkapphuset, 9751 Honningsvåg, Tel. 78 47 70 30, Fax 78 47 70 39, www.northcape.no; 12.6.–13.8. Mo–Fr 8.30–20, Sa/So ab 12; sonst Mo–Fr 8.30–16 Uhr.

Zimmer sollte man möglichst früh reservieren, denn schon im April ist für den Sommer oft alles ausgebucht.
Rica Bryggen Hotel: Vågen 1, Honningsvåg, Tel. 78 47 28 88, Fax 78 47 27 24, www.rica.no. An der Hafenmole, etwa 700 m vom Hurtigruten-Kai entfernt. Bestes Haus der Stadt, mit Restaurant und Bar. 42 Zimmer mit TV, Radio, Telefon etc. EZ 1245 NOK, im Sommer 790 NOK, DZ 1345 NOK, im Sommer 990 NOK.
Rica Hotel Honningsvåg: Nordkappgt. 4, Honningsvåg, Tel. 78 47 23 33, Fax 78 47 33 79, www.rica.no; 15.5.–31.8. Das Sommerhotel liegt im Ortskern, nur wenige Gehminuten vom Kai entfernt, verfügt über Bar und Restaurant (auch Sauna). 174 Zimmer (alle mit Telefon und Radio), gleiche Preise wie im Bryggen Hotel.

Die **Rica Hotelrestaurants** sind erste Wahl für norwegische und internationale Küche, Hauptgerichte ab ca. 180 NOK (in der Regel tgl. 17–23, So nur bis 22 Uhr).

Corner Restaurant: Fiskeriveien 2a, nahe Touristeninformation, Tel. 78 47 63 40; Mo–Sa ab 10 Uhr, So ab 12 Uhr. Auf der Menükarte stehen Fleisch- und insbesondere Fisch-Spezialitäten, außerdem Pizzen. Zudem gibt es hier sehr günstige Lunch-Angebote (tgl. bis 13 Uhr), schön auch zum draußen sitzen mit Blick auf den Hafen.

Nordkapp Jule- og vinterhus: Skarsvåg (am Weg zum Nordkap), Tel. 78 47 52 89, 1.6.–1.10. tgl. 9–18, sonst tgl. 12–18 Uhr. Im ›Weihnachts- und Winterhaus‹ ist die Stube ganzjährig festlich geschmückt, und es erklingt Weihnachtsmusik. Hier findet man eine reiche Auswahl lokal gefertigter Kunstgewerbeartikel (Strickwaren, Kleidung, Produkte aus Fischhaut, Keramik, Glas, Weihnachtsschmuck, etc.).

Mitte Juni: Nordkap-Festival, acht Tage, mit ›Nordkap-Marsch‹, der mit 70 km Länge zu den anstrengendsten Volksläufen der Welt zählt.

Das Touristenbüro bietet im Sommer u. a. geführte **Wanderungen**, **Deep Sea Rafting Tours** (Zodiac-Fahrten, bis über 50 Knoten schnell), **Hochsee-Angeltrips**, **Vogelbeobachtungs-Ausflüge** zum Gjesværtappan (mit etwa 600 000 Papageitauchern), im Winter u. a. **Busfahrten zu Fischerdörfern** und ein dreitägiges Stoppover-Programm für Hurtigruten-Passagiere.

Flug: Der Flugplatz liegt rund 4 km außerhalb von Honningsvåg (Taxi kostet ca. 100 NOK), Verbindungen mit den Orten der Finnmark sowie mit Tromsø und Oslo.
Bus: Verbindungen von Honningsvåg mit allen größeren Orten der Finnmark und allen Orten auf Magerøya. In der Hochsai-

Rentierschwimmen

Im Herbst, Ende September etwa, werden rund 5000 Rentiere von ihren Sommerweiden auf Magerøya in die innere Finnmark getrieben. Das Schwimmen über den Magerøysund ist ein Teil des Umzugs auf die Winterweide, und den strapaziösen und anstrengenden Kampf der Tiere gegen Kälte und Meeresströmung zu beobachten, vermittelt einen bleibenden Eindruck. Außerdem bekommt man nicht alltägliche Einblicke in die Arbeit der samischen Rentierzüchter. Informationen im Touristenbüro.

son mehrmals tgl. von Honningsvåg zum Nordkap.
Taxi: Tel. 78 47 22 34, hin und zurück um 1000 NOK, das Taxi wartet 1 Std. am Kap, vier Personen können mitfahren.
Mietwagen: Avis, Tel. 78 47 62 62.
Schnellbootverbindungen zwischen Honningsvåg und Hammerfest.

Nach Berlevåg

Reiseatlas: S. 214, B 2–215, D 1
Gegen 15 Uhr läuft das Schiff aus und nimmt Kurs auf die Nordkinn-Halbinsel. Nach wenigen Minuten können wir den keilförmig ins Land greifenden **Porsangerfjord** in seiner gesamte Länge überblicken, und nicht nur im Herbst, wenn sich die Tundra-Flora rot einfärbt, haftet dieser Strecke etwas Fantastisches an: Der Porsanger, an dessen Öffnung zum Meer hin die Nordkap-

Halbinsel liegt, ist mit einer Länge von 123 km der viertgrößte des Königreichs und gilt vielen als einer der wildesten. Je näher man seinem Ostufer kommt, desto erschütternder sind die grauschwarz-braunen Aufwerfungen in ihrer gigantischen Kahlheit: eine neugeborene Welt, die sich heute kaum anders präsentiert als vor 10 000 Jahren nach dem Rückzug des Eispanzers.

Der Fjord ist gequert, und nah geht es nun an die Nordspitze der Sværtholt-Halbinsel heran, deren Vorgebirge, der **Sværtholtklubben,** als einer der größten Vogelfelsen Norwegens gilt. Häufig kann man in diesem Abschnitt (mit dem Fernglas) Seeadler von enormer Größe kreisen sehen. Östlich davon schneidet der Laksefjord tief ins bis 500 m hoch aufragende Tundraland.

Bei der Einfahrt nach **Kjøllefjord** sticht die wie eine Kirche geformte Finnkirka ins Auge, bei der es sich, laut Touristikwerbung, um eine der schönsten Klippen der Welt handelt. Und in der Tat: Dieser bizarre Felsen (in alter Zeit ein Opferplatz der Samen) ist einzigartig. Die erdfarbenen, von Gletschern und Erosion geschliffenen Felsflanken, zwischen die der Ort gebettet ist, sind von imposanter Schönheit. Das Städtchen selber ist Zentrum einer rund 1500 Einwohner zählenden Gemeinde und erfreut das Auge mit oft farbenfroh gestrichenen Holzhäusern und einer kleinen Kirche im Zentrum.

Nach etwa 30 Min. geht es weiter, und kaum sind wir aus dem Kjøllefjord hinaus, öffnet sich an Steuerbord der **Øksfjord,** an dessen innerem Ende der, wie es heißt, nördlichste Birkenwald der Welt sein Dasein fristet. Die Landschaft ist ebenso wild, bizarr skulptiert und in Erdfarben eingetönt wie bei Kjøllefjord, und wäre da nicht das Meer, das vereinzelt auch dunkle Strände ausgewaschen hat, könnte man sich durchaus auf den Mond versetzt fühlen.

Nun steuert das Schiff um den nördlichsten Punkt der Nordkinn-Halbinsel herum. Die Landmarke **Kinnarodden** mit den Koordinaten 71°08'01" ist der nördlichste (nicht per Straße erreichbare) Punkt des europäischen Festlandes.

Ab jetzt sind wir nicht mehr auf dem europäischen Nordmeer unterwegs, sondern auf der Barents-See. Das nächste Ziel ist die rund 1300 Einwohner zählende Fischereisiedlung **Mehamn**. Der kleine Ort, vor dem wir etwa 30 Min. liegen, präsentiert sich wie Kjøllefjord – also schön. Ins Auge sticht die auf einer Anhöhe aufragende und daher optisch sehr hoch wirkende Kirche. Nur der Flughafen auf der anderen Seite der Bucht in einer unwirtlichen Geröll-Landschaft will nicht so recht ins Bild von dieser ›Siedlung am Ende der Welt‹ passen.

Bevor **Gamvik** in Sicht kommt, passieren wir nördlich, bei Slettnes, das angeblich nördlichste Leuchtfeuer der Welt. Schnell geht es weiter mit Kurs über die Mündung des Tanafjords zur Varanger-Halbinsel, an deren Nordwestecke der 266 m hohe Kegel des Tanahorn als altes Seezeichen und noch ältere Opferstätte der Samen aufragt. Verwitterte Erde tritt an den Erosionshängen zutage, die eine prächtige Kulisse für einen apokalyptischen Endzeitfilm abgeben würden.

In **Berlevåg** konnten die Hurtigruten-Schiffe früher nicht anlegen, doch seit 1975 ist der Hafen durch riesige Tetrapoden geschützt, die den bis zu 10 m hohen Wellen die Stirn bieten. Berlevåg ist Zentrum der gleichnamigen Kommune, die etwa ebenso viele Menschen zählt wie Fläche in Quadratkilometern – nämlich rund 1200 – und lebt von der Fischerei. Das hat sie mit den meisten Küstenorten der Finnmark gemeinsam, wohingegen es kaum einen anderen ähnlich abgelegenen Ort im Königreich gibt, der derart bekannt ist wie Berlevåg: Unlängst nämlich schuf Nord-Norwegens profiliertester Regisseur, Knut Erik Jensen, das Dokumusical ›Heftig og begeistret‹, das mit lautstarker Untermalung durch den lokalen Männergesangsverein das Leben am Rande der bewohnten Welt dokumentiert.

Turistinformasjon i Kjøllefjord: 9790 Kjøllefjord, Tel. 78 49 81 51, Fax 78 49 99 07 (Juli bis Mitte Aug.); Infos auch über www.visitnorthcape.com sowie www.lebesby.kommune.no.

Gamvik Turistinformasjon: Nordkyn Turistsenter, Strandveien 78, Postboks 7, 9775 Gamvik, Tel. 78 49 62 12, Fax 78 49 61 34, www.nordkynturist.no sowie www.arcticnorway.no.

Berlevåg Turistinformasjon: c/o Berlevåg Pensjonat, Havnegt. 8, 9980 Berlevåg, Tel. 78 98 16 10, Fax 78 98 08 11, www.berlevag-pensjonat.no.

Nordic Safari Wildlife Adventures: Mehamn, Tel. 90 14 75 09, Fax 78 49 74 18, www.nordicsafari.no. Fahrten mit Nordlandboot, Fischerkutter, Fahrrad oder Kajak, Rentiersafaris oder Aufenthalte bei den Samen, Lachsangeltouren und Wanderungen, Buchung von Unterkünften.

SIEBTER TAG: BÅTSFJORD – KIRKENES

Der heutige Tag markiert den Wendepunkt der Hurtigruten. Zunächst geht es entlang der Varanger-Halbinsel, deren Küste in ihrer unirdisch wirkenden Öde nahezu mondähnlichen Charakter hat. Dann wird Vadsø angelaufen, Ausgangspunkt historischer Nordpol-Expeditionen, und schließlich Kirkenes dicht an der Grenze zu Russland.

Entlang der Varanger-Halbinsel

Reiseatlas: S. 215, D 1–E 2

Der Weg nach Kirkenes führt entlang der zwischen Tanafjord im Westen und Varangerfjord im Südosten gelegenen Varanger-Halbinsel, der größten Norwegens, die nur von drei Straßen erschlossen wird und extrem unwirtlich ist. Insbesondere sommernachts, wenn die rote Sonnenscheibe im Norden den Himmel ausleuchtet, werden die schroffen Küstenränder oft auf das Seltsamste illuminiert. Dort eine von der Brandung ausgehöhlte Wand, da eine schwarze, schartige Klippe, monströse Trogtäler, Vorgebirge wie halbversunkene Riesenskelette. – Leblos und in schweigender Majestät liegt die weite Landschaft, und was die Natur dieser entlegensten Region Europas an Fülle und Üppigkeit der Vegetation versagt hat, das ersetzt sie fürwahr hundert- und tausendfach durch ihre Spiele von Licht und Schatten.

In der Nacht verschlafen wir Båtsfjord (s. S. 119) und Vardø (s. S. 116f.), damit

Ausflüge Tag 7

Barents Safari ab Kirkenes: Dezember bis Mai, Dauer 2,5 Std. Erkundung der Grenze, Fahrt mit Schneescooter und Tretschlitten sowie Besuch eines typischen Samenzeltes, in dem man mit heißem Kaffee, getrocknetem Rentierfleisch und russischen Drops verwöhnt wird.

Busfahrt Kirkenes – russische Grenze: ganzjährig, Dauer 1,5 Std. Besucht werden die Hauptsehenswürdigkeiten von Kirkenes, anschließend geht es zum Pasvik-Fluss, der die Grenze zwischen Norwegen und Russland bildet.

Bootsfahrt auf dem Pasvikfluss entlang der russischen Grenze, Juni – September, Dauer 2,5 Std.

Zusatzprogramm Lappland: Mai bis Sept., Dauer 3 Tage. Mit dem Bus von Kirkenes nach Finnland bis zum Inari-See und zurück nach Kirkenes.

107

Nach Russland

Ab Kirkenes werden u. a. Tagestouren nach Nikel/Zapolyarnyj und zum Kloster Pechenga, unterschiedlich lange Touren nach Murmansk (s. auch Zusatzprogramme S. 47) und dreitägige Rundfahrten nach Murmansk, Ivalo (Finnland) und zurück nach Kirkenes angeboten. **Grenseland AS**, Wiullsgate 2, 9915 Kirkenes, Tel. 815 36 900 sowie 78 97 73 51, www.grenseland.no. Über diese Agentur bekommt man auch das obligatorische Visum, zur Not (aber für viel Geld) auch am gleichen Tag.

das Ostkap Norwegens und auch die vergleichsweise mild konturierten oder – wie viele sagen – ein wenig langweiligen Küstenlinien im Süden der Varanger-Halbinsel. Wir nehmen erst **Vadsø** wieder bewusst wahr, wo wir im Angesicht der Stadt auf der vorgelagerten Insel Vadsøya vor Anker gehen. Hier hat man die bislang ältesten Spuren menschlicher Besiedlung gefunden (um 8. Jh. v. Chr.). Erst im 16. Jh. wurde der eigentliche Fischerort aufs Festland verlagert, 1833 erhielt er die Stadtrechte, und seine wichtigsten Wachstumsimpulse verdankt das administrative Zentrum der Finnmark (seit 1888) dem Handel mit dem 175 km nahen Russland. Im 19. Jh. kam es zu regelrechten Einwanderungsschüben aus dem nahen Finnland, so dass um 1875 rund 62 % aller Einwohner finnisch sprachen. Diese Volksgruppe, hier Kvæner genannt, ist

heute voll integriert, aber immer noch sind viele der rund 6200 Einwohner von Vadsø auch der finnischen Sprache mächtig und unterhalten rege Beziehungen zu dem nur 75 km entfernten Nachbarland. Dessen Staatspräsident weihte hier 1977 zusammen mit den Königen von Norwegen und Schweden das ›Einwandererdenkmal‹ des finnischen Bildhauers Eusio Säppänen ein. Im Vadsø-Museum sind eigene Abteilungen u. a. den Kvænern und den Zerstörungen im Zweiten Weltkrieg gewidmet, doch die spannendste Ausstellung befasst sich mit Nordpol-Expeditionen: 1926 legte Roald Amundsen hier mit seinem Luftschiff ›Norge‹ an, 1928 folgte ihm Umberto Nobile mit dem Luftschiff ›Italia‹. Originalfotos von den Landungen auf Vadsøya (wo der Mast, an denen die Luftschiffe ankerten, noch heute steht) und Amundsens Nordpolreise sind zu betrachten (21.6.–20.8. Mo–Fr 10–17, Sa/So bis 16, sonst Mo–Fr 10–15 Uhr).

Sehenswürdigkeiten
1 Andersgrotte
2 Grenzlandmuseum
3 Savio-Museum

Übernachten
4 Rica Arctic Hotel
5 Rica Hotel Kirkenes
6 Direktørboligen

Essen und Trinken
7 Vin og Vilt
8 Direktørboligen

Vadsø Turistinformasjon: Kirkegata 15, 9811 Vadsø, 78 94 04 44, 78 94 04 45, www.varanger.com.

Kirkenes

Reiseatlas: S. 215, F 3

Eingedenk der so isolierten Lage an der Barents-See in einem durch Russland im Osten (weniger als 10 km entfernt) und Finnland im Süden (rund 35 km entfernt) gebildeten Korridor ist man erstaunt, wie groß, lebhaft und betriebsam Kirkenes ist. Der Hauptort der Sør-Varanger-Gemeinde ist mit seinen rund 7000 Einwohnern alles andere als ein Außenposten der Zivilisation, und das innere Zentrum überrascht beidseits der Fußgängerzone mit einer dichten Sammlung an Geschäften und Restaurants sowie einem nahezu babylonischen Sprachgewirr: Kirkenes ist heute dank der norwegischen Asylpolitik Heimat von Menschen aus mehr als drei Dutzend Ländern, die größten Gruppen kommen aus Russland, Bosnien und – man staune! – von den Philippinen.

Wovon sie alle leben, ist eine oft gestellte Frage – in der Fischerei und insbesondere im Dienstleistungssektor die Antwort. Bis 1996 war das noch ganz anders, da lebten nämlich die allermeisten Städter von den riesigen Erzvorkommen beim nahen Bjørnevatn, wo jährlich bis zu 3 Mio. t Eisenerz abgebaut wurden. Kirkenes war die wichtigste Erzstadt Norwegens. Anfang des 20. Jh. bestand der Ort lediglich aus ein paar Häusern und einer Kirche *(kirke)* auf einer Landzunge *(nes).* Doch als das schwarze Gestein ab 1906 im großen Stil abgebaut wurde, veränderte sich alles in kürzester Frist. Es kam zu einem regelrechten Erzrausch, die nun erblühende Stadt erlangte großen Wohlstand, bis im Zweiten Weltkrieg die Deutschen einmarschierten, die natürlich einen enormen

Eisenerzbedarf hatten. Gut 30 000 Soldaten wurden hier stationiert, aber nicht nur als Erzbewacher, sondern vor allem, weil das nahe Murmansk der einzige Hafen im europäischen Teil der damaligen Sowjetunion war, den Deutschland nicht kontrollierte. Daher war der Hafen lebenswichtig für die Alliierten, riesige Versorgungstransporte liefen von Amerika und England durchs Eismeer und die Barents-See nach Murmansk. Doch nach der Schlacht von Stalingrad wendete sich das Kriegsglück, immer näher rückte in den Folgejahren die Front, immer schwerer wurden die Bombardements sowjetischer Flugzeuge. Alles in allem wurden rund 320 Bombenangriffe auf die Stadt geflogen, und nach einem fürchterlichen Erschöpfungskrieg, im Winter oft bei bis zu -40 °C und mit tausenden Gefallenen auf beiden Seiten, gelang es der Roten Armee schließlich im Oktober 1944, Kirkenes zu befreien. Doch auch hier hatten die Deutschen vor ihrem Rückzug ›Verbrannte Erde‹ hinterlassen, nur etwa 20 Häuser standen noch, und es dauerte insgesamt acht Jahre, bis der Betrieb in den völlig zerstörten Gruben überhaupt wieder aufgenommen werden konnte. Es folgten Glanzjahre mit wachsendem Wohlstand, bis schließlich der Abbau zu teuer wurde und man die Bergwerke 1996 schließen musste. Doch nun war auch der Kalte Krieg vorbei, der Eiserne Vorhang zerrissen, und seitdem partizipiert Kirkenes von seiner zentralen Lage in der Barentsregion.

Schiffsreparaturen, Kleinindustrie und zunehmend Tourismus sind weitere Erwerbsquellen unserer Tage. Dass

hier der Lebensstandard relativ hoch ist, kann man auch auf dem Gang vom Hurtigruten-Kai via Havne- und Haganesvei ins Zentrum erkennen. Rund 1,5 km ist er lang und passiert kurz vor Erreichen des Stadtkerns die **Andersgrotte** 1, die während des Zweiten Weltkriegs gesprengt wurde und der Bevölkerung als Luftschutzraum diente; von Mai bis September finden mehrmals Führungen statt (Anmeldung

Ein besonderes Erlebnis: eine Schiffs-reise zur Zeit der Mitternachtssonne

heimsveien zum etwa 1 km außerhalb gelegenen **Grenzlandmuseum** 2 zu folgen, in dem auch ein restaurierter russischer Jagdbomber vom Typ ›Iljuschin IL 3M‹ ausgestellt ist. Es vermittelt einen umfassenden Überblick über die wechselvolle Geschichte der Stadt und des Grenzgebietes und informiert obendrein über Natur und Kultur dieser Region (Førstevannslia, Mitte Juni–Mitte Aug. tgl. 10–18, sonst 10–15.30 Uhr).

Sehr lohnend ist auch ein Besuch im **Savio-Museum** 3 (gleiche Öffnungs-zeiten), das den Arbeiten des samischen Künstlers John Savio (1902–1938) gewidmet ist und auch Gegenwartskunst präsentiert.

Anstatt nun den gleichen Weg retour zu nehmen, bietet es sich an, entlang der Kristen Nygaardsgate und dem Fjellveien zum **Aussichtspunkt Prestfjellet** zu gehen. Von dort aus genießt man eine weite Aussicht über Stadt und Fjord, bevor es über Markus Thranes-, Kirkegårds- und Prestøyveien wieder zum Hurtigruten-Schiff zurückgeht. Die reine Laufzeit für diesen Stadtrundgang beträgt ca. 1– 1,5 Std. Da unser Schiff rund 3 Std. am Kai liegt, hat man viel Zeit zur Verfügung.

über Tel. 81 53 69 00), im Verlauf derer auch ein Film über die Kriegsgeschichte des Ortes gezeigt wird. Außerhalb der Saison kann diese Attraktion nach Voranmeldung im nur wenige Gehminuten entfernten Touristenbüro besucht werden.

Das angrenzende **Stadtzentrum** ist klein und übersichtlich, nach einem kurzen Rundgang bietet es sich an, der Kjelland Torkildsensgt. und dem Sol-

Kirkenes Turistinformasjon: Presteveien 1, 9915 Kirkenes, Tel. 78 99 25 44, Fax 78 99 60 87, www.kirkenesinfo.no; 10.1.–12.6. und 15.8.–22.12. Mo–Fr 8.30–16, 13.6.–14.8. Mo-Fr 8.30–18, Sa/So 10–17.17.5. und 23.12.–4.1. Sehr informativ, auch deutschsprachiges Personal.

Stippvisite in der Taiga

Im südlichen Teil des Pasvikdalen, das sich südlich von Kirkenes keilförmig zwischen Finnland und Russisch-Karelien hinzieht, erstreckt sich der 119 km^2 große **Øvre Pasvik-Nationalpark** an der botanischen und zoologischen Grenze zwischen Europa und Asien. Als Ausläufer der russischen Taiga beherbergt er trotz der hohen nördlichen Breite Norwegens größten Kiefern-Urwald, außerdem sind hier über 160 Vogelarten vertreten, darunter so seltene wie der Singschwan. Zwischen 10 und 20 Bären leben hier, auch Luchse und Vielfraße, und mehr und mehr kommen winters Wölfe von jenseits der russischen Grenze herüber. Es gibt Unterkünfte, ein Naturmuseum und markierte Pfade, auf denen man mit einem versierten Führer gute Gelegenheit zur Beobachtung seltener Tiere hat. – Informationen über das Touristenbüro in Kirkenes und www.pasvik.no.

Rica Arctic Hotel [4]: Kongensgate 1–3, Tel. 78 99 29 29, Fax 78 99 11 59, www.rica.no. Viergeschossiger Neubau im Stadtzentrum mit Restaurant, Bar, Hallenbad und Sauna, Verleih von Fahrrädern und Skiern. 80 Zimmer mit hohem Standard. DZ 965–1365 NOK (je nach Saison; im Sommer am günstigsten), EZ rund 175–1230 NOK.
Rica Hotel Kirkenes [5]: Pasvikvn. 63, Tel. 78 99 14 91, Fax 78 99 13 56. Rund

500 m vom Zentrum entfernt mit schöner Aussicht über die Stadt; ausgestattet mit Restaurant und Bar. Alles eine Idee einfacher als im Arctic Hotel; 67 Zimmer zu 690 NOK (Budgetzimmer), 730–1175 NOK (EZ), 905–1315 NOK (DZ).
Direktørboligen [6]: Kr. Nygårdsgt. 37, Tel. 78 99 18 09, www.dirboligen.no; ganzjährig. Das ehemalige Direktionsgebäude der Grubengesellschaft von Kirkenes wurde in ein intimes Komforthotel mit 6 Panorama-Zimmern umgewandelt. Die Bibliothek mit TV, Kamin und Internetanschluss dient als Aufenthaltsraum. Eine Sauna ist angeschlossen, eine Trimmloipe von 10 km Länge beginnt direkt vor der Tür, auch Räder und Skier können ausgeliehen werden. EZ kosten 700–1050 NOK (Sommer 825 NOK), DZ 1050–1300 NOK (Sommer 995 NOK).

Die Restaurants in den **Rica Hotels** sind zu empfehlen; im Arctic Hotel wird nachmittags auch Kuchen serviert. Im Hotel Kirkenes steht ganzjährig *Lutefisk* auf der Speisekarte, Hauptgerichte ca. 180–270 NOK.
Vin og Vilt [7]: Kirke gata 5, Tel. 78 99 38 11; ganzjährig ab 18 Uhr geöffnet. Auf Wildgerichte spezialisiertes Restaurant – eine der besten Gourmetadressen der gesamten Finnmark – mit guter Weinauswahl. Vorspeisen ab 85 NOK, Hauptgerichte 270–360 NOK. Wer das Besondere sucht, wählt Bärensteak.
Direktørboligen [8]: Kr. Nygårdsgt. 37, Tel. 78 99 18 09, www.dirboligen.no; ganzjährig geöffnet Do–Sa ab 19 Uhr, im Sommer auch häufiger. Reservierung vorgeschrieben. Urgemütlich und schick und mit 28 Sitzplätzen sehr intim. Serviert werden nordisch verfeinerte internationale Gerichte, dazu gibt's eine herrliche Aussicht und einen Garten mit Terrasse. Vorspeisen um 100 NOK, Hauptgerichte 240–360 NOK.

Sollia Gjestegård: Sollia, Tel. 78 99 08 20; 25.6.–25.8. tgl. ab mittags, sonst nur nach Vorbestellung. 15 km außerhalb, 300 m vor dem russischen Grenzübergang inmitten schöner Natur. Gemütlich und elegant zugleich, moderate Preise (ab etwa 180 NOK) für traditionelle norwegische Hausmannskost.

 **Pasvikturist** beim Hurtigruten-Kai bietet handgearbeitete Souvenirs der Region, auch in der Touristeninformation werden Mitbringsel verkauft, ebenso im Grenseland-Museum. Die größte Auswahl an nord-norwegischen und russischen Handarbeiten sowie qualitätvollen Silberarbeiten bietet Kirkenes Husflid, Dr. Wesselsgt. 15. An der E6 bei Hessing, rund 5 km außerhalb Kirkenes, lohnt zudem ein Besuch bei Grenseprodukter (Mo–Fr 8.30–15/16 Uhr), wo sich alles um Souvenirs made in Kirkenes dreht.

Anfang März führt Finnmarksløpet (Tel. 78 44 64 50, www. finnmark slopet.no), mit 1000 km eines der längsten Hundeschlittenrennen, durch Kirkenes.
Ende März/Anfang April: Das 320 km lange Hundeschlittenrennen Pasviktrail beginnt in Kirkenes am Grenzlandmuseum (www.pasviktrail.com).
1. Samstag im Juli: Lachsfestival am Neiden-Fluss in Neiden.
1. August: Barents-Festival.
Mitte November: Mitt-Winter-Fest.

Das Touristenbüro und Destination Kirkenes informieren über Sommer-Aktivitäten (u. a. **Wanderungen, Wildnisaufenthalte, Angel-, Tauch- und Bootstouren**) und Winter-Erlebnisse (u. a. **Hundeschlitten-, Rentierschlitten- und Schneescooter-Touren, Eisangeln**).

Flug: Der Flughafen liegt 15 km außerhalb (Buszubringer ist auf Ankunft/Abflug der Flugzeuge abgestimmt: 60 NOK; Taxi 250–300 NOK), mit Widerøe bestehen u. a. tgl. Verbindungen in die Orte der Finnmark, nach Tromsø und Oslo, und auf der Strecke von/nach Oslo fliegt auch der Preisbrecher Norwegian.
Bus: regelmäßig in die Finnmark und nach Finnland.
Mietwagen: u. a. über Avis (Tel. 78 97 37 05, Fax 78 99 86 58), Europcar (Tel. 78 97 01 00, Fax 78 97 01 09; auch Verleih von Schneescootern), Hertz (Tel. 78 99 39 73).

Hurtigruten-Passagiere genießen die Sonne

Die südgehende Route

8. Tag
Nordkap Honnings-
Hammerfest våg 7. Tag
Kirkenes
Vesterålen Tromsø
9. Tag
Lofoten
Svolvær
10. Tag Bodø
Brønnøysund
11. Tag Trondheim
Kristiansund
Ålesund
12. Tag
Bergen Oslo
SCHWEDEN
FINNLAND
ESTLAND
DÄNEMARK
LETTLAND

Blick auf Hamnøy, Lofoten   Reiseatlas S. 215–204

SIEBTER TAG: KIRKENES – BERLEVÅG

Von nun an geht es wieder südwärts. Erste Station ist Vardø, die östlichste Stadt des Königreiches. Vorbei an einer vollkommen von Erosion gezeichneten und ungemein seevogelreichen Urküste geht es über Båtsfjord nach Berlevåg.

Vardø

Reiseatlas: S. 215, F 1
Das Schiff geht auf Nord-Nordost-Kurs, um Vardø, die auf einer Insel vor der Varanger-Halbinsel ausgebreitete östlichste Stadt Norwegens anzulaufen. Sie liegt mit ihren rund 2400 Einwohnern auf etwa gleicher geografischer Länge wie Istanbul oder Kairo und ist die älteste Stadt in der Finnmark, gegründet 1306 als Bollwerk gegen die Russen. 1798 erhielt die größte Fischereisiedlung Norwegens Stadtrechte und partizipierte von nun an am Handel mit Russland, ja sogar eine Passagierroute nach Archangelsk am Weißen Meer wurde eingerichtet. Die russische Revolution brachte das Aus und schließlich der Zweite Weltkrieg so verheerende Verwüstungen, dass es Pläne gab, die Stadt aufs Festland zu verlegen. Daraus wurde nichts, aber 1982 wurde mit Norwegens erstem Meerestunnel (2800 m lang; tiefster Punkt 88 m unter der Wasseroberfläche) der alte Traum verwirklicht, Vardø – übrigens die Stadt mit den meisten Sturmtagen Norwegens – mit dem Festland zu verbinden.

Wovon der Ort lebt, sieht man am Hafen, wo zahlreiche Fischerboote und Trawler vor Fischverarbeitungsbetrieben liegen. Hauptsehenswürdigkeit der Region ist die achteckige **Festung Vardøhus,** die 1738 fertig gestellt wurde und die Finnmark vor russischen Übergriffen schützen sollte; angegriffen wurde sie nie (April–Sept. tgl. 8–21, sonst 10–18 Uhr, im Sommer Führungen). Wenn am 20. Januar zum ersten Mal wieder die Sonne am Horizont erscheint, wird von der Festung aus Salut geschossen und den Schulkindern ein freier Tag gewährt.

Zwischen 1621 und 1692 war die Festung Schauplatz der größten Hexenverfolgung Norwegens, mehr als 90 Frauen wurden hier lebendig verbrannt. Das **Vardømuseum** informiert über diese Gräueltaten; eine Ausstellung ist den Polarforschern Fridtjof Nansen und Willem Barentz gewidmet, auch der Zweite Weltkrieg wird dokumentiert (Per Larssensgt. 32, 15.6.–15.8. tgl. 9–18.00, sonst 9–15 Uhr).

Vardø Turistinformasjon: P.O. Box 203, 9951 Vardø, Tel. 78 98 69 07, Fax 78 98 69 08, www.varanger.com.

Vardø Hotel: Kaigt. 8, Tel. 78 98 77 61, Fax 78 98 83 97, www.vardo hotel.no. Dieses Mittelklassehotel ist das einzige am Platz, ausgestattet mit Sauna und Solarium und mit 42 Zimmern. EZ 910 NOK, im Sommer 490 NOK, DZ 990 NOK, im Sommer 590 NOK. Am Wochenende generell 700 NOK/EZ, 800 NOK/DZ.

Anfang April: Yukigassen, Weltmeisterschaft im Schneeballwerfen.
März/April: Arctic Giant, ein Schneescooter-Enduro-Rennen der extremsten Art.
Ende Juli: Pomor-Tage, Norwegisch-russische Kultur- und Markttage.
Mitte November: Blues i Vintermørket, Blues-Festival.

Größter Anbieter von **Bootstouren, Vogelberg-Besuche, Foto-Safaris, Angeltouren, Schneescooterfahrten** und anderen Aktivitäten mehr ist die Hexeria AS (Kaigt. 12, Tel. 78 98 84 04, Fax 78 9884 05, www.hexeria.com).

Flug: Der Flughafen liegt rund 4 km außerhalb (Taxi etwa 80 NOK), Verbindungen nach Oslo, Tromsø und in die Finnmark.
Bus: Verbindungen insbesondere mit den Orten der östlichen Finnmark.
Mietwagen: Avis am Flughafen, Tel. 78 98 74 11.

Nach Berlevåg

Reiseatlas: S. 215, F 1–D 1
Von Vardø aus geht es nun konstant nach Westen, und während der folgenden drei Stunden hat man reichlich Gelegenheit, sich vom Zauber und der tiefen Einsamkeit der vorbeiziehenden

Blick auf Vardø

Felsküsten umfangen zu lassen. Die Landschaft wird immer unwirtlicher, sieht bald aus wie die Oberfläche eines fremden, fernen Planeten. Deutlich trägt sie die Spuren eiszeitlicher Gletscher und nacheiszeitlicher Erosion, und auch heute noch üben die Niederschläge eine starke Wirkung aus, wovon verästelte Erosionsrunsen Zeugnis geben. Noch wirkungsvoller sind die Wellen und die Sedimentfrachten, die sie mitbringen, wenn sie gegen die völlig ungeschützte Küste anbranden. Wasser wird in Felsspalten eingeschlossen, wodurch es zu einer solch starken Komprimierung der Luft kommt, dass Kräfte entstehen, die durchaus tonnenschwere Felsbrocken absprengen können. Gegen Klippen anbrandende Wellen umfluten und vergrößern unaufhörlich alle Spalten und Risse im Gestein, tragen den Fuß des Felsens ab, bis der unterspülte Überhang herabstürzt. Andere Bereiche werden abgetragen, bis nur noch waschbrettartige Felsbänder übrig sind. Aber auch sie werden von den wie Schmirgel wirkenden Felsbrocken und Kieseln abgeschliffen. Durch diesen Prozess werden die Felsbänder weiter abgetragen, bis sie unter Wasser liegende Plattformen bilden. Auf ihnen lagert sich Gesteinsschutt ab, der allmählich immer feiner zermahlen wird. Anfangs ist diese Sandschicht noch dünn, aber innerhalb weniger Jahrhunderte kann ein echter Strand entstehen: schmal und begrenzt durch Felszungen und Klippen.

So sind die Landschaften Norwegens ständigen Veränderungen unterworfen – fast unmerklich zwar, aber dennoch unaufhaltsam. Die oft so bizarr aussehenden Erosionstürme und -zacken, -buckel und -wände der Varanger-Halbinsel werden hier schlicht als *staurer* (›Pfähle‹) bezeichnet. Einer der bekanntesten findet sich an der Nordflanke des etwa auf halber Strecke nach Berlevåg gelegenen Syltefjordes: Der rund 190 m hoch aufragende **Syltefjordstauren** soll einer der am dichtesten besiedelten Vogelberge des Königreiches sein. Millionen von Möwen sind dort heimisch. Zu manchen Zeiten brodelt die Luft über dem ›Hochhaus‹ förmlich von durcheinander gewirbelten Vogelleibern. Auch Papageitaucher haben hier Kolonien. Den ebenfalls bald am Seeweg liegenden Storalkestauren haben sich die Tölpel als Wohnort ausgesucht. Andere ›Pfähle‹ sind von Tordalken und Trottellummen besiedelt, auch der sonst so seltene Eissturmvogel ist über diesen Gestaden häufig zu sehen. Besonders gut lassen sich Kormorane beobachten, da sie sich nach der Jagd auf die *staurer* setzen, die Flügel öffnen und sich rhythmisch hin und her wiegen, um die Flügel zu trocknen.

Ein Fernglas sollte also niemand vergessen, der an dieser Seevogel-reichen Küste vorbeifährt. Auf dem Festland lassen sich immer wieder Rentiere beobachten, die von der bemoosten Hochebene herabsteigen, um Salz zu lecken. Lapplandweit gibt es geschätzt 750 000 bis 1 Mio. dieser zur Hirschfamilie gehörigen Tiere. Ihre Population ist konstant, was daran liegt, dass sich diese 60–320 kg schweren Herdentiere nicht selbst gehören, sondern vielmehr Eigentum der Samen sind, die sie schon in grauer Vorzeit domestiziert haben. Zwar wird das Ren nicht als Haustier gehalten, sondern streift frei in den riesigen Arealen der Finnmark umher, aber diese Gebiete, so groß sie auch sind, stellen doch genau festgelegte Weidegründe dar. Von dort, wo das Ren täglich 5–8 kg an Flechten und Moosen (Trockengewicht!) frisst, wird es im Herbst zu Sammelplätzen getrieben und schließlich geschlachtet, bevor es per Kühltransporter seinen Weg in die Fleisch- und Wurstfabriken des Landes findet bzw. in Form von Fell, Schädel und Geweih in die Souvenirläden.

Wie Funde im Bereich des **Syltefjordes** zweifelsfrei beweisen, hat es am Nordrand der Varanger-Halbinsel schon vor 5000–6000 Jahren eine für die damalige Zeit hoch entwickelte Jäger- und Hirtenkultur gegeben, es fanden sich insbesondere bearbeitete Muschelschalen sowie Knochen von Rentieren, Walen und Seehunden. Sie beweisen, dass damals Jagd und Tierfang einen hohen Stellenwert hatten, und wie viele Wissenschaftler heute glauben, soll es sich bei diesen ›Alten‹ bereits um Ur-Samen gehandelt haben. Nichts anderes ist es auch, was die Samen selber glauben, die sich als ›Erstgeborene‹ in Skandinavien verstehen und deren Meinung Johan Turi in seinem 1910 erschienenen Werk ›Erzählungen vom Leben der Samen‹ wiedergibt: »Man hat nicht gehört, dass die Samen von irgendwoher gekommen sein sollen. Der Same ist überall im Samenland Einwohner gewesen … Und damals waren da nirgendwo Ansässige; die Samen wussten nicht, dass es andere Menschen gab als sie.«

Angesichts der unendlich weiten Räume der Varanger-Halbinsel will man das gerne glauben, und es berührt nahezu wie ein Anachronismus, als wir schließlich in den Båtsfjord einfahren und voraus die auffallend große Hafenanlage von **Båtsfjord** ausmachen. Rund 2500 Menschen leben hier ihr isoliertes Leben meist von der Fischerei, denn in Bezug auf den Geldwert der Fangmengen ist diese alte Niederlassung die größte Fischereisiedlung Norwegens. Da Båtsfjord einer der wenigen Orte der Finnmark ist, der während des Zweiten Weltkrieges nur geringfügige Schäden erlitt, diente er nach dem Rückzug der deutschen Wehrmacht als Versorgungsbasis für den gesamten Bezirk. Alte Bausubstanz ist aber dennoch keine vorhanden, als Sehenswürdigkeit sei lediglich die Ortskirche erwähnt, deren 85 m^2 Fläche umfassende Glasmalerei eine der größten Europas ist. Auch der Skarvskiten, ein etwa 1 km außerhalb vom Ort gelegener Vogelberg, lohnt einen Besuch. Ansonsten ist es insbesondere den so unerhört fischreichen Gewässern der Region zu verdanken, dass Båtsfjord trotz seine weltfernen Lage zunehmend am (Angel-)Tourismus partizipiert. Doch unser Aufenthalt in Båtsfjord dauert nur etwa 30 Min., und schon geht es wieder aus dem Fjord aufs offene Meer hinaus, Berlevåg entgegen (s. S. 106).

Båtsfjord Turistinformasjon: Box 164, 9990 Båtsfjord, Tel. 78 98 55 20, Fax 78 98 55 29, E-Mail: baatsfjord.frivillig@c2i.net; Internet: www.visitnorthcape.com.

ACHTER TAG: MEHAMN – TROMSØ

›On Top of the World‹ ist wieder das Motto des heutigen Tages, denn erneut wird die Nordkap-Insel angelaufen, bevor die Fahrt nach Hammerfest fortgesetzt wird. Nach Tromsø geht es vorbei an Alta und nach Øksfjord hinein, das auf Gletscher blickt.

Nach Hammerfest

Reiseatlas: S. 215, D 1–213, E 1
Kurz nach Verlassen von Berlevåg haben wir gegen Mitternacht wieder die Öffnung des Tanafjordes passiert, in den der Tana (samisch: großer Fluss) mündet, mit rund 360 km Norwegens zweitlängster Flusslauf, der in der Finnmark auf weiten Strecken die Grenze nach Finnland bildet, wo er Tenojoki genannt wird. Er gilt als einer der lachsreichsten Flüsse Europas.

Jenseits des Tanafjordes liegen Mehamn (s. S. 106) und Kjøllefjord (s. S. 105), und nun, gegen 6 Uhr, fährt unser Schiff wieder in den Hafen von **Honningsvåg** auf der Insel Magerøya ein (s. S. 103). Nur die nordgehenden Hurtigruten-Schiffe bleiben für Nordkap- und Stadtbesichtigung lange genug am Kai liegen. Wer das ›Ende der Welt‹ dennoch besuchen möchte, muss in Honningsvåg einen Stopp-over einlegen oder an dem **Landausflug** teilnehmen, der mit dem Bus von Honningsvåg zum Nordkap führt (wo man ein unvergessliches Frühstück genießen kann) und von dort aus weiter aufs Festland der Finnmark. An

den Gestaden des Porsangerfjordes entlang geht die Fahrt nach Olderfjord, via Skaidi und das birkenreiche Reppafjorddal zum Kvalsund, über den sich die nördlichste Hängebrücke der Welt zur Insel Kvaløya spannt, an deren Nordwestküste Hammerfest liegt. Da man die Meeresstrecke von Honningsvåg nach Hammerfest schon auf dem Hinweg nach Kirkenes gesehen hat, ist der Landweg in diesem Abschnitt ausnahmsweise zu bevorzugen.

Hammerfest

Reiseatlas: S. 213, E 1
Der Slogan ›On Top of the World‹, der fast jedes Hammerfest-Prospekt ziert, gibt die geografische Wirklichkeit der Stadt-Koordinaten (70°38'48" nördlicher Breite) trefflich wieder, denn in der Tat ist Hammerfest, fast 1000 km nördlich des Polarkreises und damit auf der Höhe von Mittel-Grönland gelegen, die nördlichste Stadt der Welt. Es kommt nicht von ungefähr, dass die Insel, auf der Hammerfest liegt, Kvaløya heißt, also ›Insel der Qual‹, und wer immer hier

im Winter weilt, wenn sich das *finis terrae* in einem Dur-Akkord aus Kälte und Nacht zum ›Land eines furchtbaren Ernstes‹ wandelt, der kann verstehen, warum eine Stadt dieser Lage selbst im Hochsommer kaum Anmut und Leichtigkeit ausstrahlen kann.

Warum aber Hammerfest – was soviel bedeutet wie ›an die Felswurzel geschmiedet‹ (altnord. *hamar* = Berggipfel und altnord. *festr* = Tau) – trotz des hohen Alters von über 200 Jahren ein ganz und gar modernes Kleid trägt, hat nichts mit der Lage oder einer eventuellen Traditionslosigkeit zu tun, sondern damit, dass die Wehrmacht 1944 vor ihrem Rückzug auch diese Stadt in Schutt und Asche gelegt hat. Kein Haus, kein Fischerboot, keine Kirche entgingen dem Prinzip der ›Verbrannten Erde‹, und allein die Grabkapelle (s. u.) überlebte als makabres Zeichen die gelegte Feuersbrunst.

Heute haben die rund 9200 Einwohner von Hammerfest wieder ein normales Verhältnis zu den Deutschen gefunden, was nicht zuletzt auch dem Tourismus zu verdanken ist, neben Fischerei und Schifffahrt Haupterwerbszweig der Stadt.

Nun stehen wir an Deck unseres Schiffes, und das Gewirr der bunten Boote und Trawler, Küstenwacht-, Fracht- und Kreuzfahrtschiffe im **Hafen** ist durchaus eine Sehenswürdigkeit.

Direkt vor dem Schiff dann, beim Hurtigrutenkai, lädt seit Sommer 2005 der in seine neuen Ladenlokale umgezogene **Isbjørnklubben** 1 (Eisbärenclub) ein, ein von der ›Royal and Ancient Society of Polar Bears‹ eingerichtetes Museum, das auch Geschichte und Tradition der Stadt veranschaulichen will. Ausgestopfte Tiere wie Eisbär, Wolf und Luchs sind u. a. zu sehen, und neueste Attraktion dieser mit Abstand meistbesuchten Sehenswürdigkeit der Stadt sind der Eisbären- sowie Winternachtraum, wo u. a. Eisbären, Schneestürme und Nordlichter über Plasmabildschirme huschen. Angrenzend die recht kultisch eingerichteten Räume des eigentlichen Clubs, und den meisten Besuchern ist es ein Bedürfnis, hier Mitglied zu werden. Einzige Kriterien dafür sind der Besuch sowie die Zahlung einer Aufnahmegebühr in Höhe von 160 NOK, und der Lohn sind dann Mitgliedsausweis, Urkunde, Aufkleber und die beliebte Eisbärennadel aus Silber und Emaille (im Sommer tgl. 9–17, im Winter 10.30–13.30 Uhr; www.isbjornklubben.no).

Das **Gjenreisningsmuseet** 2, das ›Wiederaufbaumuseum‹, informiert anschaulich über die Zwangsevakuierung der Bevölkerung, das Niederbrennen und vor allem den Wiederaufbau der Stadt während und nach dem Zweiten Weltkrieg (12.6.–11.8. Mo–Fr 9–16, Sa/So 10–14, sonst tgl. 10–14 Uhr).

Ausflüge Tag 8

Busfahrt von Honningsvåg zum Nordkap (Frühstück) **und weiter nach Hammerfest:** Mai – Oktober, Dauer 6 Std.
Besuch Mikkelgammen Hammerfest, Juni – August, 1,25 Std.
Mitternachtssonnen-Konzert in der Eismeer-Kathedrale Tromsø: Mai – August, 1 Std.

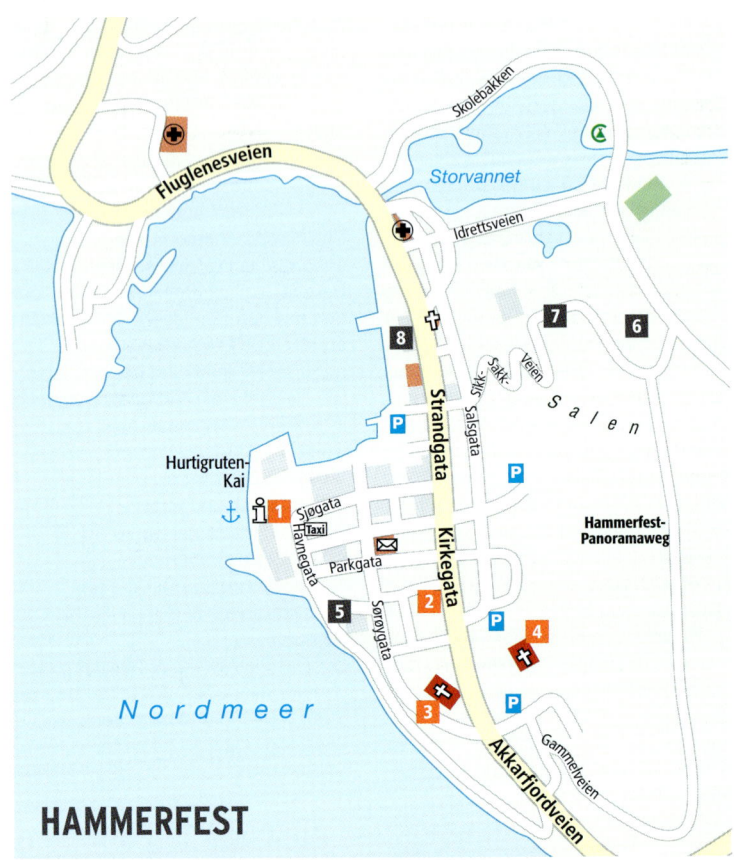

HAMMERFEST

Sehenswürdigkeiten	
1	Isbjørnklubben (Eisbärenclub)
2	Gjenreisningsmuseet (Wiederaufbaumuseum)
3	Hammerfest-Kirche
4	Grabkapelle

Übernachten

5	Rica Hotel Hammerfest
6	Hotel Skytterhuset

Essen und Trinken

7	Turiststua
8	Odds Mat & Vinhus

Die nahe gelegene **Hammerfest-Kirche** 3 ist zwar nüchtern eingerichtet, beeindruckt aber mit einem dreieckigen Fenster (Glasmalereien) von 8 m Kantenlänge, das den Chor abschließt.

Direkt gegenüber erstreckt sich der Friedhof mit der **Grabkapelle** 4. Folgt man von hier aus der Straße Øvre Hauen und deren Verlängerung (Gammelveien), hat man bald eine schöne Aussicht auf den Ort mit Fjord.

Über die Uferstraße ist es nur ein kurzes Stück zurück, und wer in Hammerfest einen Stoppover einlegt, wird Zeit haben, den am Ende des Gammelveien beginnenden **Hammerfest-Panoramaweg** auf die Höhe des 86 m über der Stadt gelegenen Aussichtspunktes **Salen** zu nehmen. Dort kann man einkehren in ein Restaurant und ein traditionelles Samen-Zelt (*kota*), doch vor allem beeindruckt die herrliche Aussicht über die Stadt, den Sørøysund und die darin eingebetteten Inseln.

Ins Zentrum nahe dem Eisbärenclub zurück führt von hier aus der etwas steile, aber dafür kurze **Sikk-Sakk Veien,** der schon im Jahre 1891 errichtet wurde und seinem Namen entsprechend verläuft.

Hammerfest Turistinformasjon: Havnegt. 3, 9615 Hammerfest, Tel. 78 41 31 00 sowie 78 41 21 85, Fax 78 41 11 90, www.hammerfest-turist.no, www.visitnorthcape.com; 15.6.–15.8. tgl. 9–17, sonst tgl. 10–14 Uhr. Das Büro befindet sich direkt beim Hurtigrutenkai im gleichen Gebäude wie der Isbjørnklubben.

Rica Hotel Hammerfest 5: Sørøygata 15, Tel. 78 41 13 33, Fax 78 41 13 11, www.rica.no. Großer Backsteinbau

Im Eisbärenclub möchten viele Hammerfest-Besucher Mitglied werden

mit hohem Rica-Komfort. EZ von 775 NOK (Wochenenden) bis 1225 NOK, DZ 975-1425 NOK.

Hotel Skytterhuset 6: Skytterveien 24, Tel. 78 41 15 11, Fax 78 41 19 26, www.skytterhuset.no. Nahe dem Salen-Aussichtspunkt, umgeben von einem Garten; Sauna und Solarium, alle 75 Zimmer haben guten Mittelklassestandard. Zimmer (EZ oder DZ) kosten generell 875 NOK.

Turiststua 7: Salen, Tel. 78 42 96 00; 1.6.–15.8. Im ›Almhüttenstil‹ erbautes Panoramarestaurant mit Blick über ganz Hammerfest auf dem Berg Salen; Lunch und Mittagsbüfett.

123

Odds Mat & Vinhus 8: 8: Strandgt. 23, Tel. 78 41 37 66; Mo–Fr ab 14.30, Sa ab 18 Uhr. Die Feinschmecker-Empfehlung in Hammerfest mit vielen nordnorwegischen Traditionsgerichten. Vorspeisen 80–100 NOK (z. B. Rentiertartar oder Rentierzunge in Rotweinsauce), Hauptgerichte 200–250 NOK (Fisch) bzw. 260–340 NOK (Fleisch; auch Wild). Rustikale Einrichtung.

Im **Gjenreisningsmuseet** findet sich ein gut bestückter Souvenirladen, doch größte Auswahl bietet der **Isbjørnklubben.**

Mitte Juli: Hammerfest-Tage.
Mitte November: Mørktid Festival (Dunkelzeit-Festival) mit Musik- und Theaterveranstaltungen.

Das Touristenbüro organisiert **Hochsee-, Angel- und Wandertouren,** Besuch von **Vogelfelsen** und **Fischerdörfern.** Im Winter Touren zu den **Rentierherden** auf der Finnmarksvidda.

Flug: Verbindungen nach Tromsø, Oslo und in die Orte der Finnmark.
Bus: mindestens 2mal tgl. nach Alta (in Skaidi umsteigen für Nordkap) und mindestens 1mal tgl. nach Kirkenes via Lakselv, Karasjok und Tana.
Mietwagen: u. a. über Hertz (Tel. 78 41 71 66) und Avis (Tel. 78 41 40 66).

Hurtigruten-Schiff
vor Hammerfest

Nach Tromsø

Reiseatlas: S. 213, E 1–212, A 4
Nahezu elf Stunden trennen Hammerfest von Tromsø, nur in zwei Orten wird auf dieser Strecke ein kurzer Stopp eingelegt, und so hat man hinreichend Zeit, die nun bald regelrecht alpin werdenden Landschaften zu betrachten. Doch zuerst geht es an den wilden Gestaden von **Sørøya** (s. S. 100) vorüber, und fast körperlich ist hier spürbar, welche Entbehrungen die rund 1000 Menschen hinnehmen mussten, die sich der Massenevakuierung dieser viertgrößten Insel Nor-

wegens gegen Ende des Zweiten Weltkrieges widersetzten. Sie hatten sich in unzugänglichen Felshöhlen vor den deutschen Soldaten versteckt und mussten dort ausharren, bis sie im Januar 1945 von den Zerstörern eines Murmansk-Konvois aufgenommen und nach Schottland gebracht wurden, nachdem einer kleineren Gruppe unter größten Risiken schon zuvor der Durchbruch bis nach Båtsfjord im bereits befreiten Teil Norwegens gelungen war.

Dann kommt an Backbord die von zwei Gletschern bedeckte und bis über 1000 m hoch aufragende Insel **Seiland** in Sicht, und obwohl wir nun mittlerweile äußerst verwöhnt sind in Sachen Bergschönheit, nötigen uns die hintereinander gestaffelten Spitzberge, die aus tiefen Tälern aufsteigen, größte Bewunderung ab. Auf der südlich angrenzenden Insel **Stjernøya** legt die Bergnatur in Sachen Dramatik sogar noch einmal zu, und ein Vergleich mit den Lofoten oder einem ins Meer versetzten Jotunheimen ist nicht falsch.

Dann geht es westlich um die ›Sterneninsel‹ herum, und würden wir in den Stjernsund einfahren, wäre es nur ein kurzes Stück bis **Alta,** das sich wegen seiner großen Fruchtbarkeit und klimatischen Milde gerne als ›Finnmarks Italia‹ vorstellt. Ein anderer Beiname der Stadt ist ›Wiege der Menschheit‹. Er ist dem Felsbilderfeld von Hjemmeluft zu verdanken, das seit 1985 auf der World Heritage List der UNESCO steht (1.10.–30.4. Mo–Fr

125

9–15 und Sa/So 11–16 Uhr, Mai und Sept. tgl. 9–18, 1.6.–31.8. 8–21 Uhr). Es umfasst ca. 3000 Felsritzungen, die vor 3000 bis 6200 Jahren entstanden sind. In direkter Nachbarschaft findet sich das Alta-Museum (gleiche Öffnungszeiten), das der Kulturgeschichte der Finnmark gewidmet ist. Ihr Beginn wird auf etwa 9000 v. Chr. datiert. Wie man heute glaubt, bestand die so genannte Komsa-Kultur über einen Zeitraum von etwa 6000 Jahren, wobei noch gänzlich ungeklärt ist, wie das Komsa-Volk existieren konnte, soll doch ganz Nordnorwegen seinerzeit von einem kilometerdicken Eispanzer bedeckt gewesen sein.

Einen Besuch lohnt auch der Alta-Canyon – mit 15 km Länge und bis zu 500 m Tiefe der größte und spektakulärste Canyon Nordeuropas. Er kann auch wandernd erreicht werden, spannende Bootstouren führen den (auch bei Lachsanglern extrem beliebten) Altaelv stromaufwärts in die Schlucht.

Erreichen kann man den Ort auch von **Øksfjord** aus, das unser Schiff am Nachmittag anläuft. Dieser größtenteils vom Fischfang lebende und nur wenige hundert Einwohner große Ort fügt sich langgestreckt an das schmale Ufer. Und ist schon die Einfahrt in den felsumrahmten ›Axtfjord‹ von überwältigender Dramatik, so erst recht das Panorama, das sich vom Kai aus bietet. Direkt gegenüber nämlich, auf der Halbinsel Bergsfjord, erstrahlt die Gletscherkrone des aus über 1200 m Höhe herabfließenden **Øksfjordjøkelen,** des größten norwegischen Gletschers nördlich des Svartisen. Alpine Schneeriesen und wie Silber gleißende Wellen

rahmen dieses Schauspiel, und wenn dann noch Wolkengeschwader herandriften und die Luft von schwebenden Eiskristallen durchglitzert ist, genießt man staunend eines der, wie viele meinen, beeindruckendsten Bilder der gesamten Reise. Vor dem Eisrückgang der vergangenen zwei Jahrzehnte war der Øksfjordjøkelen der einzige Gletscher Norwegens, der direkt ins Meer bzw. in den Jøkelfjord kalbte. Dieses Phänomen machten sich die Fischer zunutze, indem sie die im Meer treibenden Eisschollen als Kühlmittel für den Fang einsammelten. Wer näher an das Eisfeld heran möchte, hat von Nusvåg, ab Øksfjord mit einem Bootszubringer erreichbar, die beste Möglichkeit.

Über die Hurtigruten-Strecke via Skjervøy nach Tromsø wird ab S. 98ff. alles Wesentliche gesagt. Da **Tromsø** (s. S. 93ff.) erst kurz vor Mitternacht erreicht wird und das Schiff gut 1 $^3/_4$ Std. im Hafen liegen bleibt, haben Nachtschwärmer Gelegenheit, sich persönlich davon zu überzeugen, ob die Stadt den Beinamen ›Paris des Nordens‹ zu Recht trägt oder nicht. Im Sommer lohnt der Besuch des Mitternachtssonnen-Konzertes in der Eismeer-Kathedrale (s. S. 94).

Loppa Turistinformasjon: Loppa Rådhus, 9550 Øksfjord, Tel. 78 45 30 00, Fax 78 45 30 01, www.loppa.kommune.no, eine spezielle Infoseite im Internet wird z. Zt. aufgebaut (www.nordkapp-landet.com); weitere Infos im Internet über www.visitnorthcape.com. **Alta Turistinformasjon:** Postboks 1114, 9504 Alta, Tel. 78 44 50 50, Fax 78 43 65 08, www.altatours.no.

NEUNTER TAG: TROMSØ – STAMSUND

Die Kette der Höhepunkte reißt nicht ab: Zunächst genießt man vom Schiff oder Bus aus die Inselpanoramen der Vesterålen, dann bestimmen die majestätischen Lofoten den Ausblick. Durch den Raftsund und – im Sommer – den dramatischen Trollfjord geht es nach Svolvær und anschließend nach Stamsund. Nicht missen sollte man die Busfahrt auf den Lofoten.

Harstad mit Trondenes

Reiseatlas: S. 211, D 2

In der Nacht hat das Hurtigruten-Schiff nach dem Verlassen von Tromsø die Insel Senja und Finnsnes passiert und den Vågsfjord gequert (die Etappe ist ab S. 91ff. beschrieben). Da die Liegezeit in Harstad (s. S. 91) nur eine halbe Stunde beträgt, kann man hier kaum mehr als einen kleinen Hafen- oder Stadtbummel machen. Es sei denn, man legt einen Stoppover ein oder – und das sei empfohlen – nimmt Teil an dem **Landausflug ›Insel-Busausflug Vesterålen‹,** dessen erstes Ziel Trondenes ist. Bei diesem heutigen Vorort von Harstad handelt es sich um die historische Keimzelle der Stadt, hervorgegangen aus einer alten Thing-Stätte (Versammlungsplatz). Hauptattraktion ist die **Trondenes kirke,** ein um 1250 im romanisch-gotischen Stil errichteter Steinbau und im Mittelalter die bedeutendste des hohen Nordens. Mit einer bis zu 5 m hohen Umfassungsmauer und bis 2,5 m dicken Wänden wurde sie eindeu-

tig als Festungskirche konzipiert. Von herausragender Schönheit sind die mittelalterlichen Taufbecken und Altarschreine (Führungen 6.6.–13.8. tgl. um 16 außer Sa und 17 Uhr sowie nach Vorbestellung über die Touristeninformation; sonst nur für Gruppen).

Der nächste Stopp erfolgt im **Trondenes Historiske Senter,** in dem Ausstellungen und eine Multimediashow durch die norwegische Geschichte von der Wikingerzeit bis in unsere Tage führen (4.6.–15.8. So–Do 10–17, Fr/Sa bis 22 Uhr).

Ausflüge Tag 9

Insel-Busausflug Vesterålen von Harstad nach Sortland: ganzjährig, Dauer 4 Std., s. S. 127f.

Insel-Busausflug Lofoten von Svolvær via Henningsvær nach Stamsund: März bis September, Dauer 3 Std., s. S. 135ff.

Stockfisch: Das Gold der Lofoten

Weiter geht die Busfahrt über die Reichsstraße 83 und die Europastraße 10 entlang dem Südostrand der Insel Hinnøya. Dann erfolgt die Querung zur Westseite dieser größten Insel Norwegens. Ziel der Fahrt ist Sortland, das auf Langøya gelegene Verwaltungs-, Verkehrs- und Dienstleistungszentrum der Vesterålen.

Harstad Turistkontor: Torvet 8, 9486 Harstad, Tel. 77 01 89 89, Fax 77 01 89 80, www.destinationharstad.no;

1.6.–14.8. Mo–Fr 8–18, sonst Mo–Fr 8–15.30 Uhr. Hier kann man Führer mieten (auch deutschsprachig), Aktivitäten und Ausflüge buchen.

Grand Nordic Hotel: Strandgt. 9, Tel. 77 00 30 00, Fax 77 00 30 01, www.nordic.no. Zur Rica-Kette gehöriges Stadthotel im Zentrum mit gehobenem Mittelklasse-Komfort, Restaurant und Bar. EZ kosten von 895 (Wochenende) bis 1240 NOK, DZ 995–1460 NOK.

Harstad Vandrerhjem: Trondenesvn.110, Tel. 77 04 00 77, Fax 77 04 00 78, www.vandrerhjem.no; 1.6.–18.8. Jugendherberge, Bett ab 240 NOK, EZ 300 NOK, DZ ab 480 NOK.

Kaffistova: Richard Kaarbøsgt. 6, Tel. 77 06 12 57; Mo–Fr 8–18, Sa 9–15 und So 11.30–17 Uhr. Beim Hurtigruten-Kai gelegenes Café, in dem auch alle Mahlzeiten serviert werden.

Grand Restaurant: Strandgt. 9, Tel. 77 00 30 00; Mo–Do ab 16, Fr/Sa ab 18 Uhr. Das unlängst renovierte Restaurant des Grand Nordic Hotels gilt als das beste der Stadt; serviert werden norwegische und internationale Spezialitäten. Die Vorspeisen kosten von 79 NOK (z. B. Forellencreme) bis 125 NOK (Kamtschatka-Krabben), die Hauptgerichte von 213–256 NOK (z. B. Rentierfilet).

Gallionen: Havnegt. 3, Tel. 77 04 08 73; tgl. von 7–22 Uhr. Am Hafen im Hotel Arcticus mit Aussicht auf den Vågsfjord; alle Mahlzeiten, serviert werden v. a. nordnorwegische Traditionsgerichte, Vorspeisen um 100 NOK, Hauptgerichte 240–270 NOK.

Ende Juni: Nord Norge Festival, einwöchiges Kulturfestival, das größte im Norden, www.festspillnn.no
Anfang Juli: Europameisterschaft im Meeresangeln (7 Tage).

Flug: Der Flughafen liegt 45 km entfernt bei Evenes, Bus ab Harstad etwa 1 Std., 120 NOK; der Flughafen wird auch vom Billigflieger Norwegian Air Shuttle bedient.
Bus: u. a. nach Tromsø und Finnsnes, Andenes und Narvik, Sortland und zu den Lofoten.
Mietwagen: u. a. über Avis (Tel. 7 70 61 94 57; auch am Flughafen), Budget (Tel. 77 07 96 09) und Europcar (Tel. 76 98 21 73).

Entlang der Vesterålen

Reiseatlas: S. 211, D 2–210, B 3

Der Seeweg nach Sortland verläuft von Harstad aus an der Trondenes-Kirche vorbei zuerst durch den Toppsund. Er trennt Hinnøya von der nördlich angrenzenden und bis über 1000 m hohen Insel Grytøya, die bereits zur frühen Eisenzeit besiedelt war, wie zahlreiche Grabhügel und Steinsetzungen nebst Funden von Wohnplätzen belegen. Es folgt die Querung des Andfjordes, bevor es schließlich in die schmale **Risøy-Rinne** geht, die zwischen den Inseln Hinnøya und Andøya verläuft. Der Kanal wurde auf 4,5 km Länge ausgebaggert und 1922 in Anwesenheit des Königs eingeweiht. Bis dahin mussten die Schiffe auf dem Weg Richtung Lofoten den südlich von Hinnøya verlaufenden Tjeldsund nehmen, so dass die Inselgruppe der Vesterålen ›außenvor‹ blieb und nicht vom Schiffsverkehr profitieren konnte.

Heutzutage laufen die Hurtigruten-Schiffe insgesamt drei Vesterålen-Häfen an. Der direkt bei der Risøy-Rinne gelegene Ort **Risøyhamn** ist seit über 200 Jahren ein wichtiger Verkehrsknotenpunkt im Archipel, denn nahebei liegen einige der ergiebigsten Fischbänke des Nordens.

Rund zwei Stunden trennen Risøyhamn von Sortland. Die ganze Zeit geht es durch schmale und breite Sunde zwischen den Inseln Hinnøya im Osten und Langøya im Westen dahin. Wir befinden uns hier sozusagen im Zentrum der etwa 3100 km² großen und in Nord-Süd-Richtung rund 150 km langen Inselgruppe der Vesterålen, die als ›Strei-

129

fen im Westen‹ (so die Übersetzung des Names) aus den Inseln Andøya, Langøya, Hadseløya sowie Teilen von Austvågøya und Hinnøya besteht und rund 33 500 Einwohner zählt. Obwohl die südlich angrenzenden Lofoten von ihrer Genese her eng mit den Vesterålen verwandt sind, präsentiert sich hier die Landschaft ganz anders, mit eher weich konturierten Bergen. Zum ersten Mal seit mehreren Tagen liegen beidseits der Fahrrinne ausgedehnte Wiesen und Felder, Zeichen einer intensiv betriebenen Landwirtschaft. In manchen Abschnitten liegen die Höfe so eng beieinander, dass es den Anschein hat, als würden sie zusammenhängende Orte bilden, aber stets sind sie durch hohe Berge getrennt. Der höchste Berg der Vesterålen ist mit 1266 m der Møysalen, auf dessen weiße Gipfelpyramide man während der Fahrt durch den Sortlandsund blickt.

Je näher es auf **Sortland** zugeht, desto dichter ist das Land besiedelt. Die rund 5000 Einwohner zählende Hauptstadt der Inselgruppe erstreckt sich südlich der 961 m langen Sortlandbrücke und besticht durch ihre Lage am Hadselfjord gegenüber dem Nordrand der Lofoten. Im Ort selber, vor dem wir etwa 45 Min. liegen, fallen mehrere in verschiedenen Blautönen gestrichene Häuser ins Auge. Sie sind Teil des Projektes *Blå Byen,* ›Blaue Stadt‹, das 1999 ins Leben gerufen wurde. Dabei steht das Blau für Bewegung, den ›Wechsel der Formen in Raum und Zeit‹. Wenn das Projekt beendet ist, sollen hier gut 50 000 l blauer Farbe vermalt worden sein. Wie das aussieht, kann man während eines Stadtspaziergangs erkunden, doch die meisten Passagiere wenden sich lieber den schnittigen Küstenwacht-Schiffen zu, die hier oft vor Anker liegen, da Sortland Hauptquartier der norwegischen Küstenwache ist.

In gerader Linie geht es nun den **Hadselfjord** hinunter. Während der nächsten zwei Stunden genießt man den Blick auf die berühmte, weil in ihrer Dramatik weltweit einzigartige Lofoten-Wand (s. S. 135ff.): leuchtendweiße Schneefelder und schwarze Bergspitzen.

So erreichen wir **Stokmarknes,** den etwa 3500 Einwohner zählenden Sitz der Hadsel-Gemeinde auf Hadseløya und Handelsort seit 1776. Von 1851 bis 1939 wurde hier alljährlich ein großer Markt abgehalten, und viele Sommerabende lang amüsierte sich das Volk, das mit Booten aus dem ganzen Bezirk angereist war. Ein anderer Meilenstein in der Geschichte der Stadt war die Gründung der Vesterålen Dampskibsselskab im Jahre 1881 durch Richard With, den ›Vater der Hurtigruten‹ und späteren Direktor der Gesellschaft. An ihn erinnert ein Denkmal bei der Anlegestelle. Hier liegt auch das aufgedockte Hurtigruten-Schiff ›M/S Finnmarken‹, das 1956 erbaut und 1999 vollständig restauriert wurde. Es gehört zum 1993 anlässlich des 100-jährigen Jubiläums der Hurtigruten eröffneten Hurtigruten-Museum. Auf drei Etagen kann man sich anhand von Gemälden, Schiffsmodellen, historischen Filmen und einer Diashow über die Geschichte der Hurtigruten informieren (15.5.–14.6. und 15.8.–14.9. tgl. 12–16, 15.6.–14.8. tgl. 10–18, sonst So–Fr 14–16, Sa ab 12 Uhr).

Vesterålen Reiseliv: Boks 243, 8401 Sortland, Tel. 76 11 14 80, Fax 76 11 14 81, www.visitvesteralen.com.

Durch den Raftsund

Reiseatlas: S. 210, B/C 3

Von Stokmarknes aus quert das Schiff den Hadselfjord und nimmt direkten Kurs auf die Lofoten-Wand. Ein Durchkommen scheint vollkommen unmöglich, und doch halten wir direkt auf die Steilwände zu. Zwischen ihnen öffnet sich schließlich die nur wenige hundert Meter breite und beidseits von Bergen eng ummauerte Fahrrinne des Raftsund, der auf einer Länge von rund 30 km Hinnøya von der Lofoten-Insel Austvågøya trennt. Direkt an der Öffnung dieses vielleicht dramatischsten Wasserweges des hohen Nordens geht es unter der gigantischen Bogenkonstruktion der 1997 fertig gestellten Raftsundbrua hindurch. Sie ist Teil der Lofoten-Festlandsverbindung, die ab etwa Dezember 2007 von Austvågøya nach Lødingen auf den Vesterålen führt. Aufgrund der extremen Streckenführung mit zahlreichen Brücken, Tunneln, auch Unterwassertunneln, verschlingt sie schon seit Jahren Milliarden Kronen an Steuergeldern und wurde eben drum bereits mehrfach auf Eis gelegt.

Dann geht es hinein in den verführerisch türkisfarben schimmernden Sund. Bald gibt es beidseits und insbesondere an Steuerbord keine sedimentären Lagen und Faltungen mehr, sondern nur noch homogenes Grau, wie geschmiedet und dann mit Meißeln bearbeitet. Dort stehen lauter Kathe-

Pottwal-Safari

Von Harstad, Risøyhamn und Sortland bietet sich ein Abstecher nach Andenes an, Hauptstadt der Insel Andøya und Ausgangspunkt für Pottwal-Safaris, die vom 25.5. bis 15.9. täglich angeboten werden. Die Walsafari ist ein Gemeinschaftsprojekt des Fremdenverkehrsamtes mit dem World Wildlife Fund, und die Chancen, auf der rund sechsstündigen Tour einen der gigantischen Meeressäuger zu sehen, werden mit rund 90 % angegeben. Bis zu 60 t sind die Wale schwer, die nicht selten nur wenige Meter neben dem wartenden Boot aus dem Wasser tauchen. Der Preis für diese einzigartige Tour ist mit 765 NOK unbedingt angemessen, zumal jeder, der kein Walbeobachtungs-Glück hat, ein zweites Mal kostenlos mitfahren darf. In Andenes befindet sich außerdem ein Wal- und Nordlichtzentrum. Informationen: Andøy Reiseliv, Boks 58, 8483 Andenes, Tel. 76 11 56 00, Fax 76 11 56 10, www.whalesafari.no.

dralen, bis über 1100 m hohe Skulpturen aus Türmen, Spitzen und Buckeln, von Fjorden zerhackt und von Gletscherhauben gekrönt. Man wird schlicht überwältigt sein von der Vielzahl atemberaubender Motive, die im Anblick des **Trollfjords** gipfeln, der in Norwegen an Berühmtheit mit dem Geirangerfjord konkurriert. Er wird nur von südgehenden Schiffen angefahren, und dies auch nur im Sommer und bei gutem Wetter. Rund 2 km ist er lang, dabei aber streckenweise gerade mal 100 m breit. Seine nackten Felsflanken erheben sich oft senkrecht aus dem Meer, das Richtung Fjordende, wo das Schiff auf der Stelle drehen muss, um wieder hinauszukommen, von bis zu 1156 m hohen und oft noch vergletscherten Bergriesen überragt wird. Nirgendwo auf der gesamten Hurtigruten-Strecke kommt man den Felsen so nah wie hier, wo man teils das Gefühl hat, die Fjordwände berühren zu können.

Doch noch in anderer Hinsicht ist der Trollfjord bemerkenswert, war er doch der Schauplatz der so genannten ›Schlacht im Trollfjord‹, der der norwegische Schriftsteller Johan Bojer in seinem Roman ›De siste viking‹ (›Die Lofot-Fischer‹) ein literarisches Denkmal gesetzt hat. 1890 sperrten mehrere Dampfschiffe den Trollfjord ab, um den rund 500, von Henningsvær herangeruderten Nordland-Booten den Zugang zu den Fischgründen zu verwehren. Für die Fischer ging es schlicht ums Überleben, und wutentbrannt enterten sie die Dampfschiffe, um sich gewaltsam den Weg zum Fisch zu erkämpfen. Sie hatten Erfolg, wenige Tage später waren sage und schreibe über 1 Mio. Dorsche gefangen, und um nicht zukünftig doch einmal gegen die reichen Dampfschiffbesitzer zu verlieren, reichten die Fischer erfolgreich Protest im Parlament zu Oslo ein. Dort wurde schließlich ein Verbot der um 1880 eingeführten und nur von Dampfschiffen aus verwendbaren Senknetze beschlossen. Damit aber war im Prinzip auch über die Zukunft der Dampfschiffe in der Fischerei entschieden, die in der Folge zu keinem Zeitpunkt eine echte Konkurrenz für die traditionellen Nordlandboote mehr werden konnten.

Für viele Passagiere markiert diese Etappe den Höhepunkt der gesamten Hurtigruten-Fahrt, doch auch der letzte Abschnitt durch den Sund hindurch ist von einzigartiger Schönheit. Nicht ohne Grund war der an der Südspitze von Hinnøya gelegene Ort **Digermulen** schon Ende des 19. Jh. ein beliebtes Touristenziel, mehrmals besucht auch von keinem Geringeren als dem Nordland-Enthusiasten Kaiser Wilhelm II. Dann geht es aus der nun breiter werdenden Fahrrinne hinaus in die Molldøra hinein, eine Wasserstraße, die die nur wenige Quadratkilometer großen, aber bis über 700 m hoch aufragenden Inseln Litlmolla und Stormolla voneinander trennt. Nur letztere ist bewohnt, winzige Siedlungen an geschützten Buchten und Einödhöfe fügen sich nahezu fatalistisch in das Maß, das die überwältigende Bergnatur vorgibt.

Von hier aus ist nur noch ein kurzes Stück bis Svolvær zurückzulegen, während der gesamten Strecke geht es parallel zur Lofoten-Wand nah unter Land dahin.

Svolvær

Reiseatlas: S. 210, B 3

»Immer mehr Berge, immer mehr Steilwände, große, schneebedeckte Berghänge und dazwischen schwarze, spitze Gipfel in überraschenden Formen wurden sichtbar. […] Ja, es kann nicht abgestritten werden: Das Reinste des Reinen, das Kälteste des Kalten, das Unberührteste des Unberührten, das Vornehmste, was man sich denken kann.« – Das notierte Christian Krogh, einer der Großen unter Norwegens Malern, 1896 in seinem Tagebuch, als er der Lofoten zum ersten Mal ansichtig wurde. Und auch der heute von Stokmarknes aus durch den Raftsund nach Svolvær Reisende wird dieses über 100 Jahre alte Bild stimmig finden, denn die Kulisse im Rücken des schon im Mittelalter gegründeten und 1918 mit Stadtrechten ausgestatteten Ortes hat nichts von ihrer Dramatik verloren. Svolvær ist mangels Fläche, begrenzt durch 700 m hohe Berge, nicht in die Höhe, sondern vielmehr auf die Schären hinausgewachsen. Das verleiht Größe – obwohl Svolvær nur etwa 4200 Einwohner zählt.

Wer keinen Ausflug gebucht hat, keinen Stoppover plant, sollte erwägen, die Landgang-Zeit zu nutzen, um in den Genuss der schönstmöglichen Aussicht über Stadt und Hafen zu kommen. Zu diesem Zweck nimmt man ab dem **Torget** (Marktplatz), der sich direkt an den Hafen anschließt, am besten ein Taxi und lässt sich auf die **Bogenbrücke an der Vestfjordgata** bringen (zu Fuß etwa 10–15 Min. entlang der vom Torget aus parallel zum Kai verlaufenden Vestfjordgata), die sich in elegantem Schwung nach Svinøya hinüberzieht. Von dort genießt man beidseits ein faszinierendes Bild auf die langgestreckten Hafen- und Werftanlagen mit dutzenden, je nach Jahreszeit auch hunderten Booten und Kuttern, Trawlern und Frachtern.

Empfohlen sei auch ein Besuch des **Lofoten Krigsminnemuseum.** Es liegt nur einen Steinwurf weit entfernt vom Anlegeplatz des Schiffes an der parallel zum Kai verlaufenden Fiskergate (ausgeschildert), ist der Kriegszeit auf den Lofoten gewidmet und zeichnet mit Fotos und Dokumenten ein authentisches Bild jener Zeit (bei Ankunft des Schiffes in aller Regel geöffnet).

Ebenfalls nur ein paar Meter vom Hurtigrutenkai entfernt lädt seit 2004

Rorbuferie

Eine *rorbu* ist eine Wohnstätte *(bu)* für Ruderer *(ror)*, und in früheren Jahrhunderten dienten diese stets direkt am Meer stehenden Holzhütten den oft von weither angereisten Fischern als Quartier. Die Zeiten haben sich gewandelt, heute ziehen allsommers Touristen ein, und wer einen Stopp auf den Lofoten einlegt, der ›muss‹ einfach mal in solch einer urtypischen Unterkunft gewohnt haben. Es gibt sie mittlerweile in vielen verschiedenen Komfortstufen, traditionell gehört auch ein Ruderboot mit dazu, und da die Rorbu-Nachfrage ständig steigt, tut man gut daran, zumindest für die Hochsaison rechtzeitig zu reservieren. Rorbuer gibt es auf allen Inseln der Lofoten, in Reine und Hamnøy auf Moskenesøya sowie in Nusfjord auf Flakstadøya findet man die typischsten und, wie viele meinen, auch am schönsten gelegenen. – Auskünfte bei den Touristeninformationen.

Magic Ice ein, Norwegens erste Galerie und Bar, die komplett aus Eis besteht und auf 500 m^2 Fläche dem Besucher laut Selbstdarstellung »in einem Ambiente aus Eiskristallen, Echtheit und Reinheit« die Beziehungen zwischen Mensch und Natur vermitteln will. Die Beleuchtung, eine passende akustische Untermalung und die Ausgestaltung mit Bildern heben die gefrorenen Skulpturen und Installationen noch stärker hervor, selbst die Bar, Gläser und Tische bestehen ganz und gar aus durchsichtigem Eis (tgl. 16–23 Uhr, 1.12.–28.2. nur nach Vorbestellung, Tel. 76 07 40 11 sowie 91 54 09 15, www.magic-ice.no).

Destination Lofoten: Box 210, Torget, 8301 Svolvær, Tel. 76 06 98 00, Fax 76 07 30 01, www.lofoten-tourist.no; ganzjährig Mo–Fr 9–15.30 Uhr; 22.5.–11.6. und 7.8.–27.8. Mo–Fr 9–16, Sa 10–14; 12.6.–25.6. Mo–Fr 9–19.30, Sa 10–14, So 16–19; 26.6.–6.8.Mo–Fr 9–21.30, Sa bis 20, So 10–21.30 Uhr. Besuchenswert auch www.lofoten-online.de, die nichtkommerzielle Website von Lofotenliebhabern, sowie das Reiseportal www.lofoten.startside.no.

Anker Brygge: Tel. 76 06 64 80, Fax 76 06 64 70, www.anker-brygge.no. Wunderschön auf einer Halbinsel im Hafen gelegenes ›Speicherhaus‹; urgemütlich eingerichtete Appartements verschiedener Größe; vorzügliches Restaurant. Preise für 2 Pers. 1250–2550 NOK.
Rica Hotel Svolvær: Tel. 76 07 22 22, Fax 76 07 20 01; www.rica.no. Modern-stilvoller Holzbau mit riesiger Glasfront zum Hafen, Top-Ausstattung – das geschmackvollste Hotel der Inselgruppe. EZ 645–1095, DZ 1045–1395 NOK.
Svinøya Rorbuer: Gunnar Bergsvn. 2, Svinøya, Tel. 76 06 99 30, Fax 76 07 48 98, www.svinoya.no; ganzjährig. 24 Rorbu-Hütten, teils direkt am/über dem Meer, urig-rustikal doch komfortabel auf einer landfesten Insel im Hafenbecken von Svolvær; angeschlossen sind ein Spitzenrestaurant und ein Aktivitäts-Zentrum mit großem Angebot. Ca. 800–2200 NOK.

Restaurant Kjøkkenet: Anker Brygge, Lamholmen/ Hafenbecken,

s. o. Top-Restaurant/Pub in einem umgebauten Speicherhaus aus dem 19. Jh., rustikal-elegant, herrlich auch zum Draußensitzen; exzellente norwegische und internationale Küche, Vorspeisen ab 80 NOK, Hauptgerichte 200–250 NOK. Neben Børsen Spiseri die beste Empfehlung auf dem Archipel.

Børsen Spiseri: Svinøya Rorbuer, s. o., tg. ab 16 Uhr. Preisgekröntes Restaurant in einem Blockbau aus dem Jahre 1828. Nirgends sitzt man so urgemütlich wie hier, die Qualität der Gerichte (insbesondere Fisch- und Meeresfrüchte-Spezialitäten) steht dem Ambiente um nichts nach, Vorspeisen 85–110 NOK, Hauptgerichte 215–245 NOK.

Beim Torget bzw. dem rechts angrenzenden Kai (beim Touristenbüro um die Ecke) finden sich weitere Cafés und Restaurants, hervorzuheben sind hier das **Du Verden** (modernistische Einrichtung; schön auch zum Draußensitzen, Hauptgerichte ab 150 NOK) und **Bacalao Sjømat & Pub** (tgl. ab 10.30 Uhr; sehr gutes Essen, insbesondere Fisch und Meeresfrüchte, Hauptgerichte ab 180 NOK).

Während der Sommersaison (15. 6.–15. 8.) gibt es auf den Lofoten ein außerordentlich dichtes Veranstaltungsprogramm (u. a. Kaitanz in Henningsvær Anfang Juni, Trockenfisch-Festival in Kabelvåg Mitte/Ende Juni, Bluesfestival in Svolvær Anfang Juni). Im März, z. Zt. der Lofot-Fischerei, werden zahlreiche Veranstaltungen geboten, z. B. die Weltmeisterschaft im Skrei-Fischen; Informationen erteilt das Touristenamt in Svolvær.

Bootsverleih und **Angeltouren** u. a. über Svinøya Rorbuer (s. o.), die auch **Deep Sea Rafting, Schwertwalsafaris, Kajak- und Sightseeingtouren** und anderes mehr organisieren.

Lofoten Aktiv: Postboks 136, 8309 Kabelvåg, Tel. 99 23 11 00, Fax 76 07 19 55, www.lofoten-aktiv.no; ganzjährig. Jann Engstad, der Teamchef dieses Outdoor-Zentrums, spricht fließend Deutsch und bietet Wander-, Trekking- und Fahrradtouren, Bergsteigen, Tauchexkursionen und Adlersafaris, Skitreks und vor allem auch Angeltouren nebst Walsafaris (Orka-Safaris ab Okt., auch per Seekajak) sowie insbesondere Kayaktouren nebst Kayakkursen; auch Nordlandboot-Segeln kann man hier lernen, des Weiteren werden Fahrräder und Seekayaks verliehen, auch komplette Campingausrüstungen.

Bootsfahrten ab Svolvær/Torget in den Trollfjord im Sommer ab 9.30 Uhr morgens; mehrere Abfahrten tgl., Dauer etwa 3 Std., um 300–350 NOK.

Flug: Der Flughafen liegt 8 km außerhalb (Taxi rund 120 NOK), Verbindungen nach Bodø, Leknes, Stokmarknes.

Bus: In den Bussen von Lofoten Trafikklag und in den Touristenbüros erhält man kostenlose Fahrpläne; die Verbindungen entlang der gesamten E 10 sind ausgezeichnet (im Sommer mindestens sechs Verbindungen tgl.), mehrmals tgl. nach Henningsvær, auf die Vesterålen, nach Narvik und Fauske (Bahnanschluss gen Trondheim).

Zug: Anschluss ab Narvik (Bus, Schnellboot) Richtung Stockholm und ab Fauske (Bus) und Bodø (Flug, Fähre, Schnellboot) Richtung Trondheim.

Fährverbindungen: zwischen Svolvær und Skutvik auf Hamarøy (Anschluss an die E 6; 3–11mal tgl.)

Schnellbootverbindungen: (nur Personen- und Fahrradtransport) zwischen Svolvær und Bodø sowie nach Narvik.

Mietwagen: u. a. über Avis (Tel. 76 07 11 40), Europcar (Tel. 76 06 83 33) und Hertz (Tel. 76 07 07 20).

Rundfahrt über die Lofoten

Reiseatlas: S. 210, B 3–4
Der Seeweg von Svolvær auf Austvågøya entlang der Lofoten nach Stamsund auf Vestvågøya und schließlich über den Vestfjord hinweg nach Bodø ist unter dem vierten Tag beschrieben (s. ab S. 87ff.). So reizvoll das Vorbeifahren an der herausragenden Bergschönheit der Lofoten mit den Hurtigruten-Schiffen auch ist, so ganz anders präsentiert sich doch der Archipel von Land aus.

Die Teilnahme an dem schönen **Landausflug von Svolvær über Henningsvær nach Stamsund** kann im Sommer somit jedem Hurtigruten-Reisenden nur wärmstens ans Herz gelegt werden.

Henningsvær

Reiseatlas: S. 210, B 4
Schon die Anfahrt mit dem Bus zum berühmtesten Fischerdorf der Inselgruppe markiert unbedingt einen Höhepunkt: vorbei am sagenumwobenen Vågakallen (s. S. 144) und durch einen Tunnel nach Rørvik, wo sich ein schneeweißer feinsandiger Halbmondstrand öffnet. An warmen Sommertagen tummeln sich hier oft hunderte Lofoter beim Bad im verführerisch grünblau schimmernden Meer. Weiter geht es entlang der Reichsstraße 816 bis zum Südzipfel von Austvågøya, dem der Henningsvær-›Archipel‹ vorgelagert ist. Im gesamten Verlauf der Strecke genießt man ein grandioses Berg-, Meer- und Schären-Panorama, denn jenseits des mit unzähligen Inseln gespickten Henningsværstraumen steigt die zerrissene Küste von Vestvågøya aus dem Vestfjord, den man bei klarem Wetter bis hinunter nach Værøy (s. S. 88, 142) überblickt. Die Straße ist entweder in den nackten Fels gesprengt oder windet sich zwischen haushohen Bergtrümmern hindurch, bevor sie, über drei Bogenbrücken, in das rund 500 Einwohner zählende Henningsvær führt.

Zwischen Januar und März, der Zeit des Lofoten-Fischfangs, liegen hier oft hunderte Trawler vor Anker, aber auch im Sommer bietet das von Landungsbrücken und Bohlenstegen, Holzspeichern und -häusern eng umschlossene Rechteck des natürlichen Hafens ein faszinierendes Bild, in dem stets ein paar Fischkutter für bunte Farbtupfer sorgen. Hauptattraktion ist die **Galleri Lofotens Hus** mit der umfangreichsten Kunstsammlung Nord-Norwegens. Werke von Karl Erik Harr und Otto Sinding, Even Ulving, Ole Juul und vielen anderen sind hier zu betrachten. Auch käufliche Bilder und Fotografien sind ausgestellt, zwei eindrucksvolle Diashows behandeln ›Das magische Inselreich‹ und ›Seeadlerland‹ (7.3.–2.4. tgl. 12–15, 26.5.–9.6. und 11.8.–27.8. tgl. 10–19, 10.6.–10.8. tgl. 9–19 Uhr).

Im Anschluss sollte man auf Bohlenstegen am Hafen entlangschlendern, wo man auch die direkt beim Torget am Wasser gelegene **Engelskmannsbrygga** passiert. Bei dieser Institution handelt es sich einerseits um eine Keramikwerkstatt, andererseits um eine Glasbläserei und drittens um eine Fotogalerie. Man kann den Kunsthandwerkern bei der Arbeit über die Schul-

Henningsvær

Blick auf Henningsvær

ter schauen und natürlich auch ihre Produkte käuflich erwerben (10.6.–10.8. tgl. 10–20, sonst Di–Fr 12–17 und Sa/So bis 16 Uhr).

In **Henningsvær** existiert kein eigenes Touristenbüro, die Hauptanbieter touristischer Dienstleistungen finden sich unter: www.henningsvar.com.

Henningsvær Bryggehotel: Tel. 76 07 47 50, Fax 76 07 47 30, www. henningsvaer.no. Holz-/Glasbau der gehobenen Komfortstufe am Hafen; wegen seiner Architektur preisgekrönt, aber alles in allem ein wenig steril; Restaurant, Sauna, Bar. EZ 940 NOK, DZ 1100 NOK.

Henningsvær Rorbuer: Tel. 76 06 60 00, Fax 76 06 60 01, www.henningsvar-rorbuer.no. Eine der größten der zahlreichen Anlagen in Henningsvær; urgemütlich, teils relativ authentisch eingerichtete Rorbuer; ab 850 NOK, aber die allermeisten sind für 4 Personen ausgelegt (ab 920 NOK).; großes Komfortangebot, u. a. Sauna, Whirl-

pool, Solarium, Verleih von Angelutensilien, Organisation von Hochsee-Rafting-Touren und anderen Aktivitäten.

Fiskekrogen: Henningsvær Feriebrygge, links der Hauptstraße am Hafenbecken, ausgeschildert, Tel. 76 07 46 52, 1.2.–1.11. tgl. ab 12 Uhr. Fischgerichte vom Allerfeinsten (ab 180 NOK), auch herrlich zum Draußensitzen.

Bryggehotel: s. o. Am Hafen gelegen, elegante Einrichtung, große Glasfronten, erlesene Gerichte der norwegischen Küche, guter Service und entsprechend hohe Preise.

Die **Engelskmannsbrygga** vor dem Torget am Hafen bietet eine große Auswahl an qualitativ sehr hochwertigen und geblasenen Glaswaren sowie Töpferarbeiten.

Bus: nach Svolvær und Kabelvåg, mit Umsteigen in Rørvik auch Verbindungen mit dem Rest des Archipels.

Nach Stamsund

Reiseatlas: S. 210, B 4–A 4
Nach Rørvik zurückgekehrt, geht es mit dem Bus zunächst ein Stück nach Norden mit stetem Blick auf die Berge der Lofoten und den in allen Farbskalen zwischen Tiefblau und Türkisgrün schimmernden Henningsværstraumen, der sich bald zum Gimsøystraumen verengt. Eine elegante Bogenbrücke von 840 m Länge spannt sich hinüber zur Insel Gimsøya mit der **Lofoten Golfbane** (Tel. 76 07 20 02, www.lofoten-golf.no; Mai–Okt.), der einzige Golfplatz der Welt, auf dem man im Sommer 24 Std. lang von der Sonne begleitet wird.

Die Europastraße folgt der felsigen Ostküste von Gimsøya und führt über die Sundklakkstraumenbrua nach Vestvågøya hinüber. Hier zweigt die panoramareiche Reichsstraße 815 links ab und führt, vorbei an malerischen kleinen Dörfern, am Vestfjord entlang in direkter Linie nach Stamsund, während die Europastraße 10 an den tief eingeschnittenen, mit Schären gespickten Fjorden der Westseite verläuft und schließlich einen weiten Talkessel durchschneidet. Dieses ›Herz‹ der mit 422 km^2 Fläche größten Insel der Lofoten ist das bedeutendste landwirtschaftliche Zentrum Nord-Norwegens und könnte von seinem Aussehen her ebenso in den österreichischen Alpen liegen: weidende Kühe auf sattgrünen Wiesen zwischen verstreut liegenden Bauernhöfen vor der Kulisse wildgezackter Berge, in den Spitzen oft bis weit in den Sommer hinein weiß beschneit. Hauptattraktion der Insel ist das **Lofotr Wikingermuseum** bei Bor-

ge, eines der bedeutendsten seiner Art in Skandinavien. Hier haben Wissenschaftler aus Tromsø das mit 83 m Länge größte je gefundene Langhaus aus der Wikingerzeit (um 1000 n.Chr.) ausgegraben und originalgetreu nachgebaut. Von innen ist es ebenso authentisch wie von außen. In Wikingertrachten gekleidete Führer geleiten die Besucher durch die festliche Gildehalle, den Wohnraum, die Stallungen etc. Eine Ausstellung mit Originalfunden gehört ebenso zum Museum wie eine rekonstruierte Schmiede aus der Eisenzeit – und das Wikingerschiff ›Lofotr‹, der originalgetreue Nachbau des Gokstadschiffes, das im Osloer Wikingermuseum ausgestellt ist (8.5.–31.5. und 1.9.–10.9. tgl. 11–17, 1.6.–31.8. tgl. 10–19, sonst nur Fr 13–15 Uhr).

Die nahe gelegene Außenseite der Insel ist für mehrere Abstecher gut: **Eggum** erfreut sich allergrößter Beliebtheit bei Mitternachtssonnen-Anbetern, **Unstad** beeindruckt mit einer atemberaubenden Lage inmitten eines keilförmig gen Nordmeer auslaufenden Wiesentroges. ›Die‹ Landschaftsattraktion aber ist der etwa 2 km lange, bis zu 300 m breite und durch eine Klippe zweigeteilte Halbmondstrand von **Haukland,** dem zumindest nach Meinung der Lofoter ein Platz unter den allerschönsten Stränden des Nordens gebührt.

Die Europastraße zieht sich in weiten Kurven durch das landwirtschaftliche Zentrum von Vestvågøya, das schon in der Eisenzeit dicht besiedelt war. Man nimmt an, dass hier im Mittelalter bereits ebenso viele Menschen lebten wie gegen Ende des 19. Jh. Heute zählt man 11 000 Einwohner, von denen die meisten im Großraum **Leknes** wohnen, dem Verwaltungszentrum der Insel.

Über den 133 m hohen Pass und Aussichtspunkt Hagskaret geht es schließlich nach **Stamsund** am Vestfjord. Mit rund 1400 Einwohnern ist der Ort einer der größten der Lofoten, im Vergleich mit Henningsvær und Kabelvåg oder den meisten anderen Fischerorten im Archipel wirkt er steinern und ein wenig steril. Man sieht ihm an, dass er nicht gewachsen ist, sondern als Werk eines einzigen Mannes gegründet wurde: Julius M. Johansen ließ Anfang des 20. Jh. den gesamten Platz mitsamt ausgedehnter Kaianlagen, Filetier- und Tranfabriken sowie Geschäften anlegen. Sogar die Kirche wurde vom *væreier* (Dorfbesitzer) spendiert, und der Johansen-Clan, seinerzeit der größte Stockfischproduzent Norwegens, mischt noch heute im Wirtschaftsleben von Stamsund mit.

Stamsund Lofoten Hotel: Tel. 76 08 93 00, Fax 76 08 97 26, www.eurohotels.no. Neubau am Hafen beim Hurtigrutenkai, von außen betongrau, doch von innen recht gemütlich, u. a. mit Restaurant, Bar, Sauna, kleinem Hallenbad; 28 DZ ab 860 NOK.
Justad Vandrerhjem: Stamsund, Tel. 76 08 93 34, Fax 76 08 97 39; 2.1.–15.10. Im Rorbu-Stil direkt am Meer, idealer Tipp für Interrailer und daher nichts für komfortgewohnte Reisende. Bett ab 90 NOK, EZ 250 NOK, DZ 360 NOK.

Bus: nach Leknes (Flughafen: Verbindungen nach Bodø und Svolvær), von wo aus alle Orte der Insel und am Lofoten-Highway per Bus erreichbar sind.
Mietwagen: Europcar (Tel. 76 08 24 39), Hertz (Tel. 76 08 18 44).

Weitere Ziele auf den Lofoten

Kabelvåg

Reiseatlas: S. 210, B 3
Wenn es irgendwo ein Denkmal für den Dorsch geben würde, dann müsste es in Kabelvåg stehen, rund 5 km westlich von Svolvær, denn diese heute etwa 2000 Einwohner große Stadt, jahrhundertelang nicht nur die Hauptstadt der Lofoten, sondern auch Drehscheibe des Lofoten-Fischfangs und des Stockfisch-Exportes, verdankt alles dem Dorsch: Glück und Reichtum ebenso wie Verzweiflung und Armut. Seit im 20. Jh. der Hafen versandete, ging Svolværs Stern auf und der von Kabelvåg unter. Aus der Glanzzeit der Stadt stammt die **Vågan-Kirche,** die 1898 fertig gestellt wurde und 1200 Menschen Platz bietet. Damit ist sie die größte Holzkirche nördlich von Trondheim (Mitte Juni bis Mitte August in der Regel 10–18 Uhr).

Rechts daneben, zwischen Meer und Straße, kann man auf dem Felsen **Oskar Skaret** die ausgemeißelten und vergoldeten Namenszüge aller norwegischen Könige ab 1873 bewundern. Das eigentliche Zentrum von Kabelvåg befindet sich rings um einen schmucken, an den Vestfjord angrenzenden Marktplatz, der wegen seiner alten Holzhäuser gefällt. Sehenswürdigkeiten gibt es in Kabelvåg jedoch nicht. Die liegen etwa 1 km westlich in Storvågan, nach archäologischem Befund jener Ort, an dem sich im Mittelalter Vågan befand, die älteste geschlossene Ortschaft Nordnorwegens.

Dort, wo heute das **Lofot-Museum** steht, lag vor langer Zeit einer der wichtigsten Höfe von Vågan. Die zentralen Themen dieses Regionalmuseums sind entsprechend die Frühgeschichte, der Lofoten-Fischfang und die Entwicklung des Trockenfischexportes im Mittelalter. In mehreren Gebäuden werden Unterkünfte, Boote und Geräte der Lofot-Fischer des 19. Jh. gezeigt; eine Abteilung ist den Wikingern gewidmet, und im Haupthaus dokumentiert eine Ausstellung das Leben der einst so allmächtigen *værkonger* (Fischgrund-Könige; 1.9.–31.5. Mo–Fr 9–15, 1.6.–31.8. tgl. 9–18 Uhr, Sammelticket inkl. Eintritt für Galleri Espolin und das Aquarium).

Nebenan lockt die **Galleri Espolin** mit ca. 100 Werken des Malers Kaare Espolin Johnson (1907–1994), einer der größten Maler des Landes. Er verstand es wie kein anderer, mit genialem Pinselstrich das Leben der Lofoten-Bevölkerung zu schildern. Espolin-Kunstpostkarten gehören zu den beliebtesten Lofoten-Mitbringseln (1.6.–15.8. tgl. 10–19. 16.8.–31.8. tgl. 10–18, 1.9.–30.4. So–Fr 11–15, im Mai tgl. 11–15 Uhr).

Angrenzend erstreckt sich das ringsum verglaste **Lofot-Aquarium,** dessen teils offene Becken insbesondere die Kinder erfreuen, die hier vor keinem Wächter zurückgepfiffen werden, wenn sie mal ins Wasser greifen. Natürlich gibt es auch richtige Aquarien, die die hauptsächlich im Vestfjord vorkommenden Fischarten beherbergen. Ergänzt wird das Angebot durch eine naturgeschichtliche Ausstellung und zwei Multimedia-Shows (1.6.–31.8. tgl. 10–19, 1.9.–30.11. und 1.2.–30.5. So–Fr 11–15 Uhr).

Nyvågar Rorbuer: Storvågan (beim Aquarium), Tel. 76 06 97 00, Fax 76 06 97 01, www.nyvaagar.no. Wunderschöne Lage an der Bucht, edle, modern eingerichtete Rorbu-Reihenhäuser für ca. 1600 NOK).

Nyvågar Restaurant: den Schildern Richtung Aquarium/Museum folgen, Tel. 76 06 97 00. Überaus edel, herrliche Lage am Meer, auch zum Draußensitzen; Spezialitäten sind Fisch- und Wildgerichte, schon vom König getestet, Hauptgerichte 180–250 NOK.

Præstengbrygga: Marktplatz, Tel. 76 07 80 60. Restaurant in einem alten Speicherhaus (Gerichte ab etwa 100 NOK), mit Kneipe und Café; sehr gemütlich, am Wochenende treten oft Jazz-, Blues- und Folk-Gruppen auf.

 Bus: siehe Svolvær.

Die Westlofoten

Reiseatlas: S. 210, A 4–209, D 1
Im Südwesten von Austvågøya und Vestvågøya schließen sich die weiteren Hauptinseln Flakstadøya und Moskenesøya an. Noch weiter draußen, von Moskenesøya zu erreichen, liegen Værøy und Røst, und zumindest bis Å auf Moskenesøya am Ende des Lofoten-Highways ›muss‹ man einfach mal gefahren sein: Die Berge sind noch wesentlich eindrucksvoller als alles, was man bislang schon zu sehen bekommen hat, und auch der Kulturreisende wird begeistert sein.

Von Leknes aus führt die Straße durch den 1,8 km langen und unter dem Meer verlaufenden Napstraum-Tunnel zur Nachbarinsel Flakstadøya, wo bald der traumhaft schöne, weil bei Ebbe in weiße Sandbänder gefasste und von monumentalen Bergen überragte Vareifjord voraus liegt. Eine Stichstraße zweigt ab nach **Nusfjord,** ein komplett aus dem 19. Jh. erhaltenes und einst für die World Heritage List der UNESCO vorgeschlagenes Dorf, das sich entlang eines kaum 100 m breiten, 1 km langen Fjordes erstreckt, der von senkrechten Schroffen eingekeilt ist.

In **Flakstad,** dem einstigen Zentrum der Insel, leben heute nur noch rund 25 Menschen, dominierendes Bauwerk ist der rot gestrichene Kreuzbau der 1783 gezimmerten Kirche.

An der Mündung des vielverzweigten Kirkefjordes in den Vestfjord breiten sich die Fischerorte **Hamnøy** und **Reine** auf mehreren, durch Brücken mit dem ›Festland‹ verbundenen Schären aus. Beide bieten mit hunderten von pittoresken Rorbu-Hütten echtes Lofotmilieu und blicken – das ist eben das Besondere – auf schwarz polierte Berge, die ohne jegliche Spur pflanzlichen Lebens aus an Grünspan erinnernden Wasserflächen aufstei-

Reine bietet echtes Lofotmilieu

gen. Hier sollte man möglichst ein paar Tage verbringen, um zu fischen, zu wandern und eine wohl unvergessliche Bootsfahrt auf der ›Fjordskyss‹ mitzumachen, die mehrmals täglich den Kirkefjord zum Ziel hat.

Å, dessen Name so viel wie Bach bedeutet, markiert den Endpunkt des Lofoten-Highways. Im Sommer herrscht hier teilweise drangvolle Enge, so dass man ›die‹ Sehenswürdigkeiten, das 23 Gebäude aus dem 19. Jh. umfassende Norwegische Fischereisiedlungsmuseum (20.6.–20.8. tgl. 11–18, sonst Mo–Fr 11–15 Uhr) und das Stockfischmuseum (6.6.–19.6. Mo–Fr 11–16, 20.6.–20.8. tgl. 10.30–17.30 Uhr) nur in Touristenprozessionen besichtigen kann. Aber es lohnt sich! Lohnend ist auch eine Fahrt von Moskenes/Reine zu den Außeninseln **Værøy** und **Røst** (im Sommer als Tagestour), wo man den berühmten Vogelfelsen einen Besuch abstattet.

Turistkontor Flakstad og Moskenes: 8392 Sørvågen/Moskenes-Hafen, Tel. 76 09 15 99, Fax 76 09 24 25, www.lofoten-info.no; 2.6.–22.6. und 7.8.–25.8. Mo–Fr 10–17, 23.6.–6.8. tgl. 10– 19, sonst Mo–Fr 10–14 Uhr. Buchung von Unterkünften, Aktivitäten und Bootsausflügen.

Nusfjord Rorbuanlegg: Tel. 76 09 30 20, Fax 76 09 33 78, www.rica-lofoten.no. Die Anlage, die zur Rica-Kette gehört, umfasst das ganze Dorf, nirgends sonst wohnt man typischer und uriger, dennoch komfortabel; es gibt Rorbuer in 3 Kategorien, von 590–895 NOK für 2 Pers., 650–1150 NOK für 4 Pers. bis zu 1720 NOK für 8 Personen.
Eliassen Rorbuer: Hamnøy, Tel. 76 09 23 05, Fax 76 09 24 40, www.rorbuer.no.

Traumhafte Lage, dabei mit Preisen von ca. 550–750 NOK recht günstig.
Reine Rorbuer: Reine, Tel. 76 09 22 22, Fax 76 09 22 25,www.reinerorbuer.no. Größte Auswahl an herrlich gelegenen Rorbuer (ab 900 NOK).
Å Vandrerhjem: Å, Tel. 76 09 11 21, Fax 76 09 12 82, www.vandrerhjem.no und www.lofoten-rorbu.com; ganzjährig. Schöner alter Holzbau im pittoresken Fischerdorf, Betten ab 140 NOK, DZ 280 NOK, Rorbuer ab 800 NOK.

Ramberg Gjestegård: Ramberg, Tel. 76 09 35 00. Mitglied der Gourmet-Vereinigung ›Arktische Küche‹; das Flakstad-Menü würde selbst einem Pariser Feinschmecker-Tempel zur Ehre gereichen; auch à la carte gibt es hier Ausgefallenes zu günstigsten Preisen, z. B. Klippfisch mit Tang-Vinaigrette. Durch große Glasfronten blickt man auf Meer und Strand. Vorspeisen um 80–100 NOK, Hauptgerichte ca. 170–250 NOK.
Gammelbua: Reine, Tel. 76 09 22 22, 15. 5.–15. 8., tgl. sonst nur Sa abends; umgebaute Rorbu-Hütte, über 200 Jahre alt, urig und rustikal; auch zum Draußensitzen, Hauptgerichte ca. 180–220 NOK.

Das Touristenbüro in Moskenes organisiert zwischen dem 1. 6. und 31. 8. tgl. zahlreiche **Bootstouren**; so etwa ›Fischer für einen Tag‹ (dabei lernt man das Alltagsleben der Fischer kennen), ›Im Nordlandboot auf Fischfang‹ (rudernd/segelnd mit einem traditionsreichen *åttring*) auch **Open Ocean Rafting** über den Moskenesstraumen, **Wanderungen** und **Fischkutterfahrten** zur Refsvik-Höhle mit 3000 Jahre alten Steinzeit-Malereien.

Busverbindungen entlang dem gesamten Lofoten-Highway.
Fährverbindungen von Moskenes aus nach Bodø, (teils) via Værøy und Røst.

ZEHNTER TAG: BODØ – RØRVIK

Die polare Zone bleibt zurück, entlang der Nordland-küste verläuft die Fahrt an unzähligen Inseln und Fels-gestalten vorbei, dutzende sagenumwoben, doch kei-ne so berühmt wie der Torghatten. Dann geht es durch den einzigartigen Schärengarten von Vikna und den Nærøysund nach Rørvik.

Über den Polarkreis

Reiseatlas: S. 209, E 2–208, B 1

In den frühen Morgenstunden hat das Schiff im Hafen von Bodø (s. S. 83ff.) die Anker gelichtet und Kurs auf Süd genommen, um durch die Nordland-Fahrrinne hindurch Ørnes (s. S. 82) zu erreichen. Nach und nach bleibt das blendende Eisfeld des Svartisen (s. S. 81f.) zurück, dessen Gletscherkrone in makellosem Weiß vom Hochgebirge des Binnenlandes herabfunkelt. Nach Passieren der roten Landmarke des Rødøyløven (s. S. 81) an Steuerbord liegt bald der **Polarkreis** (s. S. 81) vo-raus, und hunderte Augenpaare blicken auf das auf einer Schäre aufge-stellte Modell der Weltkugel, das den Verlauf der imaginären Linie anzeigt.

Dann steigt rechter Hand die sagen-hafte Insel Hestmannøy aus dem Meer, und angesichts des 568 m hohen Hest-mannen (s. S. 144) bedarf es keiner großen Fantasie, zu verstehen, warum die gesamte Nordland-Küste, gespickt mit über 18 000 Inseln (!), in der Volks-dichtung ein einziger Tummelplatz von Trollen und Riesen ist.

Auch die Insel Lurøy und das südlich angrenzende, fast 1000 m hoch aufra-gende Tomma fügen sich in das faszi-nierende Bild ein, das man auf dem Weg nach **Nesna** genießt. Diese hüb-sche Kleinstadt mit ihren vielen farben-froh gestrichenen Holzhäusern zählt rund 1000 Einwohner, erstreckt sich in naturschöner Lage auf einer Landspit-ze zwischen dem Sjonafjord im Norden und dem Ranafjord im Süden und ist wichtigster Ausgangspunkt zu all den vorgelagerten Inseln. Auch stimmungs-volle Bergtouren und herrliche Angel-ausflüge nebst Fjord- und Meer-Raf-ting-Touren werden hier angeboten.

Dann geht es für lange Zeit an der auf Steuerbord bis über 800 m hoch aufragenden Insel **Dønna** vorbei, die schon seit grauer Vorzeit besiedelt ist, wie Steinphalli und Wikingergräber be-legen, die bei Glein an der Nordostküs-te gefunden wurden. Sehenswert sind u. a. der im Norden gelegene Dønnes Gård (einer der ältesten erhaltenen Herrensitze Norwegens), das Bjørns-øya-Museum und die alte Handelssta-tion Nordvika. Da hier nur mäßiger Au-toverkehr herrscht, ist es eine reine

143

STEINERNE ZEUGEN EINES GIGANTEN-DRAMAS

Vor langer, langer Zeit, als Nordland noch ein einziger Tummelplatz von über-
natürlichen Wesen war, begab es sich, frei nach der Sage, dass auf den Lofoten
der Trollkönig Vågakallen residierte, während gegenüber auf dem Festland, auf der
anderen Seite des Vestfjords, der Sulitjelmakongen sein Unwesen trieb. Bei aller
Macht hatten die beiden Sorgen mit dem lieben Nachwuchs. Hestmannen nämlich, der Sohn des Vågakallen, war außerordentlich waghalsig und ungehorsam,
während sich die sieben Töchter des Sulitjelma durch ihre sprichwörtliche Wild-
heit hervortaten, weshalb sie von ihrem Vater zu der Alten von Landego geschickt
wurden. Dort lebte auch die schöne Lekamøya, auf die der Hestmannen schon
seit langem ein Auge geworfen hatte. Eines abends nahmen die sieben Mädchen
zusammen mit Lekamøya ein Bad, wobei sie vom Hestmannen beobachtet wurden. Als er seine Angebetete sah, hüllenlos wie sie war, entflammte seine Begier-
de, und hoch zu Ross, in voller Rüstung und mit wehendem Helmbusch stürmte
er um Mitternacht über den Vestfjord nach Süden, um Lekamøya zu rauben.

Den Jungfrauen in ihrer Not blieb nur die wilde Flucht, doch während sich die
sieben Schwestern bei der Insel Alsten erschöpft niederwarfen, flüchtete Lekamøya weiter bis in den Machtbereich des Königs von Sømna, der die Hetzjagd
beobachtete und mit ansehen musste, wie der Hestmannen, von seiner Geliebten
verschmäht, einen Pfeil auf seinen Bogen legte, um sie niederzustrecken. Dies zu
vereiteln, warf er seinen Hut dazwischen. Und so durchbohrte der Pfeil den Hut,
der bei Torgar genau in dem Moment niederfiel, als die Sonne aufging, die alles zu
Stein erstarren ließ. Der Hut ragt seit jener Zeit als Torghatten (s. S. 147) aus dem
Meer, Lekamøya wurde zur Insel Leka (s. S. 148), der Hestmannen zur Insel Hestmannøy (s. S. 81). Die ›Sieben Schwestern‹ bilden einen siebengipfeligen Gebirgsstock bei Sandnessjøen (s. S. 145f.). Aus den beiden Königen wurde die Berge Vågakallen (s. S. 90) und der östlich von Fauske gelegene Suliskongen.

Freude, diese in großen Abschnitten auch bewaldete und ansonsten an Wiesen reiche Insel mit dem Fahrrad (das man ausleihen kann) kennen zu lernen. Aber auch in kultureller Hinsicht sticht Dønna hervor, denn in der Mitte der Insel, beim Ort Bjørn, fand im 19. Jh. alljährlich der Bjørnsmartnan statt, seinerzeit der größte Küstenmarkt im Norden. Heutzutage ist der wiederbelebte Markt (www.bjornsmartnan.no) die wichtigste kulturelle Veranstaltung der Region. Er wird in der Regel in der ersten Juliwoche abgehalten. Von Sandnessjøen aus, direkt gegenüber, verkehren die Fähren.

Sonst ist zum Lobe des rund 7000 Einwohner zählenden **Sandnessjøen** zu sagen, dass es wichtigster Verkehrsknotenpunkt des Großraumes ist. Sichtbares Zeichen dieser Stellung ist die nördlich vom Ort aufragende Helgelandsbru, die 1991 fertig gestellt wurde und mit ihrer Länge (1073 m) und Höhe (45 m) als Meisterwerk der Ingenieurskunst gilt. Aber auch der Ort selber hat seine Reize, und da hier die Hurtigruten-Schiffe etwa eine Stunde lang vor Anker liegen, bietet es sich an, zu einem kleinen Stadtbummel aufzubrechen. So halten wir uns am Anleger rechts und folgen dem Kai bis zur Höhe des Supermarktes. Eine Querstraße führt ins eigentliche Zentrum, wo eine große Statue den Dichterpriester Peter Dass (s. S. 146) darstellt. Hier stehen Parkbänke im Schatten großer Bäume – der größten, die wir seit vielen Tagen gesehen haben. Die von hier aus nach links und parallel zum Kai verlaufende Einkaufsstraße führt uns am Touristenbüro vorbei wieder zum Schiff zurück.

Nahe unter Land verläuft im folgenden Abschnitt die Nordland-Fahrrinne, und so haben wir bis hinunter zum Südzipfel der Alsten-Insel, auf der auch Sandnessjøen liegt, ständig **Die sieben Schwestern** vor Augen (s. S. 144). Der siebengipfelige Gebirgsstock besteht von Nord nach Süd aus Botnkrona (1006 m), Grytfoten (1008 m), Skjæringen (1036 m), den Zwillingen (979 und 962 m), Hvasstind (1008 m) und Stortind (906 m). Am allerschönsten

›Robinsonaden‹

Direkt südlich des Polarkreises kann man ihn sich erfüllen, den alten Traum vom Robinsonleben auf einem unbewohnten Eiland, denn die weit draußen im offenen Meer gelegene Archipele von **Træna** und **Lovund** bieten mit mehr als 600 Inseln, von denen nicht einmal eine Handvoll bewohnt sind, allerbeste Voraussetzungen. Dort kann man sich im Ruderboot der Unendlichkeit des Meeres stellen, kann hinaufsteigen auf bis über 600 m Höhe, um das Mitternachtslicht zu genießen. Kann Wanderer und Fischer sein, ›Entdecker‹ von Steinzeithöhlen und Vogelfelsen (auf Lovund brüten insbesondere Tordalken). Und dies, ohne auf Annehmlichkeiten wie Hotelzimmer, gemütliches Häuschen, Restaurant, Lebensmittelladen und Verbindungen zur Außenwelt verzichten zu müssen. Informationen im Touristenbüro von Sandnessjøen.

präsentieren sich die versteinerten ›Prinzessinnen‹ im Winter. Alle Gipfel können übrigens (über markierte Pfade) recht problemlos bestiegen werden. Alle zwei Jahre wird hier ein Gebirgslauf von ›Schwester‹ zu ›Schwester‹ abgehalten, der über alle Gipfel führt. – Der Rekord steht momentan bei drei Stunden und 54 Minuten…

Helgelandskysten Reiseliv: Boks 414, 8801 Sandnessjøen, Tel. 75 04 25 80, Fax 75 04 64 94, www.helgelandskysten.com.
Nesna Turistinformasjon: Nesna Feriesenter og Motell, 8701 Nesna, Tel. 75 05 65 40, Fax 75 05 66 97, Infos über www.rv17.no.

Von Sandnessjøen nach Rørvik

Reiseatlas: S. 208, B 1–A 4
Sandnessjøen ist ebenfalls Ausgangspunkt für den Besuch einer Natur-Sehenswürdigkeit inmitten einer wunderschönen Wald-und-Wiesen-Moor-und-Strand-Landschaft: das kleine Dorf **Alstahaug**, in dem ab 1689 der Geistliche Peter Dass (1647–1707) lebte. Sein seelsorgerischer Bezirk war seinerzeit einer der größten und reichsten des Nordens, doch die allermeisten *nordlendinger* standen damals unter der Knute der großen Kaufmannsherren und waren bitterarm, was Peter Dass durch unermüdliche Einmischung ins Weltliche zu verbessern wusste. Damit ihn sein Volk auch im Alltag verstehe, übersetzte er die Martin-Luther-Bibel. Um das Leben im hohen Norden

auch den Südländern verständlich zu machen, verfasste er ›Nordlands Trompet‹, eines der ersten Werke der norwegischen Literatur.

Dem dichtenden Pfarrer zum Gedenken wurde im Pfarrhaus (ältester Teil aus dem frühen 18. Jh.) das Peter-Dass-Museum eingerichtet und, an der Küste und ebenfalls vom Schiff aus sichtbar, ein Denkmal. Die neben dem Museum gelegene Kirche ist – um 1200 im romanischen Stil erbaut – eine der ältesten des Nordens. Das südöstlich der Kirche gelegene Grab von Sjeggeneset gilt mit einem Durchmesser von 30 m und einer Höhe von 8 m als das größte Hügelgrab von Nordland.

Direkt nebenan, in einem kleineren Grab, wurden sogar Funde aus der Bronzezeit gemacht, doch die größte Dichte an Zeugen aus grauer Vorzeit findet sich auf der südlich von Alsten gelegenen Insel **Tjøtta**, die unser Schiff an Backbord passiert. Hier beeindrucken nicht weniger als 90 Grabhügel, 12 Hausfundamente, vier Bautasteine (Gedenksteine), und Nord-Norwegens größtes Gehöft, das schon mindestens seit dem 9. Jh. bestehende Gut Tjøtta. Nahebei erstreckt sich ein Soldatenfriedhof, auf dem 7551 russische Soldaten begraben sind, die in deutscher Kriegsgefangenschaft umkamen. Angeschlossen ist das so genannte Rigelfeld mit mehr als 1000 Gräbern von Norwegern, Tschechen und Polen, Russen und Deutschen, die 1944 ums Leben kamen, als das deutsche Gefangenenschiff ›Rigel‹ von Flugzeugen der Alliierten versenkt wurde.

Südlich von Tjøtta passieren wir bald das aus über 6000 Inseln und Schären bestehende Inselreich von **Vega,** dessen landschaftliche, botanische und zoologische Vielfalt derart groß ist, dass die Inseln, von denen nur zwei ständig bewohnt sind, im Jahre 2004 auf die World Heritage List der UNESCO gesetzt wurden. Mit einer Geschichte, die bis über 10 000 Jahre zurückreicht, ist der Archipel zudem eines der ältesten Siedlungsgebiete Skandinaviens.

Erreichen kann man dieses dichte Beieinander von Kultur- und Natur-Sehenswürdigkeiten per Fähre von Tjøtta aus und von **Brønnøysund,** auf das unser Schiff nun zusteuert. Bei diesem etwa 4500 Einwohner großen Fischerei- und Dienstleistungszentrum handelt es sich im kartografischen Sinn um die ›Küstenstadt in der Mitte Norwegens‹. Da hier das Schiff etwa eine Stunde lang am Kai liegt, bietet sich ein Spaziergang zu einem Aussichtspunkt an, der auf einem großen Stadtplan direkt am Hafengebäude vor dem Schiff als ›View Point‹ markiert ist. Nur wenige Minuten ist man dorthin unterwegs, und ansonsten ist es nett, dem Kai nach rechts und am Bootshafen vorbei bis zur Höhe der Ortskirche zu folgen und von dort aus entlang der parallel verlaufenden Einkaufsstraße wieder zurück zu gehen. Dann legen wir wieder ab, und die tägliche Abfahrt des Hurtigruten-Schiffes lockt im Sommer zahlreiche Touristen auf die 550 m lange Brücke, die sich südlich vom Stadtzentrum über den schmalen Brønnøysund wölbt. Von oben genießt man eine fantastische Aussicht auf die Stadt und zur gegebenen Zeit eben auch auf unser Schiff, das die Fahrrinne nahezu halb ausfüllt,

wenn es langsam unter der hohen Bogenkonstruktion hindurchstampft.

Dieses Motiv ist auf unzähligen Postkarten ebenso wiederzufinden wie der hutförmige, 260 m hohe **Torghatten** (*hatten* = Hut), der ›Berg mit dem Loch‹. Innerhalb einer halben Stunde kann man zum Loch emporsteigen, das etwa 35 m hoch, 15–20 m breit ist und eine Länge bzw. Tiefe von 169 m hat. Der Weg ist einfach, das Ziel beeindruckend, und damit auch der Schiffsreisende in den Genuss des ›Durch-Blickes‹ kommt, beschreibt das Schiff eine Schleife nach Westen und fährt auf Idealroute nah am Torghatten vorbei, der von Sagen und Legenden umwoben ist (s. S. 144). Im Licht der Wissenschaft freilich ist der Mythenschleier gefallen. Wie man heute weiß, verlief der Schöpfungsvorgang viel nüchterner: Die norwegische Landmasse wurde vom Glazialpanzer der letzten Eiszeit tief in den Erdmantel gedrückt, und zwar so tief, dass sich das heute auf 112 m Höhe gelegene Loch auf Meeresniveau befand. Steter Tropfen höhlt den Stein, in diesem Fall höhlte die Meeresbrandung den Fels aus.

Weiter geht es an der Mündung des Bindalsfjord vorüber. Den reichen Waldbeständen ist es zu verdanken, dass **Bindal,** die südlichste Gemeinde Nordlands, zusammen mit Salten und Mo i Rana traditionell eines der großen Zentren für den Bootsbau im Königreich war. Heute, wo diese fast schon in Vergessenheit geratene Bootsbautradition wieder eine Renaissance erlebt, werden hier Jahr für Jahr wieder *færinger, åttringer, fembøringer* und wie die verschiedenen Schiffstypen alle hei-

ßen, auf Kiel gelegt. Höhepunkt für Holzboot-Enthusiasten ist an jedem letzten Juniwochenende die Nordlandbootregatta in Terråk, das größte Treffen von Nordlandbooten in Norwegen.

Die Grenze zwischen Nord-Norwegen und dem auch als Mittel-Norwegen bezeichneten Trøndelag ist überschritten. Dann geht es an der Insel **Leka** vorüber, wo die schöne Lekamøya (s. S. 144) zu Stein erstarrte und seitdem auf dem Südzipfel der insgesamt nur rund 15 km langen Insel aufragt. Aber auch unsere Zeit hat ihre ›Wunder‹: Im Jahre 1932 soll hier die dreijährige Svanhild von einem Seeadler gepackt und zu seinem 300 m hoch gelegenen Horst entführt worden sein. Das Mädchen konnte befreit werden, die von vielen Ornithologen angezweifelte Geschichte diente später als Vorlage für einen Roman und einen Film.

So kommen wir in den Bereich der Vikna Kommune, die einen einzigarti-

Der Torghatten

nordgehende Hurtigruten-Schiff am Kai. An jedem ersten Donnerstag im Juli findet hier übrigens ein farbenprächtiges Volksfest zu Ehren der Hurtigruten statt. Die meisten Passagiere nutzen die Liegezeit (etwa 1 Std.), um sich auf dem nordgehenden Schiff umzusehen. Aber auch ein Spaziergang in den Ort selbst hat seine Reize, lassen sich doch noch mehrere Holzhäuser aus dem 19. Jh. finden. So gehen wir vom Kai aus auf den Hauptplatz zu, wo ein steinernes Standbild von des ›Seemanns Frau‹ aufragt. Angrenzend beginnt die Einkaufsstraße, die auf den Kirchenhügel zuführt. Von oben kann man die Aussicht genießen und blickt direkt unterhalb auf den Holzbau der alten Handelsstation Berggården, in der u. a. ein im Stil des 19. Jahrhunderts eingerichteter Krämerladen zu besichtigen ist. Auf manchen Schiffen wird, je nach Zeitplan, ein Besuch der Ausstellung und des angrenzenden Küstenmuseums von Nord Trøndelag (Woxengs Samlinger, umfangreiche seehistorische Sammlung) organisiert.

Highlight der Passage durch den **Nærøysund** ist das Durchfahren der 700 m langen und 41 m hohen Hängebrücke, die das Inselreich von Vikna direkt an der Ausfahrt von Rørvik mit dem Festland verbindet.

gen Schärengarten mit insgesamt mehr als 6000 Inseln und Inselchen umfasst. Höhepunkt der Etappe ist die Fahrt durch den schmalen und stark von Frachtern und Booten frequentierten Nærøysund, das ›Tor zu Nordland‹, das uns direkt nach **Rørvik** geleitet, Handelszentrum und Verkehrsknotenpunkt der Vikna-Gemeinde. Von Bord aus genießt man schöne Ausblicke auf dieses kleine Küstenstädtchen, idealerweise vervollständigt durch das

Helgeland Reiseliv: 8900 Brønnøysund, Tel. 75 11 12 40, Fax 75 11 13 11, www.torghatten.no
Turistinformasjon i Rørvik: 7900 Rørvik, Tel 74 39 33 00, Fax 74 39 00 70, www.namdalskysten.info.

ELFTER TAG: TRONDHEIM – ÅLESUND

Eine Besichtigung der an malerischer Bausubstanz überaus reichen Altstadt der historischen Metropole Trondheim darf niemand missen. Kristiansund, Stadt auf drei Inseln, ist das nächste Ziel. Entlang der Atlantikstraße kann man nach Molde fahren, in dessen Umgebung sich sage und schreibe 222 Berggipfel finden.

Trondheim

Reiseatlas: S. 207, D 3

Es war wohl die strategisch so günstige Lage an der inneren Bucht des mild konturierten Trondheimsfjordes, die zusammen mit dem Waldreichtum des Hinterlandes und der großen Fruchtbarkeit der Böden König Olav Tryggvason (Olaf I.) um 997 veranlasste, auf der am Fjord gelegenen Halbinsel Øra die Siedlung Nidaros zu gründen, das spätere Trondheim. In der Folge unternahm der (zuvor in England zum Christentum übergetretene) König große Anstrengungen, von seiner Residenzstadt aus das Land zu christianisieren. Auch sein Nachfolger Olav Haraldsson (Olaf II.), der die Christianisierung vollendet und das Reich wieder geeint hatte, förderte die Entwicklung von Nidaros in besonderem Maße. Doch erst sein Tod in Jahre 1030 in der Schlacht bei Stiklestad führte letztlich dazu, dass Nidaros über die Königsresidenz hinaus bald zur bedeutendsten, größten und reichsten Stadt des Landes wurde. Olaf II. wurde nämlich als Märtyrer heilig gesprochen, stieg als *rex perpetuus Norvegiae* zur großen Identifikationsfigur des Landes auf, und Nidaros, wo man die sterblichen Überreste auf dem Hochaltar der St.-Clemens-Kirche beisetzte, zu einem der größten europäischen Wallfahrtsorte.

Baumeister aus allen Gegenden der alten Welt errichteten einen Dom (1320 fertig gestellt), doch durch die Pest, Stadtbrände und die Union mit Dänemark (1380) geriet Nidaros in eine Randlage, die schließlich durch die Reformation (1536) besiegelt wurde. Die Stadt bekam den dänischen Namen Tronthjem, und sie wäre wohl zur Bedeutungslosigkeit verdammt gewesen, hätte sich nicht der Holzhandel als so überaus lukrativ und die Landwirtschaft als ertragreich erwiesen. Im 19. Jh. leb-

Ausflug Tag 11

Stadtbesichtigung Trondheim inkl. Nidarosdom: ganzjährig, Dauer 2 Std.

ten hier mehr Menschen als in Oslo, und mit Beginn der Industrialisierung schließlich ging es rasant bergauf mit der 1929 wieder in Nidaros, doch 1930 in Trondheim rückbenannten Stadt.

Heute leben in Norwegens historischer Hauptstadt rund 156 000 Einwohner. Die drittgrößte Stadt des Landes ist die nach Oslo und Stavanger am meisten expandierende, und dem Bauboom der letzten Jahrzehnte fiel in Trondheim so manches Alte zum Opfer. Die meisten sternchenverdächtigen Sehenswürdigkeiten (s. S. 78) sind auf der durch die Schlinge des Nidelv gebildeten Halbinsel Øra zu finden. Die Keimzelle der Stadt ist relativ klein und übersichtlich, grenzt außerdem direkt an den Hafen an, weshalb man sich im Rahmen der zur Verfügung stehenden Landgang-Zeit problemlos auch zu Fuß einen Überblick verschaffen kann.

Wir verlassen das Hafengelände und überqueren auf der Brattbrua den **Vestre Kanalhavn**. Hunderte Boote schaukeln hier vor der Kulisse vielfarbig gestrichener Speicherhäuser im Wasser. Zu den Sammlungen des linker Hand gelegenen **Sjøfartsmuseum** 1 gehören Schiffsmodelle sowie ein umfangreiches Archiv über Segelschiffe und ihre Kapitäne (1.6.–31.8. tgl.10–16 Uhr). Direkt anschließend erhebt sich der Glaspalast des SAS Radisson Hotels gegenüber der ebenfalls glas- und chromstarrenden Olavshalle. Von der **Bakke bru** über den Nidelv aus beeindruckt das Panorama auf die berühmten Speicherhäuser, doch die mit Abstand faszinierendsten (und fotogensten) Ausblicke auf die auf Pfählen im Wasser stehenden Speicher von **Bryggene** 2 öffnen sich von der parallel zum Fluss verlaufenden Straße Nedre

Der Nidarosdom im herbstlichen Trondheim

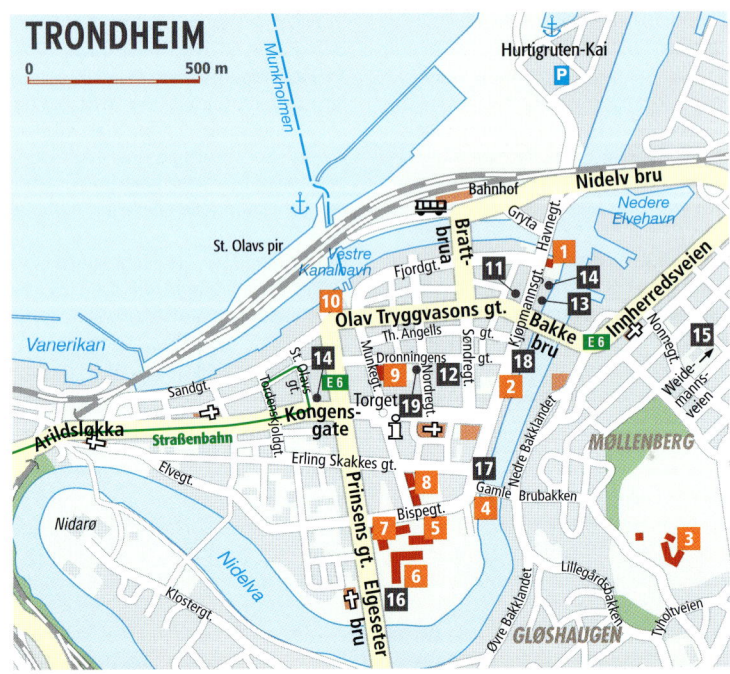

Sehenswürdigkeiten

1 Sjøfartsmuseum
2 Bryggene
3 Festung Kristiansten
4 Gamle Bybrua
5 Nidarosdom
6 Erzbischöfliches Palais
7 Kunstmuseum
8 Kunstindustriemuseum
9 Stiftsgården
10 Ravnkloa Fiskhall

Übernachten

11 Clarion Hotel Grand Olav
12 Britannia Hotel
13 Radisson SAS Royal Garden Hotel
14 Rica Nidelven Hotel
15 Trondheim Vandrerhjem Rosenborg

Essen und Trinken

16 Grenaderen
17 Havfruen
18 Dickens
19 Erichsen

Bakklandet, in die wir hinter der Brücke rechts einbiegen.

Auch das Stadtviertel **Møllenberg,** durch das sich die mit Kopfstein gepflasterte Straße windet, bietet Sehenswertes, nämlich eine Sammlung alter, teils altersschiefer Holz- und Wohnhäuser; dort ein kleiner Tante-Emma-Laden, da eine Eckkneipe, ein mit Plunder vollgestopftes ›Antiquitätengeschäft‹. Um sich von oben einen Überblick über das Gassen- und Stiegengewirr dieses Viertels zu verschaffen, biegt man am Ende der Nedre Bakklandet direkt bei der Gamle Bybrua in die mit ›Kristiansten Festning‹ ausgeschilderte Straße Brubakken ein. Sie führt steil (und im unteren Abschnitt von einem kuriosen ›Fahrrad-Lift‹ gesäumt) zur 72 m hoch aufragenden und rund 300 Jahre alten **Festung Kristiansten** 3. Die Aussicht von den Wällen der sternförmigen Anlage über die Stadt ist beeindruckend und ganz bestimmt den (hin und zurück) etwa 1 km langen Umweg wert.

Über die hölzerne **Gamle Bybrua** 4 wird nun der Nidelv erneut gequert. Die 1861 im neugotischen Stil errichtete Brücke war früher der einzige Zugang zur inneren Stadt. Von ihrer Mitte aus genießt man ein letztes und vielleicht schönstes Panorama auf Bryggene, während man gen Süden über die malerischen Schilf- und Wiesenufer des Flusses hinweg auf die Universität im Stadtteil Gløshaugen blickt, in der rund 20 000 Studenten eingeschrieben sind.

Der **Nidarosdom** 5 ist mit seinem hohen Vierungsturm absolut unverkennbar und stellt das repräsentativste skandinavische Architekturdenkmal der Gotik dar. Ein Park und Friedhof umrahmen das mit 102 m Länge und 50 m Breite größte Sakralbauwerk des Königreiches. Um sich einen Überblick zu verschaffen, sollte man in den Friedhof einbiegen und dem Weg entlang der südlichen Längsseite folgen. Er führt zum ungeheuer reich skulptierten Hauptportal, das, wie der Dom als Ganzes, noch vor nur 100 Jahren in einem vollkommen desolaten Zustand war. Mehrere Brände im 14., 15., 16. und 18. Jh. hatten das einst so stolze Gebäude weitgehend zerstört. Ein Sturm kappte im Jahre 1689 den ursprünglich 110 m hohen Turm, vom Hauptschiff standen nur noch die Außenwände, von den ehemals 28 Altären waren nur noch zwei vorhanden. Das ehedem so bedeutende Wallfahrtsziel war in den rund 300 Jahren seit Einführung der Reformation zu einer Ruine verfallen. Erst dem erstarkten Nationalbewusstsein ist es zu verdanken, dass der Dom, heute Nationalmonument und Krönungskirche des Königreiches, umfassend restauriert werden konnte. 1869 wurden die Arbeiten aufgenommen – neben anderen Berühmtheiten war hier auch Gustav Vigeland (s. S. 176) jahrelang engagiert. Erst 1930 konnte das Gotteshaus wieder eingeweiht werden. Im Inneren liegen zehn Könige und die meisten Erzbischöfe des Landes begraben, wahrscheinlich auch die Gebeine des heiligen Olav. Aber der 20 m hohe Raum, so prachtvoll er heute auch erstrahlt, wirkt ein wenig unbeseelt. Einen Blick hinein muss man dennoch unbedingt werfen (12.6.–13.8. ganztägig Führungen), und sei es auch nur, weil man die 172 Stufen erklimmen möchte, die zum Turm hinaufführen, von dessen Höhe aus man eine weitere ganz und gar faszinierende Aussicht über die Stadt genießen kann (12.6.–13.8. Besteigung jede halbe Stunde 10–17, Sa 10–12.30 und So 13–15.30 Uhr). Es sei noch erwähnt, dass im Dom vom 14.6. bis 15.8. Mo–Sa um 13 Uhr ein Orgelkonzert stattfindet und täglich um 17.40 Uhr ein ›musikalischer‹ Abendgottesdienst (1.5.–11.6. und 14.8.–14.9. Mo–Fr 9–15, Sa bis 14, So 13–16, 12.6.–13.8. Mo–Fr 9–18, Sa bis 14, So 13–16, 15.9.–30.4. Mo–Fr 12–14.30, Sa 11.30–14, So 13–15 Uhr; vom 27.7. bis 5.8. kann der Dom wegen der Vorbereitungen zu den Olavsfesttagen zeitweise geschlossen sein).

In unmittelbarer Nachbarschaft des Doms steht das **Erzbischöfliche Palais** [6], das teilweise noch aus den Jahren 1160–70 stammt und der älteste aus Stein errichtete Profanbau Norwegens ist. Es umfasst u. a. die größte Sammlung mittelalterlicher Steinskulpturen von ganz Skandinavien; auch die erzbischöfliche Münze sowie die erzbischöflichen Repräsentationsräume sind zu besichtigen, eine weitere Abteilung wird ab Juni 2006 die Reichsinsignien mitsamt den Königlichen Kronjuwelen zeigen. Ansonsten gibt es ein Waffenmuseum nebst einem Widerstandsmuseum, das der Stadtgeschichte im Zweiten Weltkrieg gewidmet ist (1.5.–11.6. und 14.8.–14.9. Mo–Fr 9–15, Sa bis 14, So 13–16; 12.6.–13.8. Mo–Fr 9–17, Sa bis 14, So 13–16; 15.9.–30.4. Mo–Fr 11–15, Sa bis 15, So 12–16 Uhr; vom 15.9.–30.4. ist das Museum montags geschlossen; das Ticket für den Dom gilt hier mit).

Ebenfalls ganz in der Nähe des Domes befindet sich das **kunstmuseum** [7], das hauptsächlich der norwegischen Bildkunst des 19. und 20. Jh. gewidmet ist (1.6.–31.8. tgl. 10–17, sonst Di–So 11–16 Uhr).

Das **Kunstindustriemuseum** [8] zeigt Kunsthandwerk aus mehreren Jahrhunderten, darunter Arbeiten aus Glas, Keramik, Porzellan und Silber nebst Bildteppichen, Textilien und Möbeln (1.6.–20.8. Mo–Sa 10–17, So ab 12; sonst Di–Sa 10–15 und So bis 16 Uhr). Es liegt an der gegenüber dem Dom abzweigenden und von mehreren schönen Holzhäusern sowie zahlreichen Geschäften flankierten Munkegate, die zum **Torget** führt. Der zentrale Marktplatz markiert den Mittelpunkt der Altstadt und wird von einer hohen Granitsäule dominiert, die den Stadtgründer Olav Tryggvason darstellt.

An der Munkegate 23 lohnt ein Blick auf bzw. in den **Stiftsgården** [9], ein im 18. Jh. im Rokokostil errichtetes Gebäude, das mit seinen 70 Zimmern als das größte Holzbauwerk Nordeuropas gilt und Norwegens Königsfamilie bei Besuchen als Residenz dient (1.6.–19.6. Mo–Sa 10–15, So 12–17; 20.6.–20.8. Mo–Sa 10–17, So ab 12 Uhr. Besuch nur im Rahmen von Führungen jede volle Stunde).

Zwei Blöcke weiter stehen wir wieder am Ufer des **Vestre Kanalhavn,** von wo aus die Fjord- und Søndregate (nach rechts) zum Bahnhof und Hafen zurückführen. Zuvor aber sollte man nicht versäumen, der **Ravnkloa Fiskhall** [10] einen Besuch abzustatten: Das Angebot in dieser relativ kleinen und ganz modernen Halle ist groß, hier

Trondheim, die Speicherhäuser von Bryggene

kann man in der Regel Klipp- und Trockenfisch kaufen; auch ein Probiercafé ist angeschlossen.

Trondheim Aktivum: Postboks 2102, Torget, 7411 Trondheim, Tel. 73 80 76 60, Fax 73 80 76 70, www.visit-trondheim.com, www.trondheim.com. Während der Hochsaison Organisation von Stadtrundfahrten, Hafen- und Angeltouren; Vermittlung von Stadtführern.
Midt-Norsk Reiseliv: P.O. Box 65, 7400 Trondheim, Tel. 73 84 24 40, Fax 73 84 24 50, www.trondelag.com.

Clarion Hotel Grand Olav 11: Kjøpmannsgaten 48, Tel. 73 80 80 80, Fax 73 80 80 81, www.choicehotels.no. Direkt in den Glaspalast der Olavshalle integriertes Spitzenhotel mit 106 Zimmern und Suiten. Angeschlossen sind ein außerordentlich elegantes Restaurant und eine Bar. EZ 1325 NOK, im Sommer 1124 NOK, DZ 1625/1293 NOK.

Britannia Hotel 12: Dronningens gt. 5, Tel. 73 80 08 00, Fax 73 80 08 01, www.britannia.no. Schmucker Prachtbau aus dem Jahre 1897, unlängst vollständig renoviert und ›die‹ Top-Adresse in Trondheim. Hier ist alles stilecht: die Restaurants, die Bar, der Aufenthaltsraum und auch die Zimmer. EZ 895–1500 NOK, DZ 1095–1700 NOK, im Sommer 795 bzw. 995 NOK.
Radisson SAS Royal Garden Hotel 13: Kjøpmannsgt. 73, Tel. 73 80 30 00, Fax 73 80 30 50, www.radissonsas.com. Moderne Glasarchitektur vom Feinsten, außerordentlich luxuriöse, moderne Zimmer, mehrere Restaurants, Bar, Kinderspielraum, Sportzentrum. EZ 890–1440 NOK, DZ 980–1640 NOK.
Rica Nidelven Hotel 14: Havnegaten 1, Tel. 73 56 80 00, Fax 73 56 80 01, www.rica.no. 2003 eröffnetes, teilweise in den Fluss Nidelva gebautes Komforthotel mit Restaurant, Bar und Fitnessabteilung. EZ 895–1445 NOK, DZ 1095–1645 NOK.

Trondheim Vandrerhjem Rosenborg 15: Weidemannsvn. 41, Tel. 73 87 44 50, Fax 73 87 44 55, www.vandrerhjem.no; ganzjährig. Rund 15 Gehminuten vom Zentrum entfernter Neubau mit über 200 Betten in Schlafsälen (215 NOK), EZ (400 NOK) und DZ (505 NOK).

🍴 **Grenaderen** 16: Kongsgårdsgata 1, Tel. 73 51 66 80, Mo-Sa 16-24 Uhr, So bis 21 Uhr. Dem erzbischöflichen Palais benachbartes Haus (in einer ehemaligen Schmiede) aus dem 18. Jh. Hier herrscht die Aura alteingesessener Bürgerfamilien, die Speisekarte bietet traditionsreiches Essen zu moderaten Preisen: Vorspeisen um 90 NOK, Hauptgerichte 125–269 NOK, sehr günstige Sonntag-Menüs.
Britannia Hotel 12: s. o. Die Restaurants dieses Hotels – ›Palmehaven‹ und ›Jonathan‹ – gehören zu den besten nördlich von Bergen. Beide sind elegant, am angenehmsten speist man im Kellergewölbe des ›Jonathan‹ (tgl. ab 17 Uhr). Vorspeisen liegen hier um 100 NOK, Hauptgerichte im Durchschnitt um 230 NOK, und wer hier sonntags weilt, sollte das ›søndagstilbud‹ wählen, das inkl. Dessert nur 205 NOK kostet.
Havfruen 17: Kjøpmannsgt. 7, Tel. 73 87 40 70; Mo–Sa ab 18 Uhr, So geschlossen. In einem der alten Speicherhäuser am Nidelv; gilt als bestes und elegantestes Fischrestaurant der Stadt, die Speisekarte reicht von der (echt) französischen Bouillabaisse bis zu einer Auswahl an Fischen der norwegischen Küste. Feinschmecker empfehlen Hummer (100 g zu 110 NOK), Vorspeisen 105–125 NOK, Hauptgerichte ab 245 NOK.
Dickens 18: Kjøpmannsgt. 57, Tel. 73 51 57 50; tgl. 16–23 Uhr. Das Restaurant im ältesten Speicherhaus am Nidelv ist besonders stimmungsvoll; sehr rustikal; norwegische Küche, kleine Mahlzeiten

126–158 NOK, Vorspeisen um 85 NOK, Hauptgerichte 168–220 NOK.
Erichsen 19: Nordregt. 8, Tel. 73 87 45 50; Mo–Do 9–1, Fr/Sa bis 2 Uhr. Mit seinem kontinental geprägten Cafémilieu ›der‹ Treff in Trondheim, allerbeste Konditorwaren. Ab 18 Uhr öffnet hier eine der besten Bars der Stadt, ganztägig werden spannende Tellergerichte serviert.

🔒 **Riibe:** Dronningensgt. 46, Tel. 73 87 37 37. Norwegens größtes Fachgeschäft für Gold und Silber, antik und gebraucht.
Møllers: Munkegt. 3, Tel. 73 52 04 39, Mo–Fr 9–17, Sa bis 15 Uhr. Norwegens ältestes Goldschmiedegeschäft (gegründet 1770) in einem der schönsten Holzhäuser der Stadt.
Haupteinkaufsstraßen mit hunderten Geschäften und Boutiquen sind auf der Altstadt-Halbinsel Øra u. a. die Munkel-, Dronningens-, Nordregt. sowie die abzweigenden Straßen.

🍷 **Bryggene:** Die alte Speicherhauszeile am Nidelv bietet mehrere Cafés und Pubs, in denen man teils auch draußen, auf schwimmenden Plattformen auf dem Fluss sitzen kann.
Krambua: Krambugaten 12, Tel. 73 53 52 53. Die ›Kramstube‹ gilt als eines von Trondheims beliebtesten Abendlokalen.
Dickens: s.o.; auch der Pub ist ›die‹ Adresse in Trondheim für alle, die's urgemütlich haben wollen.
Pianobar/Queen's Pub: Britannia Hotel, s. o.; zwei der ersten Adressen für allerhöchste Ansprüche.

👀 Trondheim Aktivum (s. o.) gibt einen jährlich aktualisierten **Veranstaltungs-Kalender** heraus. Es lohnt sich, schon vor der Anreise Informationen zu den dutzenden Veranstaltungen abzurufen. Zu den herausragenden Festen ge-

ITALIENISCHES INTERMEZZO – DIE ›ENTDECKUNG‹ DES STOCKFISCHS

Man schrieb das Jahr 1432. Schneegestöber verfinsterte den Februarmorgen, und Sturmböen peitschten die Möwen von den Dächern. Aber das Meer kochte, der Kabeljau trieb in Schwärmen in den Vestfjord, und so stürzten sich die Fischer von Røst (der südlichsten bewohnten Insel der Lofoten; s. S. 87f.) in ihre Boote und vertrauten sich den tobenden Elementen an. – Eine gespenstische Regatta in der Morgendämmerung, die erst am späten Nachmittag ihr Ende fand, als sich die Boote durch schwere Sturzseen wieder dem schützenden Hafenbecken näherten. Die Jugend fieberte schon dem »großen Hau« entgegen und stand mit geschärften Messern bereit, denn ihr gehörten die Zungen des Kabeljau. Auch die Frauen und die Alten standen am Ufer, getrieben von Angst um ihre Männer und Söhne, die nicht immer vollzählig zurückkamen von dem gefährlichen Vorhaben, »den lieben Gott zu einem armen Mann zu machen«.

Aber an diesem Tag war es anders: Niemand war für immer auf See geblieben, sondern es kamen mehr zurück, als morgens abgefahren waren. 19 zusätzliche Männer – verwildert, krank und halb wahnsinnig – wurden an Land geschleppt. Die meisten von ihnen hatten die Sprache verloren, und die wenigen, die ihrer noch mächtig waren, konnte niemand verstehen. »Lasst uns den Pfarrer holen«, schlug jemand vor, denn der Pfarrer von Røst war ein deutscher Mönch und hochgelehrt. Und wirklich: Er verstand die Sprache der dunkelhäutigen Männer, und bald wussten alle 120 Bewohner von Røst, was geschehen war:

Die Fremden kamen aus einem weit entfernten Land: Italien. Von Belgien aus hatte sich das Schiff unter dem Kommando Pietro Querinis mit einer Besatzung von 68 Männern kurz vor Weihnachten 1431 Richtung Norden aufgemacht. Am Heiligen Abend geriet es in ein fürchterliches Unwetter, wurde unter einer Sturzsee begraben, und nur 19 Seeleute konnten sich in ein Boot retten. Sie trieben 16 Tage umher, dann strandete das Boot auf einem unbewohnten Felseiland, wobei es zerschellte. Über einen Monat lang saßen die Überlebenden dort und nährten sich von Salzwasser, bevor sie von den Røst-Fischern gefunden wurden.

Bis in den Mai hinein blieben die Fremden auf den Lofoten, und als Pietro Querini wieder in Italien war, bekam er eine Audienz beim Papst, dem er begeistert von dem wundersamen Stockfisch erzählte und wohl auch zu kosten gab. Der Heilige Vater war zutiefst angetan von dieser neuen (Fasten-)Speise, »die der Himmel geschickt hatte«, und so kam es, dass Italien zum größten Stockfischimporteur der Welt wurde und bis vor wenigen Jahrzehnten nahezu 85 % der jährlich gehandelten Menge abnahm.

hören die **Olavsfesttage** (Infos über Tel. 73 92 94 70 und www.olavsfestdage ne.no), die jedes Jahr um den 29. Juli stattfinden.

🖃 **Flug:** Trondheim Lufthavn liegt ca. 35 km nordöstlich der Stadt in Værnes an der E 6; zahlreiche innernorwegische Verbindungen mit SAS und Widerøe, der Billigflieger Norwegian Air Shuttle fliegt u. a. nach Oslo, Bergen und Tromsø. Zum Flughafen entweder mit dem Zug oder dem Flughafenbus: zwischen 5 und 21 Uhr (Sa nur bis 17 Uhr) alle 15 Min. (Sa alle 30 Min.); Fahrtdauer ca. 30 Min., 70 NOK (Taxi ca. 490 NOK).

Zug: fünf Verbindungen tgl. mit der Dovrebanen via Dovrefjell und Gudbrandsdal nach Oslo, außerdem mindestens 2mal tgl. via Røros nach Oslo, 3mal tgl. nach Bodø und mindestens 2mal tgl. nach Östersund in Schweden.

Bus: Verbindungen in alle größeren Orte von Sør- und Nor-Trøndelag, auch Møre og Romsdal ist gut angebunden. Expressbusse nach Oslo via Røros und via Gudbrandsdal und nach Bergen. Wer aus dem Trøndelag hinaus weiter gen Süden oder über Steinkjer/Namsos hinaus weiter nach Norden möchte, sollte lieber den wesentlich schnelleren Zug nehmen.

Schnellbootverbindungen: u. a. mit dem ›Kystekspressen‹ 2–3mal tgl. nach Kristiansund, außerdem zu den dem Trondheimsfjord vorgelagerten Inseln.

Mietwagen: u. a. über Avis (Tel. 73 84 17 90) und Budget (Tel. 73 53 73 90).

Stadtverkehr: Innerhalb des Zentrums kann man alle Sehenswürdigkeiten zu Fuß erreichen, an Taxen herrscht kein Mangel. Ansonsten gibt es ein sehr gut funktionierendes Busnetz, über das man sich bei Trafikanten am Bahnhof/Busbahnhof (Tel. 177) informieren kann.

Nach Kristiansund

Reiseatlas: S. 207, D 3–206, A 4

Die rund 6,5 Stunden von Trondheim nach Kristiansund und die Fahrt durch den Trondheimsfjord wird beim dritten Tag (s. S. 79f.) beschrieben. Nach Passieren des **Agdenes Fyr** an der linken Seite der Fjordöffnung kurvt das Schiff in die nach Süden führende Trondheimfahrrinne ein, die zum allergrößten Teil durch Schären und Inseln vom in diesem Abschnitt oft sehr rauen Meer geschützt ist. Eine dieser Inseln ist **Hitra**, mit einer Fläche von 565 km^2 die siebtgrößte des Landes und die größte südlich der Vesterålen. Wie Funde beweisen, haben hier schon vor über 10 000 Jahren Menschen gelebt. Entsprechend versteht sich das Küstenmuseum als Wegweiser durch die Jahrtausende. Hauptsehenswürdigkeit zumindest für Norweger aber sind die Hirschrudel, die auf dieser größtenteils flachen Insel leben.

Am weiteren Weg nach Süden wird bald das am Festland gelegene Gasveredelungswerk **Tjeldbergodden** passiert. Es ist mit seinen dutzenden Schornsteinen leicht zu erkennen und Endstation einer rund 250 km langen Gaspipeline, die von der Haldenbank aus über den Meeresboden hierher führt.

Auch **Smøla**, die nächste Insel am Weg nach Süden, ist vor allen Dingen flach, nämlich gerade mal bis 68 m hoch. Nach Passieren dieser Landmarke nimmt das Festland, das bislang eher mild konturiert war, wieder ein gebirgiges Aussehen an. Bis 900 m ragen bald die Gipfel auf, während tief im Sü-

Blick auf Kristiansund

den nach und nach die Reifriesen der Sunnmøre-Alpen wieder das Bild bestimmen.

Dann liegt Kristiansund voraus, doch bevor es in die Stadt hineingeht erkennt man (mit dem Fernglas) den aus rund 80 Inseln und Schären bestehenden Archipel von **Grip,** der rund 15 km weit draußen im Meer liegt. Bis zu 100 Menschen haben hier auf der kleinen Hauptinsel seit dem Mittelalter rings um eine winzige Stabkirche gelebt. Doch das Eiland war zu flach und wurde in der Folge mehrmals völlig überflutet, weshalb im Jahre 1974 der letzte Insulaner aufgab und nach Kristiansund umzog. Heute erfreut sich Grip großer Beliebtheit als Wochenend- und Ferienzeit-Insel, im Sommer verkehren ab dem Sundbootkai in Kristiansund regelmäßig Bootszubringer.

Kristiansund

Reiseatlas: S. 206, A 4

Terrassenförmig steigt die auf den drei Inseln Kirkelandet, Innlandet und Nordlandet ausgebreitete Stadt vom namengebenden Sund in die Höhe. Schon bei der Einfahrt in die Wasserstraße wird augenfällig, warum der von Inseln eng umschlossene Naturhafen im Ruf steht, der beste, weil geschützteste des Königreiches zu sein. Einer der lebhaftesten ist er obendrein, und dutzende Motive von Sundbooten und Frachtern, Kuttern und Trawlern vor Kaianlagen, Werften und Speicherhäusern bieten sich unseren Blicken dar. Aber auch von Land aus tun sich prächtige Bilder auf. Leider kann man heute nur noch erahnen, wie malerisch die Stadt in früheren Jahren ausgese-

Klippfisk-Shopping

Klippfisk, in Mitteleuropa selbst in gut sortierten Feinkostläden meist kaum zu finden, und wenn, dann nur zu extrem hohen Preisen, ist Hauptbestandteil vieler köstlicher Gerichte. In Kristiansund hingegen ist es kein Problem, im Supermarkt Klippfisch zu kaufen, er ist in der Regel geruchssicher verpackt und mehrere Monate lang haltbar.

hen haben muss, als die Bebauung ganz aus farbenfroh gestrichenen Holzhäusern bestand, zwischen denen enge und gewundene Kopfsteinpflastergassen verliefen.

Die komplette alte Bausubstanz ging im deutschen Bombenhagel von 1940 in Flammen auf, so dass man beim Wiederaufbau nur versuchen konnte, zumindest den Charakter der 1692 von dem Niederländer Jappe Ippes als Handelsplatz gegründeten Stadt zu bewahren. Er gilt als der ›Vater des Trockenfisches‹, und in den folgenden Jahren erlebte die nun aufstrebende Siedlung durch den Trockenfisch-›Import‹ von den Lofoten und den Export nach Spanien, Italien und Portugal, aber auch Brasilien und Cuba einen regelrechten Boom. Wurden hier noch 1830 weniger als 3000 Menschen gezählt, waren es 1890 schon mehr als 10 000. Heute hat Kristiansund etwa 17 000 Einwohner, die meisten leben vom Schiffsbau und der Offshore-Technik, partizipiert Kristiansund doch auch von den reichen Öl- und Gasfunden im norwegischen Nordsee-Sektor.

So verdankt die seit 1992 auch mit dem Festland verbundene Stadt fast alles dem Meer, und entsprechend steht auch Sightseeing in Kristiansund größtenteils im Zeichen der Küstenkultur. Hauptsehenswürdigkeit ist das **Nordmøre-Museum,** zu dem auch das **Norsk Klippfiskmuseum** in der Milnbrygga gehört. Es dokumentiert die Trockenfisch-Geschichte des Ortes und informiert über die Herstellung von und die Unterschiede zwischen Stockfisch und Klippfisch (13.6.–15.8. Mo–Sa 12–17, So 13–16 Uhr).

Ebenso spannend ist ein Besuch der **Mellemværftet** am Kranaveien (ab Anleger etwa 30 Min. hin und zurück): Bei dieser Ausstellung handelt es sich um eine authentisch eingerichtete Werft aus der Zeit der Windjammer, die noch heute in Betrieb ist und in der insbesondere historische Segelschiffe restauriert werden (Mo–Fr während der Arbeitszeit 8–15 Uhr geöffnet).

Weitere Abteilungen des Nordmøre Museum umfassen u. a. das Klippfischlagerhaus (mit Böttcherei) Hjelkrembrygga og Woldbrygga. Doch eindrucksvoller ist ein Besuch des als **Knudtzondalen** bekannten Hauptgebäudes des Nordmøre-Museum an der Storgata 19 (ab Anleger zurück Richtung Brücke), das einerseits der Fischerei gewidmet ist, andererseits den traditionellen Handwerksberufen und insbesondere der Stadt- bzw. Insel-Geschichte, die um mehr als 9000 Jahre zurückreicht und mit der Fosna-Kultur (ca. 7000–2500 v. Chr.) ihren Anfang nahm (Di–Fr 10–14, So 12–15 Uhr).

Destinasion Kristiansund: Kongens plass 1, Tel. 71 58 54 54, Fax 71 58 54 55, www.visitkristiansund.com; ganzjährig Mo–Fr 8.30–15.30, 18.6.–19.8. Mo–Fr 9–19, Sa 10–15, So 11–17 Uhr.

Rica Hotel Kristiansund: Storgt. 41, Tel. 71 57 12 00, Fax 71 57 12 01, www.rica.no. Der Glas- und Betonbau liegt direkt am Hafen (700 m vom Hurtigruten-Kai entfernt). Bei der Einfahrt in den Vågen kann man sich vom Schiff aus bereits ein erstes Bild von diesem besten und mit 10 Stockwerken höchsten Hotel der Stadt machen. Hallenbad, Restaurant und Bar. EZ 825–1260 NOK, DZ 950–1460 NOK.

Atlanten Motel og Camping: Dalaveien 22, Tel. 71 67 11 04, Fax 71 67 24 05, www.atlanten.no. 1,5 km vom Stadtzentrum entfernte Anlage, in der man nicht nur zelten, sondern auch schlichte Zimmer (DZ ab 590 NOK) mieten kann. Eine Cafeteria ist angeschlossen, und zu einem Hallenbad sind es nur 300 m.

Smia Fiskerestaurant: Fosnagaten 30, Tel. 71 67 11 70; Mo–Fr 16–23, Sa ab 14 und So 14–21, 1.6.–20.8. tgl. 13–23 Uhr. Restaurant in einem kleinen Holzhaus aus dem Jahre 1787 mit urgemütlicher Einrichtung und einer guten Auswahl an Fischgerichten, insbesondere Klippfisch. Hauptgerichte ca. 160–250 NOK, zu empfehlen: *Bacalao* (175 NOK). **Sjøstjerna:** Skolegata 8 (Gågata), Tel. 71 67 87 78.; Mo–Fr 17–24, Sa ab 12 Uhr (im Sommer ab 11 Uhr). Das ›Seestern‹-Restaurant ist ein weiterer Schlemmertempel für Fisch und Meeresfrüchte. Auch hier hat man sich auf Klippfisch-Gerichte spezialisiert, wofür die Küche preisgekrönt wurde. Der Küchenchef empfiehlt u. a. *Klippfiskbrandade, Bolinhos de Bacalao* und *Klippfisk a la Sjøstjerna,* Hauptgerichte ca. 190–260 NOK.

Flug: Der Flughafen liegt rund 7 km außerhalb (Taxi ca. 120–150 NOK), Verbindungen u. a. mit Oslo, Bergen und Trondheim.
Bus: gute Verbindungen bis hinunter nach Oslo und hinauf nach Trondheim.
Mietwagen: Alle internationalen Anbieter sind in Kristiansund niedergelassen.
Schnellboot: Täglich bis zu 3 Verbindungen nach Trondheim.

Auf der Atlantikstraße

Reiseatlas: S. 205, F 1–2
Die Schiffsroute nach Molde führt durch die Hustadvika und den Julsund. Es gibt aber auch eine Überland-Verbindung dorthin, die Atlantikstraße (Atlanterhavsvegen). Sie führt über Brücken und Dämme sowie mehrere kleine Inseln und Holme entlang der Hustadvika. Beide Wege haben ihren Reiz und auch ihre Tücken, wie jeder bezeugen kann, der hier einmal bei schlechter, also vor allem stürmischer Wetterlage unterwegs war. Dann nämlich kann es sein, dass die 1989 eröffnete und außerordentlich exponiert liegende ›Atlantikstraße‹ unter der ungebrochenen Macht der herandonnernden Wellen verschwindet. Dann ist auch das Durchfahren der Hustadvika eine riskante und für manche ›Landratte‹ auch Übelkeit erregende Angelegenheit. 3 km breit ist der Gürtel von Riffen und Inseln, oft geht es dicht an der tosenden Brandung vorbei, die schon so manchem Schiff zum Verhängnis geworden ist.

Reiche Ausblicke genießt man auf beiden Routen, doch nur auf der Überland-Route umfasst der Blick auch den Romsdalsfjord und macht man die

Bekanntschaft mit verschiedenen Sehenswürdigkeiten. Eine Besichtigung wert ist zum Beispiel das **Ergan Kystfort,** eine deutsche Wehranlage aus dem Zweiten Weltkrieg, in der rund 350 deutsche Soldaten (sowie etwa 150 russische und polnische Kriegsgefangene) stationiert waren. Bestechend ist die weite Sicht auf die vorgelagerte Hustadvika und die Fischerinseln Bjørnsund und Ona. Letztere können von Molde aus im Rahmen von Bootstouren besucht werden. Insbesondere **Ona,** das ›Capri des Nordens‹, ist mit seinen bunten Holzhäusern rings um den Leuchtturm einen Ausflug wert. **Bjørnsund,** bis 1900 noch von etwa 550 Menschen bewohnt, ist heute nicht mehr ganzjährig bewohnt.

Das am Südzipfel der Hustad-Bucht gelegene Fischerdorf **Bud** war im 16. Jh. der größte Handelsplatz zwischen Bergen und Trondheim. Hier berief

Blick auf Bud

Molde

Reiseatlas: S. 205, F 2

Draußen vor der so oft so wilden Küste reihen sich idyllische Fischerinseln wie Perlen auf einer Schnur aneinander; landeinwärts erhebt sich das weiße Bollwerk der majestätischen Romsdals-Alpen, und in der Mitte zwischen diesen beiden Extremen erstreckt sich am Ausgang des weiten Romsdalsfjordes und zu Füßen des 407 m hohen Varden die etwa 24 000 Einwohner zählende Stadt Molde. Dieser Lage ist ihr heutiger Stellenwert als Touristenattraktion zu verdanken, wohingegen es eine besondere klimatische Gunst ist, die Molde den Beinamen ›Stadt der Rosen‹ einbrachte. Im Prospekt rühmt sie sich zudem als ›Jazzmetropole‹, denn seit 1960 findet hier alljährlich im Juli das Molde International Jazz Festival statt. Im Rahmen der Festwoche werden vor dem Rathaus jeden Tag ab 12 Uhr Gratiskonzerte geboten.

Gratis ist auch das auf unzähligen Postkarten und Broschüren abgedruckte **Moldepanorama** vom 407 m hohen ›Hausberg‹ Varden aus. Nur 10 Min. dauert die Taxifahrt vom Hafen zu der mit einem Restaurant gekrönten Höhe. 222 Berggipfel sind laut Prospekt von der auch zu Fuß (ca. 1 Std.) erreichbaren Landmarke aus zu betrachten, 87 Berggipfel ragen bis über 1000 m Höhe hinaus. Von der einzigartigen Schönheit dieser Szenerie fasziniert, schwärmte der berühmte britische Bergsteiger W. C. Slingsby: »Ich

1533 der letzte Erzbischof von Norwegen den Reichsrat zu einer Königswahl ein. Der Versuch, die Selbstständigkeit gegenüber den Dänen zu behaupten, schlug fehl, und bis 1814 war das Land praktisch eine Kolonie des südlichen Nachbarn. Die Kreuzkirche wurde 1717 aus Holz errichtet und, weil ihre Kuppel in der Schusslinie des Ergan Kystfort (s. o.) lag, im Krieg demontiert und anschließend mit dem Turm wieder aufgesetzt.

kenne kein einziges Alpenland in Norwegen, in der Schweiz oder in den Alpen, das solch eine großartige Schönheit besitzt, wie man sie hier in Sunnmøre findet.«

Gegründet wurde Molde als Handelsplatz für Holzexporte nach England und in die Niederlande schon im 14. Jahrhundert. Im Jahr 1742 erhielt es die Stadtrechte, und von da an ging es bergauf mit der Handels-, Fischerei- und später auch Industriestadt. Erst im April 1940 wurde Molde in seinem steten Wachstum unterbrochen, als es im Verlauf schwerer deutscher Bombardements nahezu vollständig zerstört wurde. Alte Bausubstanz ist also kaum zu finden bzw. nur im etwas außerhalb gelegenen **Romsdalsmuseum,** einem der größten und ältesten Volksmuseen des gesamten Landes, das 1912 gegründet wurde. Rund 50 alte Bauwerke aus Stadt und Land sind hier im Original zu besichtigen. Als Highlight gilt die malerische Bygata, die eine Altstadtzeile von Molde darstellt; im Sommer gibt es Folklore-Darbietungen, im Rahmen des ›Moldejazz‹ kann man kostenlosen Konzerten lauschen (13.6.–30.6. und 1.8.–14.8. Mo–Sa 11–15, So ab 12; Juli Mo–Sa 11–18, So ab 12 Uhr).

Aus vergangener Zeit herübergerettet sind auch die Fischerhäuser und Rorbuer, die Tranbrennerei und das Schulhaus, eine Werkstatt sowie eine Sammlung von Schiffen und Booten, die zusammen das **Hjertøya Fiskerimuseet** bilden. Es liegt auf der Molde direkt vorgelagerten Insel Hjertøya und ist ab dem Kai mit stündlich verkehrenden Taxibooten erreichbar (10 Min.). Nach einem Rundgang bietet es sich

an, mit einem Ruderboot auf den Fjord hinauszufahren oder zu baden (19.6.–7.8. tgl. 12–17 Uhr).

Doch diese Sehenswürdigkeiten zu besuchen hat nur Zeit, wer hier einen Aufenthalt einlegt, lediglich die Taxifahrt zum Varden kann evtl. auch während des Landgangs unternommen werden. Sonst bietet sich ein kleiner **Stadtspaziergang** an (vom Kai aus geradeaus auf die Einkaufsstraße, dort nach rechts, direkt ins Zentrum, sodann am Kai entlang zurück). Ganz offensichtlich ist, dass es sich bei Molde um eine außerordentlich reiche Kommune handelt, denn derart gepflegte Straßen und ästhetisch aufgewertete Zweckbauten hat man bislang kaum zu sehen bekommen in Norwegen. In dieses Bild fügt sich auch der links vom Hurtigruten-Kai gelegene Rundbau des neuen Stadions ein und insbesondere der Glasbau des angrenzenden Rica Seilet Hotel, der in architektonischer Hinsicht wohl europaweit nicht seinesgleichen hat.

Molde Turistinformasjon: Torget 4, 6413 Molde, Tel. 71 20 10 00, Fax 71 20 10 01; 20.6.–21.8. Mo–Fr 9–18, Sa bis 15, So 12–17, sonst Mo–Fr 8.30–15.30 Uhr.

Rica Seilet Hotel: Gideonvn. 2, Tel. 71 11 40 00, Fax 71 11 40 01, www.rica.no. Der von seiner Architektur her einem Segel nachempfundene und direkt am Fjord errichtete Glas- und Betonbau ist das auffälligste Gebäude von ganz Molde, und dem extravaganten Äußeren entspricht auch die Innengestaltung. Die Zimmer sind vom Allerfeinsten. EZ kosten ca. 1395 NOK, DZ ca. 1495

NOK, die Wochenendpreise belaufen sich auf 895 bzw. 995 NOK.

🍴 **Vardestua:** Varden, Tel. 71 25 10 86. Im Winter geschl. (wechselnde Öffnungszeiten), nicht das beste Restaurant der Stadt, aber in grandioser Lage: Direkt auf dem Varden (10 Min. mit dem Taxi, 1 Std. zu Fuß), 407 m über dem Meer, genießt man von diesem grasgedeckten Blockbau aus das schönste Panorama, das man sich vorstellen kann. Schlichte norwegische Küche, reichhaltig, moderate Preise (70–185 NOK); sehr empfehlenswert das Traditionsgericht Rømmegrøt med spekematkuvert zu 135 NOK.

🎭 Dutzende Veranstaltungen gibt es in Molde rund ums Jahr, doch gegen das berühmte **Molde International Jazz Festival** (Mitte Juli), übrigens das älteste Europas, verblassen sie alle. Bis zu 100 000 Jazz-Enthusiasten aus aller Welt kommen extra für dieses Festival nach Molde, wo sich eine Woche lang absolut alles rund um Jazz dreht. Informationen zu dieser Veranstaltung über Tel. 71 20 31 50 und Fax 71 20 31 51 und die Website www.moldejazz.no.

✈ **Flug:** Vom wenige Kilometer außerhalb gelegenen Flughafen aus bedient Braathens mehrmals tgl. die Routen von/nach Oslo, Bergen und Trondheim; es verkehren Flughafenbusse von/nach Rica Hotel.
Zug: Der nächste Bahnhof ist in Åndalsnes, schnell per Bus erreichbar, von dort aus dreimal tgl. Verbindungen nach Dombås mit Anschluss Richtung Oslo und Trondheim.
Bus: sehr gute Verbindungen Richtung Oslo und Bergen und hinauf nach Trondheim.
Mietwagen: u. a. über Hertz (Tel. 71 20 14 44) und Budget (Tel. 71 20 14 25).

Von Molde nach Ålesund

Reiseatlas: S. 205, F 2–D/E 2

Rund zwei Stunden braucht das Schiff von Molde bis Ålesund, doch darf man auf dieser Etappe nach all den unerhört abwechslungsreichen Bildern der vergangenen Stunden keine herausragenden Höhepunkte mehr erwarten. Das Schiff biegt nun ein in den Moldefjord, durch den hindurch es entlang bewaldeter Inselküste über das **Lepsøy-Riff** hinausgeht, wo im Jahre 1857 das erste Leuchtschiff des Landes verankert wurde.

Von hier aus schwenken wir gen Süden und genießen mehrfach einen Ausblick auf die gewaltigen Bergmassive von Sunnmøre, die als ein weiteres Paradestück norwegischer Landschaftsmajestät gelten. Bekrönt werden die eindrucksvollen Gebirgszüge von der Zinne des 1432 m hoch aufragenden Kolåstinden.

Jetzt stehen wir schon kurz vor Ålesund (s. S. 67ff.), und bevor es in den Hafen hineingeht, passieren wir die heute mit dem Festland verbundenen Inseln Valderøy – sie ist schon seit der Steinzeit bewohnt – und **Giske.** Letztere war im Mittelalter Sitz des außerordentlich machtvollen Giske-Geschlechts, das unter anderem die beiden Könige Magnus und Olav Kyrre stellte und landesweit mehr als 120 Höfe besaß. Herübergerettet aus jener Zeit ist die in der ersten Hälfte des 12. Jahrhunderts errichtete Kirche von Giske, die mit weißem Marmor verkleidet ist und sich im romanischen Stil präsentiert.

ZWÖLFTER TAG: ÅLESUND – BERGEN

Abschiedsstimmung! Aber auch noch einmal Blicke auf schroffe Küsten, über Schärengärten, auf Berggiganten und in Fjordöffnungen – nicht zuletzt in den Sognefjord, den längsten und tiefsten der Welt. Dann geht es, zwischen Inseln hindurch und um Inseln herum wieder nach Bergen zurück.

Von Ålesund nach Bergen

Reiseatlas: S. 205, D/E 2–204, A 4

Nun ist es also soweit! Unser letzter Hurtigruten-Tag ist angebrochen, und schon heute Nachmittag wird sich alles, was uns mittlerweile so geläufig geworden ist, in Erinnerung wandeln: das gleichmäßige Stampfen der Schiffsdieselmotoren, das leichte Rollen im Wellenschlag, der kräftige Seegeruch und das Licht über magisch scheinenden Landschaften ebenso wie all die Bilder und Einzelheiten dieser märchenhaften Reise. Deutlich spürbar hängt Abschiedsstimmung in der Luft, denn die meisten Passagiere haben schon gepackt und sind an Deck angetreten, um auch die letzten Seemeilen und die letzten Häfen voller Neugier zu erwarten.

Doch gar so viele Meilen sind das nicht mehr, und nur noch ein einziger Hafen wird angelaufen, denn Torvik (s. S. 66) und Måløy (s. S. 66) wurden nachts bzw. frühmorgens passiert. Nachdem das Schiff auch den schnellen Skatestraumen gemeistert hat, bleibt nur noch das inmitten eines ausgedehnten Schärenarchipels gelegene **Florø,** wo allerdings kein Landgang geplant ist. Einzige Sehenswürdigkeit ist das Sogn og Fjordane Kystmuseet mit drei Gebäuden und Freilichtabteilungen auf einem 75 000 m^2 großen Küstengelände, das ausführlich über die wechselvolle Geschichte dieser mit rund 10 000 Einwohnern (davon etwa 5000 im Stadtkern) größten und einzigen Stadt im Bezirk Sogn og Fjordane informiert (21.6.–22.8. Mo–Fr 11–18, Sa/So 12–16, sonst Mo–Fr 10-15 und So ab 12 Uhr).

Ihre Gründung verdankt Florø der Heringsfischerei, ihr Wachstum der Fischwirtschaft und heute vor allem der Erdgas- und Erdölexploration. Direkt westlich nämlich erstreckt sich eines der größten Offshore-Felder des norwegischen Kontinentalsockels. Im Städtchen selber lassen sich mehrere schöne Motive finden, insbesondere Speicherhäuser vor dem alten Kutterhafen direkt gegenüber dem Hurtigruten-Kai, aber nur etwa maximal 30 Min. hat man dafür zur Verfügung.

Südlich von Florø geht es auf Steuerbord an der Insel **Svanøy** vorbei, einem alten Siedlungsplatz, wie u. a. das St.-Olavs-Kreuz belegt, ein mit Runeninschriften versehenes Steinkreuz aus den Anfängen des Christentums in Norwegen. Es steht heute auf dem Gelände des alten Adelssitz Svanøy gård, dessen Parkanlagen mit Kiefern, deren Stammdurchmesser bis zu mehrere Meter beträgt, und bis über 10 m hoch aufragenden Christdornbäumen veranschaulichen, wie fruchtbar die ›Schwaneninsel‹ dank Kalkreichtum ist.

Ein Stückchen weiter wird die Insel Kinn passiert, Standort einer der ältesten romanischen Steinkirchen des Landes. Warum der in der Sunnfjord-Fahrrinne aufragende und rund 480 m hohe **Alden** bekannt ist als ›das norwegische Pferd‹ oder auch ›der norwegische Löwe‹, bedarf keiner näheren Erläuterung. Jahrhundertelang diente der Berg als wichtiges Seezeichen auf dem Weg nach Bergen.

Dann fährt das Schiff in den **Steinsund** ein, die letzte gefährliche Engstelle unserer Reise. Das Land, das diese äußerst schmale Fahrrinne durchschneidet, besteht aus vielfarbig grauen Bergbuckeln, vom Schliff der Gletscher und der Gewalt der Erosion gerundet, die dicht vor der wild zerfransten Küste eine wulstige Mauer bilden. – Impressionen von archaischer Schönheit unter einem oftmals sehr wetterwendischen Himmel. Wenn im Gegenlicht der Sonne Girlanden von Regenbögen die Steinwelt kränzen, dann können sich auch völlig unromantische Naturen im Schwelgen über die Schönheit der Hurtigruten-Reise verlieren.

Wo der Steinsund endet, öffnet sich links die Einfahrt in den **Sognefjord**, der als längster (204 km), tiefster (1308 m) und vielleicht auch schönster Fjord des Landes seinen Titel ›Fjord aller Fjorde‹ unbedingt zu Recht trägt. Im Rahmen der Hurtigruten-Fahrt wird er zwar nicht angelaufen, doch wer sich für die **Zusatzprogramme** ›Fjordhotel‹ und/oder ›Flåmbahn & Sognefjord-Express‹ (Beschreibung s. S. 45f.) entschieden hat, kann sich mit eigenen Augen davon überzeugen, warum der Sognefjord auf der Top-Ten-Rangliste der berühmtesten Natursehenswürdigkeiten Europas einen vorderen Platz einnimmt.

Die nächste Landmarke wird durch den Leuchtturm Holmengrå gesetzt. Der übersetzte Name ›Holmengrau‹ ist sprechende Bezeichnung für den südlich angrenzenden **Øygarden**, dessen unzählige Schären sich der Wucht des Meeres entgegenstellen und so die Küste beschützen. Außerdem markiert Holmengrå die Grenze zwischen den Bezirken Sogn og Fjordane und Hordaland, und hier passieren wir den westlichsten Punkt unserer Fahrt gegenüber Vardetangen, der mit den Koordinaten 4°56'58" das **Westkap** des norwegischen Festlandes bildet.

Letzte Stationen sind die Insel Herdla – im Mittelalter eine der Keimzellen des Christentums in Norwegen – und der östlich der Insel Askøy verlaufende **Herdlefjord,** der auf der südgehenden Strecke die Fahrrinne der Hurtigruten-Schiffe markiert und unsere Eingangspforte nach **Bergen** ist.

Florø Turistkontor: Strandgata 30, 6900 Florø, Tel. 57 74 75 05, Fax 57 74 77 16, www.vestkysten.no.

OSLO UND UMGEBUNG

Die grüne Hauptstadt Norwegens ist mehr als nur ein Stoppover auf dem Weg nach Bergen, denn die am Fjord zu Füßen bewaldeter Höhen gelegene Metropole beherbergt die größte Anzahl an Sehenswürdigkeiten im Königreich. Kein Weg führt vorbei an der prächtigen Pipervika, der mondänen Aker Brygge, der alten Stadtfestung Akershus, der Museumsinsel Bygdøy, dem Prachtboulevard Karl Johans gate und dem Königlichen Schloss.

Oslo

Das Schiff biegt aus dem weiten Oslofjord ein in einen schmalen Sund und fährt bald so dicht unter Land, dass man in die Fenster der Holzhäuser schauen kann. Zwischen Wiesenhügeln wachsen Buchen, vereinzelt tritt der Wald bis an die Ufer, vor denen bunte Boote auf dem Wasser schaukeln. Dann wird der Fjord wieder breiter. Das Schiff schlägt, zwischen Inselchen hindurch und um Inselchen herum, einen Bogen. Plötzlich liegt sie vor uns, die um 1050 unter König Harald Hårdrade gegründete Stadt. 1299 wurde Oslo zur Reichshauptstadt erhoben, nach Unterordnung Norwegens unter die dänische Krone (ab 1380) verlor sie an Bedeutung, und erst ab 1814, als das Land mit Schweden vereint wurde, stieg sie erneut zum Kristallisationspunkt der Macht auf. Sie ist eingebettet in einen grünen Bogen mittelhoher Berge, trägt eine Skisprungschanze in der Waldkrone und ist damit unver-

kennbar, *Uuschluu,* wie der Osloer sagt.

Vor ungefähr 200 Jahren zählte man in der damals noch Christiania genannten Stadt knapp 7500 Einwohner. Im 20. Jh. wurde die Talsenke am Oslofjord zu klein, es wuchsen Trabantenstädte ins Land hinaus, um den mittlerweile ca. 530 000 Einwohnern der seit 1925 wieder Oslo geheißenen Metropole Wohnraum zu verschaffen. Immer weiter, immer größer, immer mehr: Rechnet man die täglich aus den angrenzenden Ballungsräumen in die City strömenden Beschäftigten hinzu, hat in der wichtigsten Industrie-, Handels- und Hafenstadt des Landes nahezu jeder fünfte Norweger sein Auskommen.

Wer vom Meer her naht, den empfängt sie mit weit geöffneten Armen, auch derjenige, der mit dem Flugzeug kommt, erliegt ihrem Charme schon im Anflug und versteht, dass Oslo im Prospekt den Beinamen ›Schönste Hauptstadt der Welt‹ trägt. Ob sie es

ist, für Nicht-Norweger, sei dahinge-
stellt, doch wie dies unvergleichlich
schöne Norwegen kein normales,
durchschnittliches Land ist, so ist auch
seine bald 1000 Jahre alte Kapitale alles andere als eine Routinehauptstadt:
Sie ist von ihrer Ausdehnung her (454
km²) die größte Europas und – weil nur
zu einem Drittel ihrer Gesamtfläche be-
baut – die grünste des Kontinents. Ihr
geografisches Zentrum liegt in rau-
schenden Wäldern, von 1200 km Wan-
derwegen nebst 2000 km Langlaufloi-
pen erschlossen; an nicht weniger als
343 Seen kann man dem Großstadtle-
ben entkommen, auch die Strände am
und die 40 Inseln im Oslofjord sind wie
geschaffen, sich vom – nach norwegischen Verhältnissen – hektischen Treiben im Zentrum zu erholen.

Die Museumsinsel Bygdøy

Der Badespaß beginnt wenige Fährmi-
nuten vom Anleger vor dem Rathaus-
platz entfernt auf der Halbinsel Bygdøy, ein wald- und wiesenreiches Refugium und exklusivste Wohngegend der
Stadt. Außerdem finden sich hier die
bedeutendsten Dokumentationen norwegischen Volkstums, norwegischen
Entdeckungsgeistes und der Seetüch-
tigkeit dieser Nation.

Vom Anlegesteg der Fähre führt ein
ausgeschilderter Weg zum **Norsk
Folkemuseum** 1, das 1902 als erstes
norwegisches Freilichtmuseum eröffnet wurde. Es vermittelt ein ebenso
großartiges wie umfassendes Bild norwegischer Kultur aller Jahrhunderte. In
der 14 ha großen Freilichtabteilung fin-

Im Norsk Folkemuseum auf Bygdøy

Sehenswürdigkeiten

1 Norsk Folkemuseum
2 Wikingerschiffshalle
3 Fram-Museum
4 Kon-Tiki-Museum
5 Norwegisches
 Seefahrtsmuseum
6 Aker Brygge
7 Akershus-Festung
8 Forsvarsmuseum
 (Verteidigungsmuseum)
9 Hjemmefrontmuseet
 (Widerstandsmuseum)
10 Museet for samtidskunst
11 Norsk Arkitekturmuseum
12 Dom
13 Storting
14 Grand Hotell und Grand Café
15 Eidsvollpark
16 Studenterlunden
17 Universität
18 Nationalgalerie
19 Historisches Museum
20 Schloss
21 Nationaltheater
22 Rathaus
23 Nobel-Friedenszentrum

Übernachten

24 Thon Hotel Opera
25 Radisson SAS Scandinavia
 Hotel
26 Radisson SAS Plaza Hotel
27 Cochs Pensjonat

Essen und Trinken

28 Engebret Café
29 Stortorvets Gjæstgiveri
30 Det Gamle Rådhus
31 D/S Louise Restaurant & Bar

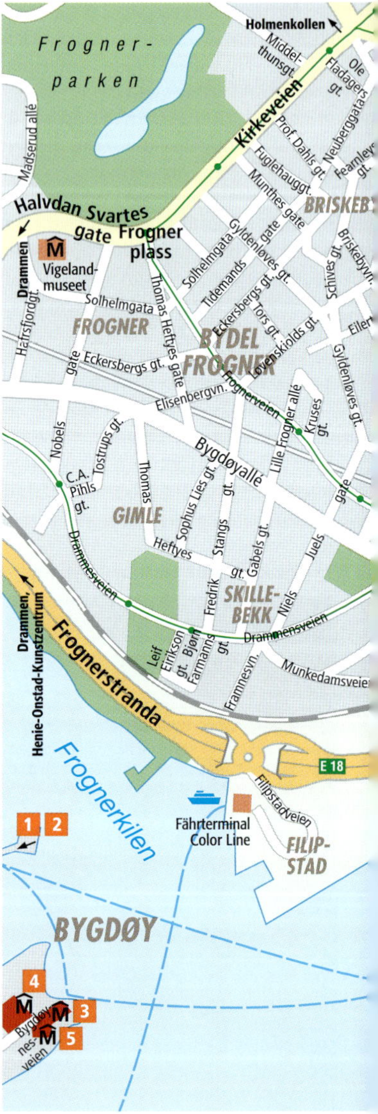

Oslo

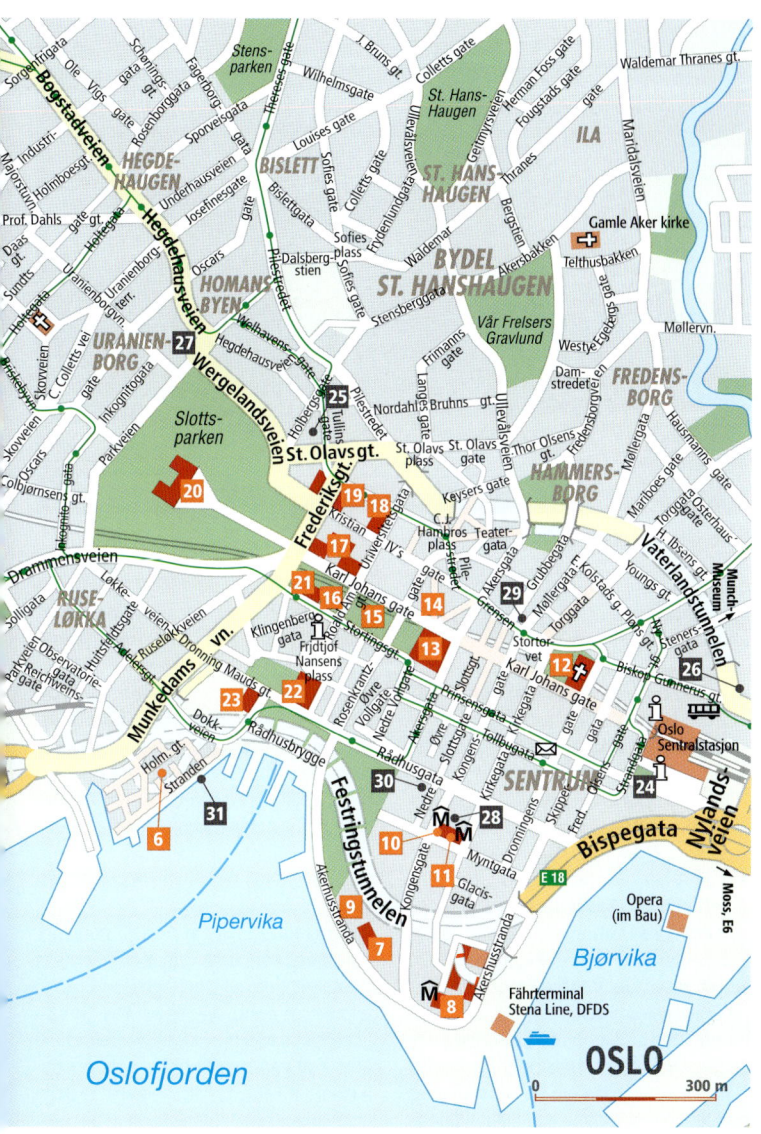

Blick auf die Festung Akershus

den sich über 170 Gebäude, zusammengetragen aus dem ganzen Land und hier wieder aufgebaut: Stadthäuser, Bauernhöfe, Speicher, Fischerhütten, Kirchen, unter ihnen auch die Stabkirche von Gol. Das Verschiedenartige der Jahrhunderte und Landschaften zeigt sich auch im Innern der Häuser, in denen Hausrat, Werkzeug und sakrale Kunstgegenstände ausgestellt sind. (15.5.–14.9. tgl. 10–18, sonst Mo–Fr 11–15, Sa/So bis 16 Uhr; vom 1.7. bis 22.8. Di, Mi, Fr und Sa 17.30 Uhr Folklore-Darbietungen).

Einzigartig und in direkter Nachbarschaft steht die **Wikingerschiffshalle** 2 (Vikingskiphuset), die die drei berühmtesten restaurierten Wikingerschiffe der Welt birgt: das reich verzierte Osebergschiff, das nie im Wasser war, sondern Grabbeigabe einer Häuptlingsfrau; das Gokstadschiff, 23,3 m lang und damit das größte erhaltene Wikingerschiff. Es wurde 1893 nachgebaut und überquerte den Ozean gen Amerika. Schließlich das nur noch teilweise erhaltene Tuneschiff. Auch andere Funde aus der Wikingerzeit – meist Grabbeigaben aus Gold und Silber – sind hier trefflich ausgestellt, kommen aber oft aufgrund des enormen Besucherandrangs nicht recht zur Geltung (1.5.–30.9. tgl. 9–18 Uhr, sonst 11–16 Uhr).

Wer müde ist, kann zum Fähranleger zurückkehren und das Schiff erneut besteigen, um an der nächsten Station wieder an Land zu gehen. Per Straße (ausgeschildert) sind es vielleicht 10 Min. Fußweg zu gleich drei besuchenswerten Museen. Mit seinem extrem hochgezogenen Dreiecksdach am auf-

172

fälligsten präsentiert sich das **Fram-Museum** ③. Mit dem nur 35 m langen und 1892 aus Eiche von Collin Archer erbauten Polarschiff ›Fram‹ machte sich Fridtjof Nansen auf, den Nordpol zu erreichen. Roald Amundsen lieh sich den dickleibigen Dreimastschoner aus, um an den Rand der Antarktis vorzustoßen, von wo aus er 1911 als erster Mensch zum Südpol gelangte. Das eindrucksvolle Schiff darf betreten und von innen betrachtet werden. In der lichtdurchfluteten Halle werden außerdem Fotos, Ausrüstungsgegenstände und Karten von den Polarfahrten ausgestellt, Zeitungsausschnitte hängen zuhauf an den Wänden. Die ›Gjøa‹, mit der Amundsen 1903 bis 1906 die berüchtigte Nordwestpassage bezwang, ist vor dem Fram-Haus aufgebockt (16.6.–31.8. tgl. 9–18.45, 1.5.–15.6. und Sept. tgl.10–16.45, Okt. 10–15.45 und Nov.–April 10–15.45 Uhr).

Gegenüber liegt das **Kon-Tiki-Museum** ④, in dem das Balsaholzfloß ›Kon-Tiki‹ aufgebaut ist, auf dem sich der norwegische Zoologe Thor Heyerdahl zusammen mit fünf Gefährten im Jahre 1947 in 101 Tagen von Peru nach Polynesien treiben ließ (4200 Seemeilen), um zu beweisen, dass Altperuaner schon z. Zt. unseres Mittelalters im Stillen Ozean gekreuzt sein können. In der Halle sind außerdem Gebrauchsgegenstände aus Südamerika und Polynesien sowie Steinskulpturen von der Osterinsel ausgestellt. In der Nachbarhalle befindet sich das Papyrus-Boot ›Ra II‹, der Nachbau eines Schiffes aus dem alten Ägypten, auf dem Thor Heyerdahl mit einer siebenköpfigen Mannschaft 1970 von Marokko aus in 57 Ta-

gen den Atlantik überquerte (1.6.–31.8. tgl. 9–17.30, April, Mai, Sept. tgl. 10–17, sonst 10.30–16 Uhr).

Bleibt das **Norwegische Seefahrtsmuseum** ⑤ (Norsk Sjøfartsmuseum), das die Geschichte der norwegischen Navigation von den Anfängen bis zur Gegenwart durch Modelle, Karten, Bilder und maritime Ausrüstungen darstellt. Auch eine Fischerei-Abteilung gibt es, Walfang eingeschlossen (15.5.–31.8. tgl. 10–18, sonst 10.30–16 Uhr).

Wem es nun, nach all dem anstrengenden Sightseeing, ein wenig nach Sonnen, Baden und Entspannen zumute ist, der steigt an der Haltestelle vor der Museums-Trinität in den Bus und fährt durch bis zur Endstation Huk, wo sich die beliebtesten Sandstrände der Stadt erstrecken, es auch Kioske und ein Restaurant gibt.

Entlang der Pipervika

Fähren bringen den Besucher in die eigentliche Stadt zurück, deren Front zum Oslofjord, die **Pipervika,** von zwei Polen geprägt wird: Ganz rechts erhebt sich Akershus, die Festung aus dem 14. Jh., während ganz links die postmodernen, schimmernden Glastürme der **Aker Brygge** ⑥ aufragen. Die Osloer sind stolz auf dieses Viertel im ehemaligen Werftgelände. Täglich quillt die Uferstraße Stranden förmlich über von Menschen, herrscht fast südländische Stimmung. Auf schwimmenden Plattformen oder auf dem Kai wird Eis geleckt, auf ausrangierten Ausflugsbooten getafelt. In luxuriösen Shoppingarkaden machen sich edle Boutiquen Konkurrenz. Aus über hundert

Kneipen, Pubs und Night Clubs dröhnt Dixie oder Freejazz, Norwegen-Pop oder Klassisches nach draußen, wo sich die Straßencafés aneinanderreihen und auf Freilicht-Auktionen Kitsch und Kunst unter den Hammer kommen.

Von diesen ›Docklands‹ aus geht es zunächst zur Pipervika zurück und dann über die Uferpromenade Akershusstranda vorbei an vor Anker liegenden Kreuzfahrtschiffen, Frachtern und vor allem auch prachtvoll herausgeputzten Veteranenbooten um das Hafenbecken herum zur unübersehbaren **Akershus-Festung** 7 . Dieses Bollwerk wurde in den ersten Jahren des 14. Jh. von Håkon V. als Palastburg errichtet und im 17. Jh. im Stil der Renaissance umgebaut. Mit Abstand am beeindruckendsten ist die weite Aussicht von den Festungswällen auf das angrenzende Hafengebiet, die Aker Brygge und die Pipervika bis hinüber zur Museumsinsel Bygdøy (tgl. 6–21 Uhr, Führungen um 10, 12, 14 und 16 Uhr).

Innerhalb der auch heute noch unter Militärverwaltung stehenden Festung gibt es mehrere Sehenswürdigkeiten. Das im Stil der Renaissance erbaute **Akershus slott** beeindruckt u. a. mit prachtvoll ausgestatteten Repräsentationssälen, der alten Schlosskirche und dem königlichen Mausoleum (2.5.–31.8. Mo–Sa 10–16, So ab 12.30 Uhr, Führungen um 11, 13, 15 Uhr).

Im **Forsvarsmuseet** 8 (Verteidigungsmuseum) wird ein Bild der norwegischen Militärgeschichte von der Wikingerzeit bis heute nachgezeichnet, eine Cafeteria bietet Erfrischungen an (1.5.–31.8. Mo–Fr 10–17, Sa/So 11–17, sonst Mo–Fr 11–16, Sa/So 11–17 Uhr).

Bleibt als letztes Highlight das **Hjemmefrontmuseet** 9 (Widerstandsmuseum). Der Standort ist trefflich gewählt, denn auf dem Platz davor fällte ein deutscher Marinerichter seine Todesurteile. Nüchtern und bar jeden Hasses erinnert die Ausstellung an den Widerstand gegen die deutschen Besatzer und ihre Gräueltaten (1.6.–31.8. Mo–Sa 10–17, So ab 11, sonst tgl. bis 16 Uhr).

Ein kurzes Wegstück weiter liegt am Bankplassen das **Museet for samtidskunst** 10 , das der zeitgenössischen Kunst ab etwa 1950 gewidmet ist (Di, Mi, Fr 10–18, Do 10–20, Sa/So 10–17 Uhr). Angrenzend das (2005 von der Kongensgate umgezogene) **Norsk Arkitekturmuseum** 11 , das die Architekturgeschichte Norwegens nachzeichnet. Eröffnung soll im Frühling 2007 sein, bis dahin finden sich Teile der Ausstellung u. a. im Museet for samtidskunst.

Die Karl Johans gate

›Via Veneto des Nordens‹, wird die Karl Johans gate, früher und heute Schlagader Oslos, auch genannt. Sie leitet in gerader, knapp 2 km langer Linie vom Hauptbahnhof zum Schloss und wurde 1814 auf Geheiß des schwedischen Oberherrn Karl Johan als Prunk-Boulevard erbaut. Majestätisch also ihr Name, majestätisch auch ihr Gepräge, dem einige der schönsten Bauwerke der Stadt Ausdruck verleihen.

Der **Dom** 12 mit dem zentralen Backsteinturm (die Turmuhr aus dem Jahr 1718 ist die älteste noch funktionierende in Norwegen) wurde 1694–99 errichtet und wiederholt restauriert. Sehenswert in der Bischofskirche sind insbesondere das Altarbild, die Kanzel, der Königsstuhl (alle 1700) und die 1950 fertig gestellte Gewölbedekoration. Das monumentale Werk in Ei-Öl-Tempera nimmt eine Fläche von 1500 m² ein (tgl. 10–16, außerdem Fr und Sa 22–0 Uhr).

Drei weitere Shopping-Blöcke sind zu bewältigen, dann erhebt sich linker Hand das 1861 im Stil der Neugotik errichtete **Storting** 13. Architektonisch setzt sich dieses Parlamentsgebäude nicht gerade in Pose, aber dafür beeindruckt das Innere mit einer reichen künstlerischen Ausstattung. Sehenswert ist u. a. das Gemälde der Verfassunggebenden Versammlung im Plenarsaal (Führungen, auch auf Englisch, Mo–Fr 19.6.–25.8. tgl. 10, 11.30 und 13 Uhr).

Ein paar Meter weiter, auf der rechten Straßenseite, prunkt das ehrwürdige **Grand Hotell** 14, ganz Kind des 19. Jh., mitsamt dem Grand Café, in dem alle Künstler von Ibsen bis Munch verkehrten. Dargestellt ist die illustre Künstlerschar auf dem großformatigen Gemälde im Innern, das aus Christian Kroghs Pinsel stammt.

Die nun wieder verkehrsumbrandete Promenade wird zur Rechten von weiteren Prunkbauten aus der norwegischen Gründerzeit flankiert, während sich linker Hand das satte Grün des von Wasserspielen aufgelockerten **Eidsvollpark** 15 auftut, wo sich Studenten der nahe gelegenen Universität und Stadtstreicher gerne ihre Zeit vertreiben. Jenseits der Roald Amundsen gata heißt der Park **Studenterlunden** 16; hier finden sich zahlreiche Biergärten. Links angrenzend liegt das Natio-

Theatercafé

Das Theatercafé im Hotel Continental (Stortingsgata 24–26, Tel. 22 82 40 50; Mo–Sa 11–23, So 15–22 Uhr) ist ein Wahrzeichen Oslos und eines der wenigen noch originalgetreuen Jugendstil-Kaffeehäuser Europas. Einst Knut Hamsuns Stammlokal, ist es heute Prominententreff und eigentlich auch eine sternchenverdächtige Sehenswürdigkeit für sich. Um Reservierung wird gebeten, Hauptgerichte 230–320 NOK.

naltheater (s. u.), ihm gegenüber die **Universität** 17, ein klassizistischer, von Säulen getragener Bau Sehenswert insbesondere die Aula mit einem Wandgemälde von Edvard Munch (im Sommer Mo–Fr 10–15 Uhr).

Die Fortsetzung des Rundgangs führt zum Schloss, aber zuvor sollte man nicht versäumen, der Universitetsgata ca. 150 m nach rechts zur **Nationalgalerie** 18 zu folgen. In der Hauptkunstsammlung Norwegens sind neben allen bedeutenden Malern des Landes auch Kunstwerke von Manet, Degas, van Gogh, Renoir, Gauguin und Picasso zu bewundern (Di, Mi und Fr 10–18, Do bis 20, Sa/So bis 17 Uhr, Mo geschlossen).

Angrenzend und direkt hinter der Universität befindet sich das **Historische Museum** 19, in einem der schönsten Jugendstilbauten der Stadt. Die Altertumssammlung zeigt u. a. Funde aus der Wikingerzeit sowie Portale von

Stabkirchen, die ethnographische Abteilung ist dem Leben fremder Völker gewidmet, und das Münzkabinett besticht mit einer umfassenden Münz- und Medaillensammlung (15.5.–14.9. Di–So 10–16, sonst 11–16 Uhr).

Über die Frederiksgate geht es auf die Karl Johans gate zurück, die nun, vom königlichen Park umschlossen, am Karl Johan-Reitermonument vorbei, direkt zum im Empire-Stil errichteten **Schloss** 20 führt. Schutzlos den Fotoangriffen der Touristen ausgeliefert sind die Palastwachen (Wachablösung tgl. um 13.30 Uhr), die ebenso elegant gekleidet sind wie ihre englischen Kollegen in Buckingham. 15 repräsentative Räume im eklektizistisch ausgestatteten Schloss sind der Öffentlichkeit im Sommer (24.6–13.8.) zugänglich. Führungen auf Englisch tgl. um 14 und 14.20, Mo–Do und Sa auch um 12 Uhr; 55 Min Dauer. Nur 10 Tickets/Tag am Schloss, sonst ab 1. 3. im Vorverkauf

Fjordfahrten & Sightseeing

Fahrten auf dem Oslofjord starten im Sommer an der Rådhusbrygge: Minikreuzfahrt (50 Min., 110 NOK), Miditour (2 Std., 195 NOK), Törn auf einem historischen Segelschiff (3 Std., 330 NOK). Auch geführte Bustouren von 4 Std. Dauer (380 NOK) und von 7,5 Std. Dauer (495 NOK) sind im Angebot. Informationen über das Touristenbüro und Båtservice AS, Tel. 23 35 68 90, www.boatsightseeing.com.

bei den Postämtern des Landes sowie unter www.billettservice.no).

Nun geht es zur Frederiksgate zurück und in die parallel zur Karl Johans gate verlaufenden Stortingsgata, zum 1895 erbauten **Nationaltheater** 21. Den Haupteingang schmücken zwei in Erz gegossene Skulpturen von Ibsen und Bjørnson.

Nach rund 100 m zweigt rechts die Roald Amundsen gata ab, wo eine ganz andere, kalt bedrängende Welt empfängt. Aus Backstein die schmucklosen Nutzbauten rechts und links, und aus dem gleichen Material das 1950 errichtete **Rathaus** 22 (Rådhuset), in dem die Friedensnobelpreise verliehen werden. Über den architektonischen Wert dieses zweitürmigen Bauwerks streiten sich die Osloer bis heute. Von Größe geprägt ist auch die innere Ausstattung, an der 28 Maler und Bildhauer arbeiteten (tgl. 9–16, Führungen um 9, 12, 14 Uhr; 45 Min.).

Vis-à-vis des Rathauses schließlich das **Nobel-Friedenszentrum** 23, Oslos neueste Sehenswürdigkeit, anlässlich der Feiern zur 100-jährigen Selbständigkeit Norwegens im Juni 2005 im einstigen Hauptbahnhof eröffnet. Neben einer ständigen Ausstellung zu den Arbeiten der bisherigen Friedensnobelpreisträger seit 1901 gibt es wechselnde Ausstellungen zum Thema Frieden. Darüber hinaus werden Hintergründe zum Nobelpreisstifter Alfred Nobel (1833–1896) gegeben sowie zu aktuellen Konfliktherden auf der Welt und zum internationalen Einsatz für den Frieden (1.6.–15.9. tgl. 10–19, sonst Di–Fr 10–18, Sa/So ab 11 Uhr; Führungen Sa/So um 15 Uhr).

Kunst in Oslo

In der Vigeland-Anlage im Frognerpark

Kunst in Oslo

Man kommt nicht an den drei berühmtesten Dokumentationen künstlerischen Schaffens in Oslo vorbei. Beginnen wir mit der **Vigeland-Anlage** im Frognerpark. Dieses monumentale ›Skulpturium‹, Ergebnis einer unfassbaren Produktivität in Eisen, Bronze und Stein, gilt gemeinhin als die skurrilste Eingebung, die je einem Bildhauer auf Erden widerfahren ist (mit der Straßenbahn Nr. 12 oder dem Bus Nr. 20 ab Nationaltheater).

Im Osten von Oslo liegt das **Munch-Museum,** in dem das Vermächtnis des Malers an die Stadt ausgestellt wird: ca. 18 000 Grafiken, 4500 Zeichnungen und 1100 Gemälde. Gezeigt wird zwar immer nur ein Teil dieses Monumentalwerks, doch im Sommer sind stets die berühmtesten Gemälde zu betrachten (Bus Nr. 60, 1.6.–31.8. tgl. 10–18, sonst Di–Fr 10–16, Sa/So 11–17 Uhr). Am 22.8.2004 stürmten mehrere bewaffnete Männer das Museum und entwendeten vor den Augen der Besucher die Bilder ›Der Schrei‹ und die ›Madonna‹. Sie sind bis heute nicht wieder aufgetaucht, doch Gott sei Dank schuf Munch eine weitere Version seines ›Schrei‹, nach wie vor zu bewundern in der Nationalgalerie (s. S. 176).

Den internationalen Strömungen in zeitgenössischer Literatur, Musik, Tanz, Film, Theater, Architektur und Kunsthandwerk kann man sich im 12 km westlich der City bei Sandvika gelegenen **Henie-Onstad-Kunstzentrum** widmen. Zum (gigantischen) Komplex gehören ein Panoramacafé, ein Skulpturenpark und ein eigener Strand. Wer an moderner Kunst interessiert ist, wird im ganzen Königreich kein Pendant zu dieser Sammlung finden (Bus Nr. 151, 252 und 261 ab Jernbanetorget, Di–Do 11–19, Fr–So 11–17 Uhr).

Tradition und Moderne: Wikingerschiff vor der Aker Brygge

Highlights rings um Oslo

Nördlich der Innenstadt, am Rande der waldreichen Oslomarka, erhebt sich die **Holmenkollen-Skisprungschanze**, die als Oslos Wahrzeichen Nr. 1 gilt, außerdem, mit über 1 Mio. Besucher jährlich, eines der ganz großen Highlights von Norwegen überhaupt ist. Die Linie 1 der hier ›T-bane‹ geheißenen U-Bahn führt vom Zentrum aus auf beeindruckender Panoramafahrt hinauf zum Balkon der Stadt, Station Holmenkollen, und nach einem blickreichen Spaziergang sowie einer abschließenden Liftfahrt steht man schließlich oben, ganz oben auf der erschreckend steilen Schanze und genießt ein wahres Traumbild hinunter auf

das rund 60 m tiefer gelegene Zuschauerrund (im Sommer als Freibad genutzt) sowie insbesondere die mehr als 400 m tiefer gelegene Stadt am Fjord. Gesprungen wird hier übrigens schon seit 1892, doch lag seinerzeit der Rekord bei ca. 21 m, so wurden bei den Olympischen Winterspielen 1952 bereits 71 m erreicht und liegt der momentane Rekord bei 136 m, erreicht vom Norweger Tommy Ingebrigtsen im Jahre 2006. Aber auch als Besucher ist ein Sprung möglich, nämlich im Simulator des bei der Schanze eingerichteten Skimuseums, das die Entwicklung des Skifahrens im Laufe der letzten 4000 Jahre nachzeichnet (geöffnet sind Schanze und Skimuseum tgl. 10–16 Uhr, im Juni, Juli, Aug. tgl. 9–20 Uhr, Mai/Sept. tgl. 10–17 Uhr).

🛈 **Turistinformasjonen ved Rådhuset:** Fridtjof Nansens Plass 5, Eingang von der Roald Amundsens gate aus, 0160 Oslo, Tel. 81 53 05 55, Fax 22 42 92 22, www.visitoslo.com; Jan.–März und Okt.–Dez. Mo–Fr 9–16, April, Mai, Sept. Mo–Sa 9–17, Juni–Aug. tgl. 9–19 Uhr.
Turistinformasjonen ved Trafikanten: Jernbanetorget 1, Trafikanten Service Centre, Jernbanetorget 1 (direkt vor dem Hauptbahnhof); Mo–Fr 7-20, Sa/So 8–18, Mai–Sept. bis 20 Uhr.

🛏 **Grand Hotell** 14: Karl Johans gt. 31, Tel. 23 21 20 00, Fax 23 21 21 00/ 01, www.grand.no. Edler Schmuckbau aus dem 19. Jh. in allerbester Lage, eine der ersten Adressen Norwegens, ausgestattet mit rund 290 eleganten Zimmern und Suiten, mehreren Restaurants einem Hallenbad. Bei Nobelpreisträgern, Staatshäuptern und Popstars gleichermaßen beliebt. EZ 1350 NOK, DZ 1600 NOK, an den Wochenenden/im Sommer 1095 NOK bzw.1295 NOK.
Thon Hotel Opera 24: Christian Frederiksplass 5, Tel. 24 10 30 00, Fax 24 10 30 10, www.thonhotels.no. Spitzenhotel nahe dem Hauptbahnhof mit 434 Komfortzimmern (Schreibtisch, TV, Minibar) auf 10 Etagen, von denen die meisten einen weiten Blick auf den Oslofjord bzw. das Stadtzentrum bieten. EZ ca. 1180 NOK, DZ ca. 1380 NOK, an Wochenenden und im Sommer 770 NOK bzw. 970 NOK.
Radisson SAS Scandinavia Hotel 25: Holbergsgate 30, Tel. 23 29 30 00, Fax 23 29 30 01, www.radissonsas.com. Nahe dem Königlichen Schloss aufragendes Tower-Hotel mit allem, was der verwöhnte Reisende nur begehren mag (auch Hallenbad). Die 448 Zimmer bieten teils eine atemberaubende Aussicht über die Stadt und den Fjord. EZ 855 NOK (Wochenende), 1295 NOK, DZ 995–1495 NOK, im Sommer EZ/DZ ab 925 NOK.

Radisson SAS Plaza Hotel 26: Sonja Henies Plass 3, Tel. 22 05 80 00, Fax 22 05 80 10, www.radissonsas.com. Mit seinen 37 Etagen gilt dieser Fünf-Sterne-Glaspalast mittlerweile fast schon als Wahrzeichen Oslos. Die Aussicht von den 673 Zimmern über den Fjord und die Stadt ist schlicht bombastisch. Restaurants, Hallenbad und Panorama-Nachtklub in der 33. Etage. EZ 1395 NOK, DZ ca. 1595 NOK, an Wochenenden bzw. im Sommer EZ ca. 995, DZ 1095 NOK.
Cochs Pensjonat 27: Parkveien 25, Tel. 23 33 24 00, Fax. 23 33 24 10, www.cochspensjonat.no. 2002 renovierte Pension nahe Schlosspark seit nunmehr 100 Jahren. Die 88 Zimmer auf 5 Etagen sind zwar eher schlicht eingerichtet, doch günstig, haben teils Gemeinschaftsbad (EZ/DZ 400/560 NOK), teils Kitchenette (EZ/DZ 500/660 NOK), sind aber, wenn nach vorne gelegen, laut; auch Drei- und Vierbettzimmer (ab 705 bzw. 860 NOK).
Oslo Vandrerhjem Haraldsheim: Haraldsheimvn. 4, Grefsen, Tel. 22 22 29 65, Fax 22 22 10 25, www.haraldsheim.oslo. no; erreichbar mit Straßenbahn Nr. 17 ab Hauptbahnhof (Station Sinsenkrysset), au-

Oslo-Pass

Fragen Sie im Touristenbüro nach dem *Oslo Pass*. Er berechtigt zum gebührenfreien Parken in der Stadt, zur kostenlosen Benutzung der Stadtbusse und -bahnen und zum freien Eintritt in die Museen. Der Pass kostet für einen Tag 195 NOK, für zwei Tage 285 NOK, für drei Tage 375 NOK, Familienkarte 395 NOK für einen Tag. Erwerben kann man den Pass auch in den meisten Hotels.

ßerdem mit dem Lokalzug ab Bahnhof (Station Grefsen). Über 270 Betten in Vierer-, Doppel- und Einzelzimmern, hoher Komfort und schöne Lage. Betten ab 185 NOK, EZ ab 310 NOK, DZ ab 430 NOK, Frühstück inkl.

Engebret Café 28: Bankplassen 1, Tel. 22 82 25 25; Mo–Fr 11–23, Sa ab 12, So 15–22 Uhr, Reservierung empfohlen. Seit mehr als 140 Jahren eine der ersten Anlaufstellen in Oslo für allerfeinste norwegische Küche, ganz zart französisch angehaucht. Spezialitäten sind Fisch und Meeresfrüchte (250–375 NOK) bzw., im Herbst, auch Wild (ca. 450 NOK); Vorspeisen (sehr empfehlenswert u. a. die Fischsuppe) kosten 95–145 NOK. Schön übrigens auch zum Draußensitzen.

Stortorvets Gjæstgiveri 29: Grensen 1, Tel. 23 35 63 70, Mo-Sa ab 11 Uhr. Oslos ältestes Restaurant, bald schon 300 Jahre alt, und genauso gemütlich eingerichtet. Auf dem Menü stehen vor allem norwegische Traditionsgerichte (Vorspeisen 80–145 NOK, Hauptgerichte 190–250 NOK), aber auch die Kunst der Bacalao-Zubereitung wird hier hochgehalten (205 NOK). Im angeschlossenen Café (jeden Sa 13.30–16.30 Uhr Live-Jazz der 20er/30er-Jahre) werden auch Lunch-Gerichte sowie kleinere Mahlzeiten gereicht, stets eine Empfehlung sind dort Fischsuppe (110 NOK) sowie die tgl. wechselnde Dagens husmannskost (115 NOK).

Det Gamle Rådhus 30: Nedre Slottsgt. 1, Tel. 22 42 01 07; Mo–Sa 11–23 Uhr, So geschlossen. Norwegische Spezialitäten, insbesondere Fisch- und Wild-Gerichte, mit Idealismus serviert, im alten Rathaus aus dem 17. Jh. Ca. 180–250 NOK pro Person.

D/S Louise Restaurant & Bar 31: Stranden 3, Aker Brygge, Tel. 22 83 00 60; tgl. ab 11 Uhr. Das ›D/S‹ steht für Dampfschiff, entsprechend maritim ist das Restaurant ausgestattet. Man kann draußen sitzen

(schöne Aussicht auf die Pipervika), Hauptgerichte ca. 180–335 NOK.

Grand Café 14: Grand Hotell, Karl Johans gt. 31, Tel. 23 21 20 00; Mo–Sa 11–23.30, So ab 12 Uhr. Es spricht für sich, dass hier Ibsen, Munch, Krogh und andere Berühmtheiten zu speisen und ihren Kaffee zu trinken pflegten. Das Café & Restaurant wirbt heute mit der größten Smørbrød-, Dessert- und Salatbar Norwegens. Smørbrødsbuffet 285 NOK, Ibsenmenü 395 NOK, Hauptgerichte um 250 NOK.

Die meisten Geschäfte sind werktags 10–17 Uhr, Sa bis 14 Uhr geöffnet.
Juhls' Silvergallery: Roald Amundsen gt. 6. Laden der berühmten Silberschmiede aus Kautokeino (Finnmark); das Feinste und Ausgefallenste an Silberschmuck.
Fenaknoken: Tordenskioldsgate 7. Ob Rentierfleisch aus der Finnmark, Pinnekjøtt aus dem Vestland, Räucherlachs und Wildschwein aus der Telemark oder Trockenfisch von den Lofoten: Fenaknoken gilt als ›der‹ Feinschmeckerladen in Oslo für Delikatessen aus dem ganzen Land.
David-Andersen: Karl Johans gt. 20. Einer der führenden skandinavischen Juweliere, große Auswahl auch an Saga-Schmuck (nach Art der alten Wikinger).
Norway Design: Stortingsgt. 28. Größte Auswahl an allem, was man sich unter Design im Allgemeinen vorstellt.

Größte Nightlife-Zentren von Oslo sind die **Aker Brygge** (herrlich auch zum Draußensitzen) und die zwischen Storting und Eidsvollpark verlaufende **Rosenkrantzgate**, mit dutzenden von Pubs und Bars, Diskotheken und Nightclubs. In der **Karl Johnas gate** laden v.a. Bars ein, während sich rings um den **Stortorvet** (Hauptplatz) Jazz- und Bluesclubs finden. Die Szene trifft sich im **Grønland** nördlich vom Hauptbahnhof, während das westliche Stadtviertel **Majorstua** mit dem Bogstadveien sowie dem Hedgehaugsveien das gut situierte Publikum anzieht. Vor 22 Uhr aber ist nirgends etwas los, dafür geht es bis gegen 3 oder 5 Uhr morgens.

Dutzende Feste und Veranstaltungen gibt es rund ums Jahr, v. a. im Sommer. Informationen in der Broschüre ›What's On‹ (kostenlos in Touristenbüros).

Flug: Der Oslo Gardermoen Lufthavn (etwa 50 km südlich von Eidsvoll) ist problemlos mit öffentlichen Verkehrsmitteln zu erreichen. Taxi: Festpreise von 395–650 NOK (je Gesellschaft), am billigsten mit Taxi2 (Tel. 022 02). Flytoget (Flughafenzug): im 10-Min.-Takt vom Hauptbahnhof zum Flughafen (20 Min., 160 NOK). Alle Züge nach Lillehammer, Trondheim etc. halten am Flughafen. Flughafenbus von Nor-Way Bussekspressen (alle 30 Min.; ca. 40 Min., 145 NOK). SAS-Flughafenbus: bis 6mal pro Std. (120 NOK) Weitere Buslinien fahren den Flughafen 1- bis 2mal pro Std. an (1 Std.). Infos: Tel. 177. Der Billigflieger Ryanair startet ab Oslo-Torp, dem rund 80 km entfernten Flughafen von Sandefjord. Hin kommt man am schnellsten (knapp 2 Std.) und günstigsten (130 NOK) mit dem Torp Express, der vom Busbahnhof aus mehrmals tgl. zum Flughafen fährt (Information: Tel. 177). Die Tickets beim Billigflieger Germanwings (Gardermoen–Köln) bucht man online.

Zug: Züge in alle Richtungen starten ab Oslo Sentralstasjon (Hauptbahnhof, oft mit ›Oslo S‹ ausgeschildert), Jernbanetorget; Informationen über Trafikanten (s. Stadtverkehr) oder Tel. 177, außerdem über Tel. 81 50 08 88 (auch Buchung).

Bus: Busverbindungen ins In- und Ausland über den Busbahnhof von Nor-Way Bussekspress beim Hauptbahnhof 8–10, Tel. 81 54 44 44 (Auskunft und Platzreservierung); Auskunft auch über die übliche Nummer (Tel. 177).

Fähren: Die Fähranleger (ausgeschildert) liegen nahe dem Zentrum und werden auch von Bussen angefahren. Color Line: Hjortneskaia, Tel. 81 00 08 11, Fax 22 52 02 40, www.colorline.no, tgl. Oslo–Kiel, Oslo–Hirtshals/Fredrikshavn. Stena Line: Jernbanetorget 2, Tel. 23 17 90 00, 020 10, www.stenaline.no; Oslo–Fredrikshavn

Mietwagen: die größte Auswahl (auch Minibusse) bei u. a. Avis (Tel. 81 56 90 44; auch am Flughafen) und Hertz (Tel. 22 21 00 00; auch am Flughafen).

Stadtverkehr: Der innere Stadtbereich von Oslo ist gebührenpflichtig. An Parkhäusern herrscht kein Mangel. Wohnmobile können in Bygdøy im Bereich der großen Museen (s. S. 169ff.) parken oder an der E 18 Richtung Drammen beim Båthavna på Sjølust (ausgeschildert; Wohnmobilplatz, Tel. 22 50 91 93, 1.6.–15.9., Stellplatz 120 NOK). Oslos Verkehrsnetz ist vorbildlich. Wer viel mit Bus und Bahn fährt, wendet sich an Trafikanten (vor Hauptbahnhof), wo man Mo–Fr 7–20 (Sa/So 8–18 Uhr) kostenlose Fahrpläne erhält. **Taxis** sind teuer, Bestellung: Tel. 0 23 23.

REISEINFOS VON A BIS Z

Alle wichtigen Informationen rund ums Reisen auf einen Blick – von A wie Anreise bis Z wie Zeitungen

Extra: Ein Sprachführer mit Hinweisen zur Aussprache, wichtigen Redewendungen, einem Überblick über die norwegische Speisekarte und Zahlen

Die Hurtigruten-Schiffe bahnen sich ihren Weg durch Schären und Meerengen

REISEINFORMATIONEN VON A BIS Z

Anreise

... mit der Fähre

Die Øresundverbindung zwischen Dänemark und Schweden (www.oeresundsbron.com, Tel. 0045/70 23 90 60) ist mautpflichtig und weder billiger noch schneller als die Fähre. Generell sind Nachtfahrten Mo–Fr am günstigsten, Tagesfahrten an den Wochenenden am teuersten und im Vorhinein gekaufte Tickets bis zu 30 % günstiger.

Color Line, Norwegenkai, D-24143 Kiel-Gaarden, Tel. 04 31/73 00 300, www.colorline.de (Kiel/D–Oslo/N; Hirtshals/DK–Kristiansand/N; Hirtshals/DK–Larvik/N; Hirtshals/DK–Oslo /N;Frederikshavn/DK–Larvik/N; Fredrikshavn/DK-Oslo; Hirtshals/DK-Stavanger/N-Bergen/N; Strömstad/S–Sandefjord/N); Hirtshals/DK-Stavanger/N-Bergen/N.

NSA, Norwegische Schifffahrts Agentur GmbH, Fjord Line, Kleine Johannisstraße 10, D-20457 Hamburg, Tel. 040 37 69 33 50, Fax 040 37 69 32 00, www.fjordline.de (Hanstholm/DK– Egersund/N–Haugesund/N–Bergen/N).

TT-Line, Mattentwiete 8, D-20457 Hamburg, Tel. 040/3 60 14 42, Fax 040/3 60 14 07, www.ttline.de (Rostock/ D–Trelleborg/S; Travemünde/D– Trelleborg/S).

Stena Line: Schwedenkai 1, D-24103 Kiel, Tel. 0 18 05/91 66 66, www.stenaline.de; u. a. Fredrikshavn/DK–Oslo/N.

Scandlines, Hochhaus am Fährhafen, D-18119 Rostock, Tel. 0 18 05/11 66 88, www.scandlines.de (Rostock/D –Trelleborg/S; Sassnitz/Rügen/D–Trelleborg/S; Puttgarden/D–Rødby/DK; Rostock/D–Gedser/DK). – Buchung und Infos in allen Bahnhöfen der Bundesrepublik.

Günstig sind die sog. Durchtickets, die Fährkombinationen: Puttgarden/Fehmarn/D–Rødby/DK und Helsingør/DK–Helsingborg/S oder Rostock/D– Gedser/DK und Helsingør/DK–Helsingborg/S.

... mit der Bahn

Internationale Züge fahren via Hamburg, Kopenhagen und Göteborg oder als Nachtzug via Berlin, Sassnitz, Trelleborg über Malmö und Göteborg nach Oslo.

Der **ScanRail Pass** gilt in Norwegen, Schweden, Finnland sowie Dänemark und ist in vier Varianten für die 2. Klasse erhältlich. Für 370 € fährt man drei Wochen lang, für 238 € an fünf beliebigen Tagen innerhalb von 2 Monaten, für 288 € an acht beliebigen Tagen innerhalb von zwei Monaten, für 320 € an zehn beliebigen Tagen innerhalb von zwei Monaten. Kinder, Junioren und Senioren erhalten Rabatt, außerdem gelten auf diversen Fähr-, Zug- und Busverbindungen in und zwischen den skandinavischen Ländern Preisermäßigungen. Informationen in allen DB-Reisezentren, unter www.bahn.de und www.scanrail.de.

Über weitere Rabattsysteme informiert: **Skandinavisches Reisebüro,** Kleine Johannisstr. 10, D-20457 Hamburg, Tel. 040/3 60 01 50, Fax 040/36 64 83, www.skandinavisches-reisebuero.de.

... mit dem Bus

Oslo kann man von den meisten Großstädten Deutschlands, der Schweiz und Österreichs aus problemlos erreichen. Ab Frankfurt kostet das Ticket ca. 140 € für die einfache Fahrt, ca.

252 € für die Hin- und Rückfahrt, ab Oslo geht's weiter mit NOR-Way Busekspress nach Bergen.

Haupt-Anbieter für Busfahrten ist die **Deutsche Touring,** Am Römerhof 17, 60486 Frankfurt, Tel. 069/79 03 50, Fax 069/7 90 32 19, www.deutsche-touring.de.

NOR-Way Busekspress, Karl Johans gate 2, N-0154 Oslo, Tel. 81 54 44 44, Fax 22 00 16 31, www.nor-way.no.

... mit dem Flugzeug

SAS fliegt (in Zusammenarbeit mit der Lufthansa) täglich von zahlreichen deutschen Städten sowie u. a. von Wien, Zürich und Amsterdam aus nach Oslo und Bergen. Verschiedene Tarife helfen Geld zu sparen, und dank dem Konkurrenzdruck der Billigflieger kann man nun bereits ab 70 € von Deutschland aus Norwegen erreichen. Am billigsten kommt es, online zu buchen (www.flysas.com), sonstige Informationen und Reservierung über die SAS-Service-Rufnummern: Tel. 0 18 05/11 70 02 (Deutschland), Tel. 01-680 55 44 66 (Österreich), Tel. 01-205 50 70 (Schweiz).

Bleibt als zweite Möglichkeit der Billigflieger **Ryanair**, der täglich die Strecke Frankfurt-Hahn–Oslo-Torp (bei Sandefjord) bedient. Ab Oslo-Torp gibt es einen Buszubringer nach Oslo, der 130 NOK kostet. Infos und Buchung (auch von Hotels und Mietwagen vor Ort) über: www.ryanair.com und die Servicerufnummern 09 00-116 05 00 (Deutschland), 09 00-21 02 40 (Österreich), 09 00-80 80 08 (Schweiz).

Ein weiterer Billigflieger ist die norwegische **Norwegian Air**, die mehrmals wöchentlich bis tgl. die Strecken ab Berlin, Hamburg, Düsseldorf, Salzburg nach Oslo bedient, zwischen Mai und Okt. zudem die Strecken Hamburg–Bergen sowie München–Oslo. Ständig kommen weitere Destinationen hinzu, man bucht online (www.norwegian.no) oder telefonisch (Tel. 81 52 18 15).

Germanwings fliegt die Strecken von Düsseldorf, Hamburg sowie Berlin nach Oslo. Buchen online (www. germanwings. com) oder telefonisch (Tel. 09 00-191 91 00). Zusätzlich zu den Linienflügen bietet NSA im Sommer auch günstige Charterflüge an (2006: Do Frankfurt–Bergen, Di Düsseldorf–Bergen, Düsseldorf–Kirkenes).

Einschiffung

Einschiffung in Bergen (Hurtigrutenkai; wenige Taximinuten ab Zentrum) im Sommer (16.4.-17.9.) ab 17 Uhr (Abfahrt 20 Uhr), im Winter ab 18 Uhr (Abfahrt 22.30 Uhr). Bei Gruppenreisen ist ein kostenloser Transfer inklusive. An allen anderen Häfen Einschiffung direkt nach Anlegen des Schiffes, **Fahrzeuge** müssen stets mindestens 30 Min. vor Abfahrt vorgeführt werden.

Aktiv an Bord

Alle Schiffe der neuen Generation verfügen über einen einfach ausgestatteten Fitnessraum sowie eine Sauna. Die ›MS Finnmarken‹ bietet zusätzlich einen (auch im Winter geöffneten) beheizten Außenwhirlpool nebst einem Gesundheits- und Frisörsalon. Einige Schiffe der neuen Generation werden nach und nach ebenso mit Außenwhirlpools ausgestattet.

Alkohol

Auf allen Hurtigruten-Schiffen sind Bier, Wein und Spirituosen zwischen 6 Uhr morgens und 3 Uhr nachts erhältlich. An Land wird Alkohol nur in den rar gesäten (staatlichen) Alkoholläden verkauft, die den Namen Vinmonopolet A/S tragen. Bier bekommt man vielerorts nur in Geschäften mit dem Hinweis ›Øl-Utsalg‹. Nur Leichtbier (2,5 %) und alkoholfreies Bier kann man überall erstehen. Für den Erwerb von Bier und Wein muss man mind. 18 Jahre, für Spirituosen mind. 20 Jahre alt sein. Wein gibt es kaum unter 80 NOK (0,7 l), ›harte Sachen‹ kosten ab 220 NOK, eine Dose Pils ab 20 NOK.

Ärztliche Versorgung

Wer ärztliche Hilfe benötigt, wende sich an eine Ärztestation *(legesenter* oder *legekontor)* oder das örtliche Krankenhaus *(sjukehus* oder *sjukestue)* bzw. an einen Zahnarzt *(tannleger)* oder eine Zahnarztstation *(tannhelsetjenesten)*. An Bord gibt es keinen Arzt, aber eine Krankenkabine. Die Telefonisten sprechen (wie die Ärzte) oft Deutsch, auf jeden Fall Englisch. Ein Termin für einen Arztbesuch an Land kann von der Rezeption an Bord aus bestellt werden.

Apotheken

Die meisten Medikamente bekommt man nur auf Rezept eines norwegischen Arztes. Touristen müssen ihre Medikamente bar bezahlen (Erstattung später evtl. von der heimischen Krankenkasse). Wegen der kurzen Abstände zwischen den einzelnen Häfen gibt es an Bord keine Apotheke (aber natürlich eine Erste-Hilfe-Ausstattung).

Auto fahren

Auto an Bord: Jedes Schiff (außer die ›MS Lofoten‹) hat 40–50 Autostellplätze. Das Auto mitzunehmen kostet 2279 NOK pro Strecke. Rechtzeitige Reservierung ist ein ›Muss‹.
Verkehrsbestimmungen: Die erlaubte Geschwindigkeit liegt bei 50 km/h in geschlossenen Ortschaften, 80 km/h außerhalb bzw. 60 km/h für (ungebremste) Gespanne. Eine Überschreitung der Höchstgeschwindigkeit kann teuer werden: 1 km kostet 500 NOK, 20 km zu schnell kosten 4200 NOK! Wer ›gurtlos‹ erwischt wird, muss 750 NOK bezahlen, die Promillegrenze liegt bei 0,2. Auch tagsüber ist in Norwegen mit Abblendlicht zu fahren.
Tanken: Die Treibstoffpreise sind völlig instabil, in aller Regel, auch für Diesel, aber etwas höher als in Deutschland.
Hochgebirgsstraßen: Einige Hochgebirgsstraßen sind im Winter gesperrt. Auskünfte erhält man beim Norweg. Fremdenverkehrsamt sowie – in Norwegen – über Statensvegvesen, Tel. 175, 81 54 89 91, www.vegvesen.no. Die **NAF-Notrufzentrale** ist 24 Std. zu erreichen unter Tel. 81 00 05 05. Die reine Pannenhilfe ist, wie international üblich, für Mitglieder der deutschen Automobilclubs kostenlos.

Behinderte

Auf allen Schiffen der Hurtigruten (außer der ›MS Lofoten‹) stehen rollstuhlgerechte Kabinen zur Verfügung. Auch an Land sind nahezu alle öffentlichen Einrichtungen und Hotels, aber auch Eingänge, Gehsteige, Lifts etc. auf die Belange von Rollstuhlfahrern zugeschnitten. Die NSB (norwegische Eisenbahn) hat eigens für Körperbehinderte eingerichtete Wagen. Weitere Informationen und einen Behinderten-Reiseführer gibt es bei: **Norges handikapforbund,** Schweigaardsgt. 12, N-0185 Oslo, Tel: 24 10 24 00, Fax 24 10 24 99, www.nhf.no.

Diät

Spezielle Speisen, wie z. B. vegetarische Kost und Diäten, müssen rechtzeitig und detailliert vor der Reise bei der NSA bestellt werden.

Diplomatische Vertretungen

Botschaft der Bundesrepublik Deutschland, Oscarsgate 45, N-0244 Oslo, Tel. 23 27 54 00, Fax 22 44 76 72 **Botschaft von Österreich,** Thomas Heftyesgt. 19–21. N-0244 Oslo, Tel. 22 55 23 48, Fax 22 55 43 61 **Botschaft der Schweiz,** Bygdøy Allé 78, N-0268 Oslo, Tel. 22 54 23 90, Fax 22 44 63 50

Einreisebestimmungen

Personalpapiere: Man benötigt einen gültigen Personalausweis bzw. eine Identitätskarte oder einen Reisepass. **Fahrzeugpapiere:** Das Nationalitätskennzeichen ist Pflicht. Die Internationale Versicherungskarte (Grüne Karte) ist nicht erforderlich, wird aber emp-

fohlen. Der nationale Führerschein ist ausreichend, auch um ein Auto vor Ort zu mieten. **Einfuhr von Tieren:** Bei der Einreise nach Norwegen muss eine von einem Tierarzt unterschriebene Bescheinigung vorgelegt werden, die aus einer Gesundheits- und einer Impfbescheinigung besteht. Das Formular bekommt man beim Tierarzt oder von der Norwegischen Tiergesundheitsverwaltung: Statens dyrehelsetilsyn, Postboks 8147, N-0033 Oslo Tel. 22 24 19 40 (Mo-Fr 8-15 Uhr), Fax 22 24 19 45, www.dyrehelsetilsynet.no. **Zoll:** Norwegen ist kein Mitglied der EU, entsprechend sind mehrere Sondervorschriften zu beachten. **Alkohol:** Ab 18 Jahren dürfen 2 l Wein (bis 22%) und 2 l Bier eingeführt werden, ab 20 Jahren statt 2 l Wein auch 1 l Wein und 1 l Spirituosen (bis 60%). Zusätzlich zu den zollfreien Waren darf man noch 4 l Spirituosen und 10 l Bier gegen Verzollung einführen. **Tabakwaren** darf man ab 18 Jahren einführen: 200 Zigaretten oder 250 g Tabak und 200 Stck. Zigarettenpapier.

Feiertage

Feiertage sind der 1. Januar, Gründonnerstag sowie Karfreitag und Ostermontag, der 1. Mai, der 17. Mai (Nationalfeiertag), Christi Himmelfahrt, Pfingstmontag sowie der 25. und der 26. Dezember.

Fotografieren

Alles, was benötigt wird, sollte man von zu Hause mitbringen, denn Filme sind etwa doppelt so teuer wie bei uns, Diafilme bis zu dreimal so teuer. Filme gibt es auch in den Supermärkten zu kaufen, Diafilme meist nur in Fotoläden. Sehr sinnvoll ist auch die Mitnahme eines **Fernglases.**

Geld

In Norwegen und an Bord zahlt man mit Norwegischen Kronen (NOK). Das kleinste Geldstück ist 50 Øre, das größte 20 NOK; es gibt 50-, 100-, 200-, 500- und 1000 NOK-Scheine, 1 NOK entspricht etwa 0,13 € (1 € = 7,97 NOK). Banken finden sich in jeder Stadt nahe den Anlegestellen. Sie sind Mo–Mi, Fr 8.15/8.30–15/15.30, Do 8.15/8.30–17 Uhr geöffnet. Bargeld kann an Bord, bei allen Banken und teils auch Postämtern getauscht werden. Geldautomaten finden sich mittlerweile in fast jedem Ort, die meisten akzeptieren die gängigen Kreditkarten (meist Visa und Mastercard, seltener American Express) und ec/maestro-Karten. Mit Kreditkarten kann man in Norwegen nahezu überall bezahlen, an Bord werden Mastercard, VISA, American Express, Diners Club, American Express sowie JCB International akzeptiert.

Gesundheitsvorsorge

Seit 2005 wird der Auslandskrankenschein ersetzt durch die Europäische Versicherungskarte, die von den Krankenkassen ausgestellt wird. Zusätzlich empfiehlt sich der Abschluss einer privaten Auslandskrankenversicherung, zahnärztliche Behandlung geht nicht zu Lasten der Krankenversicherung.

Informationsstellen

NSA Norwegische Schiffahrts-Agentur, Kleine Johannisstraße 10, D-20457 Hamburg, Tel. 040/37 69 30, Fax 040/36 41 77, www.hurtigruten.de. Hier erhält man umfassende Hurtigruten-Informationen und kann eine Buchungsanfrage tätigen.
Allgemeine Reiseinformationen zu Norwegen erhält man beim Norwegischen Fremdenverkehrsamt in Hamburg (auch für Österreich und die Schweiz zuständig) sowie in den regionalen und lokalen Fremdenverkehrsbüros:
Norwegisches Fremdenverkehrsamt, Postfach 11 33 17, D-20433 Hamburg, Tel. 01 80-500 15 48, Fax 0 40/22 71 08 15, germany@ ntr.no, www.visitnorway.com.
Auskunftstellen in Norwegen: Mit allen Fragen wende man sich vertrauensvoll an die Fremdenverkehrsbüros, die sich in Norwegen oft noch in kleinsten Ortschaften finden. Sie sind ausgeschildert, es wird in aller Regel Englisch, oft auch Deutsch gesprochen.
Infos im Internet: Nahezu jedes Touristenbüro im Land hat eine eigene mehrsprachige Website, ebenso die meisten Hotels, Tourenveranstalter etc. Meist kann man gleich online buchen. Im Reiseteil werden alle relevanten Internet-Adressen genannt, als empfehlenswertes Norwegen-Portal sei noch www.norwegen.no erwähnt.

Karten

Als außerordentlich zuverlässig haben sich die Straßenkarten von Kümmerly + Frey erwiesen, die den Norden Europas in mehreren Blättern vorbildlich darstellen: Blatt 6 umfasst ganz Norwegen (1: 1 000 000). Eine sehr detaillierte Darstellung des Landes bietet ›Veiatlas Norge‹ (1: 300 000; Statens Kartverk) auf 230 Seiten inkl. 80 detaillierter Stadtpläne; ausgekoppelt sind fünf Kartenblätter (gleicher Maßstab). Auch an Bord ist gutes Kartenmaterial erhältlich.

Kinder

Die Norweger sind äußerst kinderfreundlich. Auch an Bord (die meisten Schiffe sind mit einem kleinen Spielzimmer ausgestattet) ist man auf Kinder eingestellt – kurzum: Norwegen ist ein ideales Reiseland für Familien.

Lesetipps

Folgende Bücher norwegischer Autoren bieten sich – neben den bekannten Klassikern von Knut Hamsun, Henrik Ibsen, Sigrid Undset – für eine Einstimmung an.
Bojer, Johan: Die Lofotfischer. Übersetzung des spannenden und enorm stimmungsvollen Romans ›Den siste viking‹ (s. S. 132); leider nur im Antiquariat erhältlich.
Freydag, Nina: Elche, Fjorde, Königskinder – Norwegische Glücksmomente (2004). Die Reisejournalistin Nina Freydag fängt den einzigartigen Zauber Norwegens zwischen der Eismeerstille einer überwältigenden Natur und der Lebensfreude seiner Bewohner kenntnisreich ein.
Gulbranssen, Trygve: Die Björndal-Trilogie (1935/2000) sowie Und ewig

singen die Wälder (1936/2000). Beide Romane öffnen den Zugang zur Norweger-Mentalität und haben in ihrer berauschend-blumigen Sprache kein Gegenstück.
Holt, Anne: Was niemals geschah (2005). Neuester Roman der wohl bekanntesten norweg. Krimi-Autorin.

Notruf

Polizei:	Tel. 112
Krankenwagen:	Tel. 113
Feuerwehr:	Tel. 110

Öffnungszeiten

Geschäfte: Mo–Sa 9/10–16/17, Do bis 19/20 Uhr.
Supermärkte: Mo–Fr 9/10–20 Uhr und Sa 10–18 Uhr.
Banken: Mo–Mi und Fr 8.15/8.30–15/15.30 Uhr, Do 8.30–15/17 Uhr.
Post: Mo–Fr 8/8.30–16/16.30 Uhr, Sa 8–13 Uhr.
Alkoholläden: Mo–Mi 10–16, Do bis 17, Fr 10–16, Sa 9–13 Uhr.

Post

Für Briefe (bis 20 g) und Postkarten bezahlt man 9,5 NOK Porto bei A-Post (Luftpost, Beförderungszeit nach Mitteleuropa ca. 2–3 Tage) bzw. 8 NOK bei B-Post (Land-/Luftweg, Beförderungszeit etwa 3–5 Tage). An Bord bekommt man natürlich auch Briefmarken.

Radio

In den Kabinen an Bord kann man mehrere norwegische Sender empfangen, wer deutsche Programme hören will, sollte ein eigenes Radio mitbringen.

Deutsche Welle: 6074 kHz, 49,0 m und 31,0 m; ein kostenloses Programmheft erhält man bei Deutsche Welle, Kurt-Schuhmacher-Str. 3, D-53113 Bonn, Tel. 02 28 42 90, www.dw-world.de.

Deutschlandfunk: 6090 kHz, 49,0 m
Radio Bremen: 6190 kHz, 48,5 m
Südwestfunk: 6030 kHz, 49,8 m

Rauchen

Das Rauchen in den Kabinen sowie Bord-Restaurants ist nicht gestattet, in speziell markierten Bereichen (sowie draußen) durfte auf den Hurtigruten-Schiffen diesem Laster bisher gefrönt werden. Allerdings könnte auch dies demnächst verboten sein – erkundigen Sie sich am besten vor der Reise. In Flugzeugen und anderen öffentlichen Transportmitteln (in den Zügen gibt es Raucher-Stehabteile) sowie in allen öffentlichen Gebäuden und auf öffentlichen Plätzen ist das Rauchen verboten. Dies gilt seit dem 1. Juni 2004 auch für Restaurants und Cafés, Bars, Kneipen und Diskotheken. Um in Norwegen Tabakwaren kaufen zu dürfen, muss man über 18 Jahre alt sein.

Reisekasse und Preise

Generell sind Getränke, Snacks und Speisen auf den Hurtigruten-Schiffen nicht teurer als an Land. In den **Cafeterias** kostet ein Tagesgericht um 120 NOK, eine Tagessuppe ca. 40 NOK; Hauptgerichte zwischen 80 und 120 NOK, Desserts ca. 50 NOK; Brötchen

ca. 40 NOK, Hamburger ca. 90 NOK, Waffeln, Kuchen etc. um 30 NOK, Kaffee und Kakao ca. 20 NOK, Tee und Säfte ca. 17 NOK, Mineralwasser und Softdrinks ab 18 NOK, das Glas Wein ca. 62 NOK. In **Bars** kostet das Glas Bier (0,4 l) ca. 51 NOK, Long Drinks ab 78 NOK, Cocktails ca. 69 NOK, Spirituosen etwa 60–90 NOK.

Zu **Unterkünften** an Land s. S. 193f.

Reiseleiter

Auf allen Schiffen ist ganzjährig ein deutschsprachiger Reiseleiter an Bord.

Sicherheit

Wertsachen kann man an der Bord-Rezeption zur Aufbewahrung im Safe abgeben. Es wird keine Haftung für Wertsachen und Geld übernommen, das in den Kabinen bzw. Pkws aufbewahrt wird. Diebstahl ist (fast) kein Thema in Norwegen, doch tut man, v. a. in den Großstädten, gut daran, die üblichen Sicherheitsvorkehrungen zu treffen.

Souvenirs

Auf den meisten Hurtigruten-Schiffen ist ein Souvenir-Shop vorhanden. An Land kauft man typische Mitbringsel in ›Husfliden‹: etwa die berühmten Strickpullover, Strickjacken etc. im Norweger-Muster. Strickwaren jeder Art, Bronze-, Glas- und Zinnwaren, Tafelsilber und Porzellan, gewebte Wandteppiche, handbemalte Holzgegenständen, Schmuck und Textildrucke, Keramiken etc. sind sehr beliebt. Auch Trolle werden im ›Land der Trolle‹

selbstverständlich überall feilgeboten. In Sportgeschäften gibt es eine üppige Auswahl qualitativ sehr hochwertiger Messer (handgeschmiedete Klingen). Beliebte Mitbringsel sind auch Angel-Utensilien jeder Art, Gemälde und Drucke (insbesondere von den Lofoten), Samen-Kunsthandwerk aus dem hohen Norden sowie Souvenirs aus Russland (insbesondere in Kirkenes).

Strom

Die Kabinen an Bord sind mit 220 Volt Wechselstrom-Steckdosen ausgestattet und haben die gleichen Steckkontakte wie in Deutschland.

Tax-free-System

Was immer man in Norwegen auch an Souvenirs erstehen mag: kaufen sollte man möglichst nur in Geschäften, an denen der Tax-free-Aufkleber angebracht ist. Bei Waren im Wert ab 315 NOK kann man sich dort einen ›Tax-free-Scheck‹ ausstellen lassen, mit dem an Flughäfen, Fähren und an größeren Grenzübergängen die bezahlte Mehrwertsteuer abzüglich einer Gebühr in bar zurückvergütet wird. Auskünfte über das System erteilt: **Global Refund Norge,** Postboks 48, N-1332 Østerås, Tel. 67 15 60 10, Fax 67 15 60 29, www.globalrefund.no

Telefon/Fax/E-Mail

Alle Schiffe sind mit Münzfernsprecher ausgestattet, viele auch mit Kreditkarten-Telefonen sowie mit Telefonen in den Kabinen. Zumeist kann man auch mit dem Mobiltelefon problemlos telefonieren. Alle Schiffe können im Selbstwähldienst direkt angewählt werden (alle wichtigen Nummern erhält man mit den Reiseunterlagen), und so ist man in der Regel jederzeit an Bord per Telefon und Fax erreichbar. Außerdem auch per E-Mail. Allerdings sind nicht alle Schiffe mit einem eigenen Internet-Café ausgestattet. Münzfernsprecher akzeptieren 1- und 5-NOK-Stücke, meist auch 10- und 20-NOK-Stücke. Telefonkarten gibt es u. a. in Kiosken und an Tankstellen zu kaufen. Die Gebühren für ein dreiminütiges Gespräch nach Deutschland liegen z. Zt. bei etwa 8 NOK (Startgebühr rund 5 NOK, je Minute ca. 1 NOK), in jeder Telefonkabine findet sich eine mehrsprachige Anleitung (auch auf Deutsch).

Für **Auslandsgespräche** wählt man die 00, gefolgt von der Vorwahlnummer des Landes, die Ortskennzahl ohne die 0, schließlich die Teilnehmerzahl.

Internationale Vorwahlen:

Deutschland	0049
Österreich	0043
Schweiz	0041
Norwegen	0047

Ortskennzahlen gibt es nicht in Norwegen: Alle acht Zahlen der Rufnummer müssen gewählt werden. Telefonnummern, die mit 800 beginnen, sind gratis. Unter www.gulesi der.no findet man Telefonnummern (auch auf Englisch).

Mobiltelefone erfreuen sich in Norwegen allergrößter Beliebtheit. Mobilnummern erkennt man an der ersten Ziffer, die entweder eine ›9‹ ist oder aber eine ›4‹. Genutzt werden können die Systeme GSM 900 und GSM 1800 sowie NMT.

Trinkgeld

Trinkgelder sind in Norwegen an Bord und Land zwar nicht üblich, aber wenn man mit einem Service besonders zufrieden ist, ist es auch hier gängig, dies mit einem Trinkgeld zu honorieren.

Unterhaltung

Im Mittelpunkt der Schiffsreise steht das Erleben und Genießen der vorbeigleitenden Natur, weshalb auf den Hurtigruten-Schiffen auf Showprogramme, Kino etc. verzichtet wird. Auf den neueren Schiffen steht jedoch eine Bibliothek zur Verfügung.

Unterkunft an Land

Hotels & Pensionen

Der Standard der norwegischen Hotels ist hoch. Die Preise sind es allerdings auch. Außerhalb der Saison sind etwa 150 € für ein DZ (Frühstück in aller Regel inklusive) durchaus normal, doch gibt es in den Sommermonaten in aller Regel stark vergünstigte Spezialpreise und Rabattsysteme. Lohnend ist u.a. der **Rica Feriepass,** der in fast jeder Stadt mit einem Haus vertretenen Hotelkette: Er gilt vom 16.6. bis 13.8. und beeindruckt mit Preisen ab 370 NOK/Pers., zusätzlich ist jede 5. Nacht kostenlos. Gleiche Vorteile bietet der ganzjährig gültige Rica Seniorenpass für alle über 60. Informationen über das Rica Service Centre in Norwegen, Tel. 66 85 45 60, www.rica.no.

Flexibel reist man auch mit dem Rabattsystem **Fjordpass** (100 NOK für zwei Erwachsene und deren Kinder unter 15 Jahren), der in 170 Übernachtungsbetrieben akzeptiert wird und den Übernachtungspreis um 20 % reduziert, so dass man dann nur noch ab 290 NOK pro Person und Tag zahlt. Weitere Informationen beim Norwegischen Fremdenverkehrsamt und unter Fjord Tours, Strømgt. 4, N-5015 Bergen, Tel. 55 55 76 60, Fax 55 31 20 60, www. fjordpass.no.

Ferienhäuser

Feriehytter gibt es überall im Land. Sie bestehen üblicherweise aus Küche, mehreren Schlafzimmern, WC und Wohnzimmer (meist mit Kamin). Die Preise liegen zwischen 2000 und 15 000 NOK pro Woche – je nach Ausstattung, Lage, Mietdauer und Saison; eine durchschnittliche Hütte für 4–6 Personen ist in der Hochsaison durchaus für etwa 3100–3500 NOK pro Woche zu haben. Informationen beim Norwegischen Fremdenverkehrsamt.

Camping/Campinghütten

Die meisten der landesweit rund 1000 Campingplätze haben auch mehrere Holzhütten mit zwei bis vier Betten, die einfach eingerichtet sind (Bettzeug ist meist selbst mitzubringen bzw. kann ausgeliehen werden). Sie kosten zwischen 250 und 750 NOK pro Hütte. Die Campingpreise liegen im Durchschnitt bei 80–160 NOK pro Platz, plus eventuell eine Gebühr pro Person, was im europaweiten Vergleich immer noch recht günstig ist. Weitere Informationen sowie kostenlose Campingführer kann man abrufen beim Norwegischen Fremdenverkehrsamt sowie über Reiselivsbedriftenes Landsforening (Essendropsgt. 6, N-0305 Oslo, www. camping.no) und Norges Automobil Forbund (NAF, Postboks 6682 Etterstad, N-0609 Oslo, Tel. 22 34 14 00, Fax 22 33 13 72, www.nafcamp.com).

Jugendherbergen

Die Familien- und Jugendherbergen in Norwegen *(vandrerhjem)* stehen jedem offen (unabhängig von Mitgliedschaft oder Alter) und sind mit Preisen von etwa 100–225 NOK (Schlafsaal) und 270–670 NOK (Doppelzimmer, teils mit Bad/WC) günstige Unterkünfte. Landesweit gibt es 72 dieser modernen, nahezu stets schön gelegenen Häuser. In den meisten werden auch günstige Mahlzeiten serviert, das Frühstück ist oft inklusive (sonst um 45–70 NOK). Der Komfort entspricht mitunter durchaus dem eines Mittelklassehotels.

Man kann telefonisch reservieren, in den meisten Häusern auch online. Weitere Infos über: Norske Vandrerhjem/ Hostelling International Norway, Torggt. 1, N-0181 Oslo, Tel. 23 13 93 00, Fax 23 13 93 50, www.vandrerhjem.no.

Verkehrsmittel

Wer die öffentlichen Verkehrsmittel nutzen will, sollte beim Norwegischen Fremdenverkehrsamt den englischsprachigen ›NRI Guide‹ abrufen, in dem alle wesentlichen Informationen über Bus- und Bahnfahren sowie über das Fliegen gegeben werden. Ansonsten informiert die Website der Norsk Reiseinformasjon AS (www.rutebok.no). Vor Ort hat man es in Norwegen diesbezüglich denkbar leicht: Unter **Tel. 177** erreicht man in jeder *fylke* (etwa: Bundesland) einen stets mehrsprachigen Informationsdienst, wo alle Fragen zu Abfahrtszeiten, Preisen etc. erschöpfend beantwortet werden.

Eisenbahn

Die Bahnpreise sind moderat; obendrein werden zahlreiche Spartarife angeboten. Umfassende Informationen darüber und über alle Verbindungen und Fahrpläne erhält man über Norske Statsbaner (NSB), Tel. 23 15 00 00 sowie unter Tel. 81 50 08 88 (dann ›4‹ wählen für englischsprachiges Personal), www. nsb.no. Die oben genannten Telefonnummern gelten auch landesweit für Reservierungen und Buchungen. Sogar das Bezahlen funktioniert telefonisch, so man eine Kreditkarte besitzt.

Flugverkehr

Das norwegische Flugnetz ist eines der dichtesten Europas. Insbesondere im hohen Norden sind oft noch kleinste Ortschaften fliegend erreichbar. Die Preise sind moderat, obendrein gibt es zahlreiche Spezialtarife (bis über 50 % Rabatt). Weitere Informationen (z. B. zu günstigen Flugpässen) vor Ort in jedem Reisebüro, direkt bei SAS/Braathens (Tel. 054 00, www.flysas.no) und Widerøe (Tel. 81 00 12 00, www.wideroe.no), die auch telefonische und Online-Buchungen entgegen nehmen.

Auch in Norwegen gibt es einen **Billiganbieter** für Inlandsflüge; die Strecke zwischen Oslo und Bergen kostet ab 367 NOK. Von Oslo aus werden ansonsten Trondheim, Stavanger, Bodø, Harstad, Tromsø, Alta und Kirkenes bedient. Information und Buchung (auch online) über: Norwegian Air Shuttle, Tel. 81 52 18 15 sowie 67 59 30 00, www.norwegian.no.

Busse

Mit dem weit verzweigten norwegischen Express-Busnetz (NOR-Way Bussekspress) kann man praktisch alle Städte in Norwegen erreichen. Die kleineren Ortschaften, die von diesen überaus komfortablen Luxusbussen nicht angefahren werden, sind durch lokale Buslinien miteinander verbunden. Ausführliche Informationen über: NOR-Way Bussekspress A/S, Karl-Johansgt. 2, N-0154 Oslo, Tel. 8 15 44 44, Fax 22 00 16 31, www.nor-way.no.

Taxis

An Taxen herrscht kein Mangel, jedoch ist Taxifahren in Norwegen eine teure Sache. Eine Stadtfahrt von ca. 3 km kostet etwa 80 NOK.

Mietfahrzeuge

Die Preise für **Wohnwagen und Wohnmobile** belaufen sich auf rund 750–1000 Euro pro Woche (Adressen über die Fremdenverkehrsämter).
Normale **Pkws** (ab ca. 100 Euro/Tag) sind in fast jeder größeren Stadt und auf allen Flughäfen erhältlich und können bereits von der Bundesrepublik, der Schweiz und Österreich aus gebucht werden. Viele Vermieter geben ihre Fahrzeuge nur an Personen über 25 Jahre ab. Der nationale Führerschein ist ausreichend.
Fahrräder werden im Allgemeinen in jedem Ort von touristischer Bedeutung vermietet.

Wäscherei

Alle Schiffe (Ausnahme ›MS Lofoten‹) sind mit einem Waschraum (Waschmaschinen, Trockner) ausgestattet. Für die Nutzung erforderliche Wertmarken sind an der Rezeption erhältlich.

Weckdienst

Weckaufträge an Bord werden an der Rezeption entgegengenommen. Auf den neuen Schiffen kann man den gewünschten Wecktermin gleich über das Kabinentelefon eingeben.

Wetter

Das meteorologische Institut von Norwegen gibt unter Tel. 82 09 00 01 (24,40 NOK/Min.) Wettervorhersagen durch, doch wer nicht firm im Norwegischen ist, sollte lieber ins Internet, wo man unter www.met.no fündig wird. Dank der Symbole ist die Seite gut lesbar, zudem auch auf Englisch abrufbar.

Zeit

Norwegen hat – wie Mitteleuropa – die MEZ und auch die Sommerzeit (Beginn: letzter Sonntag im März, Ende: letzter Sonntag im Oktober).

Zeitungen

Deutschsprachige Zeitungen und Zeitschriften (meist Welt, Süddeutsche, Zeit, Bild, Spiegel, Stern, diverse Frauenzeitschriften) kann man während der Saison (Mitte Juni–Mitte August) in den größeren Kiosken des Landes finden.

SPRACHFÜHRER

Norwegen kennt zwei Sprachen, Bokmål und Nynorsk (sowie, im hohen Norden, Samisch), wobei sich Nynorsk durch mehr Diphthonge und vokalreicheren Klang auszeichnet. Gesprochen wird hauptsächlich Bokmål; Englisch versteht fast jeder. Offizielle Bordsprachen sind Norwegisch und Englisch. Die Mitarbeiter auf den Schiffen sprechen aber in aller Regel auch Deutsch, Durchsagen, Tagesprogramme, Informationsblätter und Speisekarten sind meist auf Deutsch verfügbar.

Aussprache/Betonung

Das norwegische **Alphabet** hat drei Buchstaben mehr: å/Å = o (O), wie in ›Nord‹; æ/Æ = ä (Ä); ø/Ø = ö (Ö).
Die übrigen **Vokale** werden wie im Deutschen ausgesprochen, o aber oft auch wie ›u‹, und u wie ›ü‹. Für die **Konsonanten** gelten folgende Regeln:
d ist stumm vor s, nach n, l und als Endkonsonant nach r und l
g wird vor i und y wie ›j‹ ausgesprochen
gj wird wie ›j‹ ausgesprochen
h vor j und v ist stumm
k vor i und y wird wie ›ch‹ ausgesprochen
kj ebenfalls wie ›ch‹, nach Vokalen hingegen wie ›i‹ sonst wie ›j‹
s ist stimmlos
sk wird vor i und j wie ›sch‹ ausgesprochen
sj sowie skj wird stets wie ›sch‹ ausgesprochen
tj ist gleich ›tsch‹
v wie ›w‹

Lexikon

Zahlen und Ordnungszahlen

1, 1.	en, første
2, 2.	to, andre
3, 3.	tre, tredje
4, 4.	fire, fjerde
5, 5.	fem, femte
6, 6.	seks, sjette
7, 7.	sju, sjuende
8, 8.	åtte, åttende
9, 9.	ni, niende
10, 10.	ti, tiende
11	elleve
12	tolv
13	tretten
14	fjorten
15	femten
16	seksten
17	sytten
18	atten
19	nitten
20	tjue
25	tjuefem
30	tretti
40	førti
50	femti
60	seksti
70	sytti
80	åtti
90	nitti
100	hundre
150	hundreog femti
200	to hundre
1000	tusen

Zeitbegriffe

Montag	mandag
Dienstag	tirsdag

Mittwoch	onsdag
Donnerstag	torsdag
Freitag	fredag
Samstag	lørdag
Sonntag	søndag

Januar	januar
Februar	februar
März	mars
April	april
Mai	mai
Juni	juni
Juli	juli
August	august
September	september
Oktober	oktober
November	november
Dezember	desember

Minute	minutt
Stunde	time
Tag	dag
Woche	uke
Monat	måned
Jahr	år
Werktag	hverdag
Feiertag	helligdag
gestern	i går
heute	i dag
morgen	i morgen

Allgemeines

ja/nein	ja/nei
Entschuldigung	unnskyld
Bitte (bittend)	vær så snill
Bitte (gebend)	vær så god
Vielen Dank	tusen takk
Sprechen Sie Deutsch?	Snakker De tysk?
Ich verstehe nicht	Jeg forstår ikke
Mann	mann
Frau	kvinne

Mein Name ist	Jeg heter
Hallo!	hei!
Guten Tag	god dag
Guten Abend	god aften
Gute Nacht	god natt
Auf Wiedersehen	ha det, på gjensyn

Arzt/Apotheke

Arzt	lege
Apotheke	apotek
Unfallstation	legevakt
Zahnarzt	tannlege
Erste Hilfe	førstehjelp
Wo ist hier eine Apotheke?	Hvor er det et apotek?
Ich möchte …	Jeg vil gjerne ha
ein Hustenmittel	et middel mot hoste
Durchfall	diare
Erkältung	forskjølelse
Halsschmerzen	halsmerter
Kopfschmerzen	hodepine
Zahnschmerzen	tannverk

Værmelding / Wetterbericht

Det blåser	Es ist windig
skyet	bewölkt
is	Eis
uvær	Gewitter
hagl	Hagel
tåke	Nebel
regn	Regen
snø	Schnee
sol	Sonne
soloppgang	Sonnenaufgang
storm	Sturm
skyd	Wolke

Post

Postamt	postkontor
Briefkasten	postkasse
Telefonzelle	telefonkiosk

Ansichtskarte	prospektkort
Brief	brev
Briefmarke	frimerke
Briefumschlag	konvolutt
Paket	pakke
postlagernd	poste restante
Telefon	telefon

Unterkunft

Haben Sie ein freies Zimmer?	Har du et ledig værelse?
Ich habe ein Zimmer bestellt.	Jeg har bestilt et værelse.
Kann ich das Zimmer sehen?	Kan jeg få se på rommet?
Wieviel kostet das Zimmer pro Tag/Woche?	Hvor mye koster rommet per døgn/uke
Einzelzimmer	enkeltrom
Doppelzimmer	dobbeltrom
Dusche	dusj
warmes Wasser	varmt vann

Öffentliche Verkehrsmittel

Abfahrt	avgang
Ankunft	ankomst
Bahnhof	stasjon
Fahrkarte	billett
Kinderfahrkarte	barnebillett
Rückfahrkarte	returbillett
Taxi	drosje
Bus	buss
Haltestelle	stoppested
Zug	tog
Bahnhof	stasjon
Flugzeug	fly
Flughafen	flyplass
Schiff	skip
Fähre	ferje
Hafen	havn
Ich will nach …	Jeg skal til …

Kulinarisches Lexikon

Allgemeines

Herr Ober!	Kelner!
Fräulein!	Frøken!
Was wünschen Sie?	Hva ønsker De?
Ich möchte gerne…	Jeg vil gjerne ha…
Guten Appetit!	Velbekomme!
Prost!	Skål!
Ja, danke	Ja takk
Nein, danke	Nei takk
Kann ich die Rechnung bekommen?	Kann jeg få regningen?
Frühstück	frokost
Mittagessen	lunsj
Abendessen	middag
Café	kaffe
Imbissstube	snackbar
Pommesbude	gatekjøkken
Gasthaus	gjestgiveri
Restaurant	restaurant

Brot und Milchprodukte

Brot	brød
Schwarzbrot	dansk rugbrød
Knäckebrot	knekkebrød
Weißbrot	loff
Brötchen	rundstykke
Käse	ost
Vollmilch, (3,8%)	helmelk, H-Melk
Halbfett (1,5 %)	lettmelk
Mager (0,1 %)	skummet melk
Buttermilch	kulturmelk
Sahne	fløte

fisk	Fisch
abbor	Barsch
ål	Aal
blåskjell	Miesmuschel

hellefisk	Heilbutt	kalkun	Pute
hvitting	Weißling	kylling	Hähnchen
hyse, kolje	Schellfisch	rapphøne	Rebhuhn
høvrig, krabbe	Krabbe	rein	Ren
laks	Lachs	rådyr	Reh
makrell	Makrele		
ørret	Forelle	**frukt**	**Obst**
pale	Seelachs	bjørnebær	Brombeere
piggvar	Steinbutt	blåbær	Blaubeere
reker	Garnelen	bringebær	Himbeere
rødsprette	Scholle	eple	Apfel
sei	Seelachs	jordbær	Erdbeere
sild	Hering	kirsebær	Kirsche
sjøtunge	Seezunge	moltebær	Multebeere
skrei, torsk	Kabeljau, Dorsch	pære	Birne
steinbitt	Steinbeißer	tyttebær	Preiselbeere
grønnsaker	**Gemüse**	**drikke**	**Getränke**
agurk	Gurke	flaske	Flasche
blomkål	Blumenkohl	glass	Glas
bønner	Bohnen	kopp	Tasse
ert	Erbse	kaffe	Kaffee
gulrot	Mohrrüben	saft	Saft
kål	Kohl	te	Tee
løk	Zwiebel	vann, vatn	Wasser
sopp	Pilz	bayer	dunkles Bier
		bitter	Magenbitter
kjøtt	**Fleisch**	brennevin	Branntwein
fåre	Hammel	fatøl	Fassbier
kalve	Kalb	hvitvin	Weißwein
lamme	Lamm	konjakk	Cognac, Weinbrand
okse	Rind	moltebærvin	Multebeerwein
svine	Schwein	musserende vin	Sekt
pølse	Wurst	rom	Rum
stek	Braten	rødvin	Rotwein
		toddy	Grog
fjærfe/vilt	**Geflügel/Wild**	vin	Wein
and	Ente	øl	Bier
dyrestek	Renbraten	sterk	stark
elg	Elch	søt	süß
gås	Gans	tørr	herb
hare	Hase		

199

REGISTER

Register

REISEATLAS

LEGENDE

1 : 1.200.000

0   40 km

Autobahn	Fähre
Schnellstraße	Hurtigruten
Fernstraße	E 16 Europastraßennummer
Hauptstraße	35 Reichsstraßennummer
Verbindungsstraße	Flughafen
Nebenstraße	Leuchtturm
Straße in Bau	Kirche
Tunnel	Archäologische Stätte
Eisenbahn	Berggipfel
Eisenbahntunnel	Aussichtspunkt

S. 205

A B C

1

2

3

4

204

D   E   F

S. 206

Grip fyr

3. Tag

KRISTIANSUND

N o r w e g i s c h e   S e e

Bremsnes
Hendal
Lillesandøy
Atlanter- Averøya
Vevang havsvegen
Farstad
Hustad
Vebenstad
Tøvik
Kornstad
Bjørnsund
Bud
Lyngstad
Tverrfjell
Blakstad
Ona
Kråksund
Gossen
Elnesvågen
Tornes
Svanvika
Batnfjordsøra
Sandøy
Smøge
Sylte
Øygard
Steinshamn
Aukra
Bjølstad
Skaret
Lønset
Oppdøl
Kleive
Harøya
Orta
Midsund
Hollings-holmen
Årø
Talset
Grønnes
Skåla 1128 m
Ran
Fjørtoft
Flemsøya
Dryna
Otterøya
Molde
Bolsøya
Sekken
Røbsøy
Afarnes
Mittet
Nordøyane
Haramsøya
Lepsøya
Austnes Hurtigruten
Rekdal
Vestnes
Furneset
Vikebukta
Rødven
Læem
Roaldsand
Skjelten
Brattvåg
Fiksdal
Vågstranda
Grytten
Andal
Vigra
Giske
Hamnsund
Søvik
Vatne
Tomra
Kjelbotn
Skorgenes
Sogg
Alnes
Valderøy
Sørvstint 1194 m
Godøya
Borgund
12. Tag
Spjelkavik
Skodje
Sjøholt
Valle
Tresfjord
Voll
Skjelbostad
Trollstigen
Runde
Langevåg
Solevågen
Magerholm
Vagsvik
Søvik
Østedal
Berill
Trollstigen 850 m
Nerland-søy
Brandal
Sula
Festøya
Ørsnevet
Dyrkorn
Lauparen 1450 m
Bøstølen
Høgstolen
Trollheimen 1739 m
Fosnavåg
Hareid
Hundeidvik
Sykkylven
Stordalen
Overøye
Øvstestølen
Torvik
Ulsteinvik
Vartdal
Ikornnes
Brune
Dragsund
Romedalshorn 1460 m
Stranda
Linge Valldal
Fjørå
Alstad
Moldtustranda
Trandal
Liabygda
Norddalsfjorden
Eidsdal
Larsnes
Gurskøya
Eiksund
Njaneset
Sløjgen 1588 m
Engeset
Opshaugvik
Tafjord
Arvik
Velsvik
Kolås
Indre Standal
Øye
Eide bru
Herdalsseter 1856 m
Kaldhusseter
Karitind 1967 m
Kopames
Syvdsnes
Sæbø
Lekneset
Leknes
Herdal
Ørsta
Dravlaus
Vatne
Skår
Lignen
Ørneviten
Fiskå
Volda
Bondalen
Viddal
Sostrefoss
Mykleburst
Folke stad
Storhorn 1546 m
Trygge-stad
Hellesylt
Geiranger
Sylte
Høydal
Austefjord
Horningdalsrokken 1530 m
Sunnylven
Geiranger-fjord
Dalsnibba 1494 m
Åheim
Blæja
Straumshamn
Kaldvatn
Djupvasshytta 1038 m
Langevatnet
Grotli
Steinsvik 1142 m
Bjørkedal
Kjellstadli
Breidals-vatnet
Billingen
Maurstad
Stårheim
Haugen
Nordfjordeid
Osdal
Navelsaker
Horningdal
Røyrhus
Volleter
Stryn 1139 m
Skridulaupen
Davik
Eidsfjord
Mogrenda
Heggjabygda
Kjøs
Stryn
Flo
Videsæter 1962 m
Raudaler
Isane
Torheim
Lote
Skrede
Randabygda
Lunde
Oppstryn
Hjelle
Raudalen
Anda
Ryssfjøra
Nos
Innvik
Loen
Sunndalen
Forde
Hestenesøyra
Holdreim
Utvik
Olden
Loen vatne
Erdal
Sekkebreen
Gloppen-fjord
Sande
Rundegga 1708 m
Brennsete
Alfotbreen 1630 m
Vereide
Sandane
Reed
Myklebost-breen
Nesdal
Bødal
Mysubytta
Sota
Gjemmestad
Holme
Lyngneset
Byrkjelo
Egge
Snønipa 1139 m
Lodalskåpa 2080 m
Nigardsbreen
Greinbreen 2132 m
Hola
Sunndalen
Hyen
Gjengedal
Blåfjellet 1390 m
Mykland
Breims-vatnet
Brigsdal
Jostedalsbreen
Harbards-breen
Solheim
Kalland
Nes
Einhjell-vatnet
Fåberg
Brosdalsbreen 1848 m
Jostedalsbreen Nasjonalpark
Gjerde
Kroken
Høydalsnes
Bøver
Hove bru
Aksla Ålhus
Jølster
Skei
Opptaksbreen
Kjøsnes
Tungastølen
Nystøl
Jostedal
Øyabotn
Naustdal
Vassenden
Sanddal
Vetlefjord
Grøvbreen
Mørkrid
Kollstad
Skjolden
Erdal
Moskog
Lunde
Nes
Fortun
Ervika
Forde
Holsen
Haukedal
Luster
Bygstad
Storehaug

S. 204

205

Sørøyane

E39 E136 E130 604

ÅLESUND

A B C

1

2

3

4

N o r w e g i s c h e   S e e

Frohavet

Halten

Harsvika

Linesøya

Herfjord

Mørka

Froan

Ytre

Selnes

Lysøysundet

Tiltr

Teksda

Måøya Mausund

Sula

Tarva

Sørvik

721

Oksvoll

Djupfest

Gjøl

Sørdyrøya

Svellingen

Neset

Sistranda

Inntian

Bjugn

Botngård

Nordskaget *Frøya*

716

714

Hammarvika

Høy

bakken

Opphaug

719

Titran Storhallaren

716

Ørland

Brekstad

Stjørnfjorden

Fevåg

Hasselvika

Storfosna

Beian

Frøy Kjerringvåg

Burøy **Hitra**

Fillan

Nordbøth

Fjellværøy

Agdenes fyr

Nordgård

Støvøy

Valset

Sund

Ri

710

Veidholmen

Kvenvær

Gryta

713

Straum

714

Sandstad

Hestvika

Grønningen

Rein

717

Hopen

Hernes

Hitra

Hamn

Kongensvollen

Steinsdal

Åstan

Øyangen

Dymesvågen

Nordvika

Lya

Andersskog

Laksåvik

713

Sunde

Siordal

Krokstad

Ingdale

Gjelberg

Smøla

Forsnes

Gjengstøa

Hafsmo

Snildal

Kjøra

Rosvoll

Edøy

Grisvågøy

Kjørsvik

Heimsjøe

Skorild

714

Geitastrand

Lar

B

Skarsøy

Vikan

Stordøran

711

Forra

Våvatnet

Gjølme

Bø

Edøy

Svinvik

Torset

Vihals

Arvåg

Orkanger

Viastemes

Ånes

680

Stemshaug

Aure

Kyrksæterøra

Omnfjellet

833 m

Forve bru

KRISTIANSUND

Aukan

Ertvågøy

Almo

Søylia

Søvassli

Bjerkita

Fannrem

Tustna

Ørbogen

Ervik

Todal

680

Søvatnet

Søvassli

Svorkmo

Korsvege

Gullstein

Stabben

Aresvik

Randal

Vinjeøra

Staurset

Lomunddal

700

Løkken

Hol

Golma

Tømmervåg

Vågland

Hendset

Leirviklandet

Betna

Valsøybotn

Bolme

Øvre

Rindal

Storås

Meldal

701

Lauvåsen

Lundseter

Bremsnes

Seivika

Furunes

Kvisvik

Kanestraum

Halsa

Engjan

Rindal

Hendal

Averøya

Frei

70

Kvalvåg

Brattset

Seter

Ressel

Grut

Bågavoll

Iglefjell

1229 m

Kvitnes

Breiteråsen

Bøfjord

Øye

Bæle

Bøverfjord

Mo

Ranes

Vålåskaret

Grindal

Reberg

Torjul

Gyl

Røv

Harang

65

Granabru

Rennebu

700

Berkåk

Hogset

Torvikbukt

Aksnes

Surnadalsøra

Skei

Øre

Angvik

62

Tingvoll

Stangvik

Røkkum

Kvanne

670

Snota

1668 m

Trollhetta

1642 m

Oppheim

Ulsberg

Kleive

Ranvik

Tjelle

Edisvåg

62

Meisingset

671

Fjøseid

Todalen

Gran-

sjøen

700

Gaupøra

Åfar

Ålvunddeid

Kårvatn

Skard-

vollen

T r o l l h e i m e n

Opdøl

Nerdal

Blåhøa

Gievlmatn

Stølsvangen

206

1 cm = 12 km   1 : 1.200.000
0   40 km

D   E   F

Frøsendal
Sitter   moen Skorstad   Hamnes   Vetrhusbotnet   vatnet
Lødding Sørenget   Ranem S. 208 lasnes   Vass-botna
Kvaløy Lauvsnes Statland Ramsvoll Skage 17 bjøra Gartland Sagmoen
sætra Vik   Skomsvoll 767 769   Melen 760 Øyem   Godejord Nyne
Hasvåg Hårnes 766 Tottdal   Namsos Spillum Oppdal Sem Grong Sandhes
Sætervika Uran Kilan Fjell Oksdøla Bangsund Klinga Homstad   Formofoss Heia Lurada
Svetfjorden Jøssund Alte Fjellset   Bangsjøhytta Vegset E6 Landsem 1
Sandviksberget Hopen Aune Sjøåsen Romstad Solem   Mølnvika Snåsa Skromo
Mostervika Osen Stein   Årgård Kaldal   Hammer Jorstad Skavlan
Storvika Sørjer Åsegg 715 Fosslia Dorrås   763 Strindmoen Åsa Heimveg
Brandsfjorden Kvenn- land Brørs Dorråsbrenna Øknes Snasavatnet   Steinkjer
Sumstad Hofstad Grova Namdalseid Hals Hatlinghus Klinga Valøy P
Roan Lonin Hølstad 17 Tørring Vellamelen Binde Lein   Blåfjella-Skjækerfjel
Nordskjørin Holden Hjellbotn Tverrås sunnan   Holsengseter
Sunnskjørin Mamyrå Silderen Malm Skje- Tekset Byafossen 762   Grønlivatne
Børmarka Stjern Sela Folladal Vada 720 Steinkjer Skei Støa Hollås Skjelstad Skjæker- Nasjonalpark 2
23 By 715 Bårlia 761 Lerkehaug Sørlia Røli Hyllbrua Bodom Gaulstad vatnet 1229 m
Arnes Skardals- Sand- Folafoss Tua Gangstad Vist Vekre Holmlisæter Skäckerfjällen
vatnet setra Kjerknesvågen Mære Moen Veimo Mokka- vatnet Verá
Mørriaunet Flenstad Verrastrand Vestvik Sparbu 759   Akiøn Ottmoen Søre Moen Anjans-
Fagervik Kjerringvik Straumen Ramberg Røra Lekdals- vatnet   fjällestatio
Nordsetra Vangshylla Hylla Aksnes Lein Hallem Vøllen Ådals- 330 Anjan
Rødsjøen 715 Mosvik Hokstad Nordskaget Stiklestad 757 vollen 336
Husbysjøen 720 Gangstad Ytterøya Verdal 757 Vuku 72 Stormoen Insvatnet Sundsval
Slipra Tronvika 758 Lysthaugen Hermannsnasa Sandvika 912 m
Leksvik Aune Ekne Skogn Levanger Steine 72 Stormoen 1036 m Skalstugan Storrensjön
Rian Hoven Selbua Bonglan Okkenhaug Tromsdalen Trondelen 879 m Skalsvatnet 322
Storvatnet Vigtil 754 Markabygd Feren Sulåmoen Kjølhaugan Medstugan
Hindrem Tautra Frosta Åsen Dalen Mølna 1248 m Langen Häc
Vanvikan Haugan Logtun Mossin- Blåstøyten Halssjøfjellet Stallfjärnstugan
755 Fløan Stokkvold gan Moen Meråkervollen 994 m
orvik Haugan Skatval 516 m Okkelberg Leirfall Flornes Reinåa Meråker Fjergen Kjerringfjellet Bodsjøedet
11. Tag 715 Trolla Stjørdalshalsen 752 Sona Øfstivollen Fossen 751 Kopperå 1073 m Högarna Gevsjö
TRONDHEIM Ranheim Malvik Munkvik Hegra E14 Mannsæter- Teveldalen Storlien 753 m Rensjön Ånn
Byåsen E6 Hommelvik Lånke Elvran Brubakk Fonnfjellet bakken Storda Storluken E14 Enafors 322
707 Tiller Tonsvatnet Karlstad Vinsmyr 1100 m Skarvan Starkluken Handøl
Isbyen Espås Rolset Sneisen Skarvan og Roltdalen Bjørneggen Blåhammarenkappen Kölsj
Kleppe Tomra Selbu Mannsæter Nasjonalpark 1110 m 1164 m Ann
Melhus 708 Brøttem strand Alset Høgfjellet Finnkoisjøen
Kvål 704 Fuglem Dalberg 879 m Bunnerfjället
Ler Selbusjøen Ostad Selbu Nasjonalpark Fongen Skarpdals- 1554 m
Lundamo Brungtjell Gullset Rollset Rotla 1441 m vollen Storuvånsfjällstugan Härjangsfjällen
620 m Reinsfjell Sørngen Melshogna Øyvollen 1626 m
Foss Horg 933 m Holtsjøen Nea Flora 1026 m Aunet Ås Essandsjøen Nedals- Sylarna
Sokna Samsjøen Græssli 705 Lauvøya hytta 1762 m SCHWEDE
30 Rognes Almås Bukkhamaren Lauvn Stuggu- Sylsjön Helagsfjället
Rogstad Buset Singsås Nettstoa Flatberg 1082 m Trondsaunet sjøen Stuggusjøen Stuggu- 1796 m
Ilvåg Bjørga Gåre Hølta 1322 m Rennholsvollen dalen Gråvålen Ljungdalen
Økdal Budal Lauvrødsmoen Stensli 30 Ålen Grønlivollan Riasten 1145 m Skarsjället Axhög
Storbudal Unsholtet Reitan Storelv- Langen 1593 m 207
Gjersvollen Øygarden Storskarven vollen angvikvollan

1 cm = 12 km 1 : 1.200.000

0 ——————— 40 km

D Hamnøy
Reine
Moskenes
Å Sørvågen

Moskenesstraumen

Mosken
Nordlandsflaket
Nordland
Sørland
Værøy

E Vinjen
Ulstad
Holkestad
Kvalnes
Nordskot
Reinkalv-
tinden
Lund
Myklebostad
Leines
Botnet
Skår
Håsand
Laukvika

Karlsøyvær

Alsos
Kjerringøy

Helligvær
Helligvær
Fenes
Selnes
Kvi
Landegode

Landegodefjorden
Geitvågen
Mosti
Bratten

Tennholmen fyr
Bliksvær

10. Tag
BODØ
Straumøya
Straumen
Ersvika
Evja
Fjell

Saltfjorden

Sandvika
Arnøy
Sørarnøy
Sandhornøy
Marnes
Fleina
Lekanger

Fugløya
Sund
Kumra
Inndyr
Forstranda
Finnes
Kunna
Storvik
Mevik
Reipå
Støtt
Fore
Ørnes
Istinden
▲ 1195 m
Neverdalen
Bolga
Meløy
Tukthuset
Vassdalsvik
Enga-
vågen
Bjerangen
Amøya
Forøy
Halsa
Tjong
Holand
Storjorda
Vågaholmen
Rødøy
Rødø
Gjerøya
Øya
Renga
Jektvik
Sørfjorden
Nord-Værnes
Reppa
Telnes
Øya
Sundøya
Langheset
Storsel-
søy
Hestmona
Hest-
mannøy
Steinsland
Handsnes
Konsvikosen
Kilboghamn
Lurøy
Onøy
Lovdal
Lurøy
Aldra
Stokkvågen
Haugland
Flostrand
Nordfjorden
Tomma
Husby
Forsland
Hand-
stein
Vassvik
Longset
Nesna
Hamarøy
Vika
Bardal
Dalosen
Hemnesberget
Seteren

S. 208
Finneidfjord

F Vinjen
Kvåg
Skranstad
Bogen
Undersø
Alvnes
Nøtnes
Hopen
Nordfold
Stavnes
Åsjorda
Helldal
Slåttvik

Eidet
Tårnvika
Bjørnsvika
Styrkes-
nes
Øyjord
Røsvik
Gylt
Misten
Festvåg
Furnes
Østerkløft
Djupvika
Kvitblik
Kistrand
Kosmo
Norøvika
Straumsnes
Fauske
Alvenes
Finneid
Leivset
Setså
Breivik
Dverset
Stamn
Vik
Langse
Sand
Bu
Støvset
Kvarv
Rognan
Oldereid
Misvær
Medby
Langvad
Lurfjelltind
▲ 1286 m
Kjøtten
Kåsmo
Drageid
Sørdalen 118
Kvæl
Vasst
Røhland
Nordnes
Storengsluo
Russånes
Bergulnes
Storjord
Ølfjellet
▲ 1754 m
Lønsdal
Lønstindan
▲ 1501 m
Sørelva
brøytestasjon
Semska
Polarzir
zentrum
Bolma
▲ 1506 m
Stødi
Saratuvara
▲ 1182 m
Storvollen
Randalsfjellet
Krokstranda
Dunderland
Andfjell
Bredekfjellet
▲ 1278 m
Stormdalsfjellet
▲ 1493 m
Langfjell
Snasen
Rundhaugen
Blerek
vatnan
Skardet
Jordbrua
Kalvatnet
Tverr-
vatnet
Overdal
Akersvatnet
Umbukta
Umvatnet

S. 210

Hurtigruten

Bertnes
Løding
Ilstad
Ljønes
Evenset
Tuv
Kvikstad
Skjerstad
Valnes-
vatnet
Kvarv

Skalsvika
Kjøpstad
Svartnes
Belarn
Horsdal
Saura
Tverrvik
Høgtind
▲ 1405 m
Tollånes
Kyskmoen
Gråtånes
Skytmark
Storjord
Tollådalen
Stadpamoen
Skjeitind
Staupåtind
▲ 1437 m
Nordre
Bjøllavatnet
Sokum-
vatnet
Saltfjellet Nasjonalpark
Sniptind
▲ 1591 m
Steintind
▲ 1533 m
Nördlicher
Polarkreis
Melfjorden
Svartisen
Høgtuvbreen
1229 m
Skivika
Fisktjørna
Berget
Rausand-
daksla
Bjørnåga
Svartisdal
Ramnåga
Langvatn
Storforshei
Rossvoll
Langfjell
Nevernes
Hammaren
Ytterren
Skonseng
Altermarken
Oldervika
Sorfjorden
Bordvedaven
Langvatnet
Lia
Utskarpen
MOIRANA
Bustnes
Hauknes
Høyneset
Straumen

208

209

A B C

1

2

3

4

Arktischer Ozean

Andenes
Merket
Bleik
Stave
Skogvoll
Nordmela
Nøss
Skavdal
Myre
Dverbe
Kva

Andøya

Stø
Langenes
Nyksund
Strengelvåg
Gisløy
Myre
Sandnes
Åknes
Dragnes
Kinn
Risøyhamn
Anesletta
Finnsæter
Fornes
Holm
Alsvåg
Brennes
Myrland
Røyke
Skogsøya
Sommarøy
Oksnes
Tunstad
Smines
Steinland
Tuva
Haugen
Reinstad
Bjørnrå
Hovden
Utskor
Sandset
Nykvåg
Rygge
Froskeland
Vik
Maurnes
Eidbukta
Holand
Kråkberget
Jennestad
Kvalsaukan
Flesnes
Husvågen
Kjerringvik
Selnes
Strand
Straume
Verhalsen
Valfjord
Sortland
Osvoll
Kjenn
nes
Auvåg
Guvåg
Moen
Straumfjord
Sigerfjord
Gullholme
Søberg
Føre
Ramberg
Aust-
Fiskefj
Bø
Steine
Vik
Gjerstad
Skogen
Djupfjord
pollen
Våtvoll
Gulles
Nordbotn
Sandnes
Breidvika
Fiskfjord
Knutnes
Møysalen
Kanstad-
Djupe
Stokmarknes
Hennes
Møysalen
1266 m
botn
Kalfjord
Nasjonal-
Kanstad
Ånnstad
Hadseløya
Lonkan
park
Fjellng
Melbu
Klakk
Helgenes
Hanøy
Dalheim
Lødin
Sanden
Nippen
Kongselva
Stormyr
Fiskebøl
Tengelfjorden
Rindbø
Laukvika
Straum
Morfjord
Svartsundtidgan
Barø
nes
Raften
Øst
Gimsøya
Brenna
Sandsletta
Økesham
Vest-
Tysnes
Kvalnes
Laupstad
Pigermulen
bygda
Offersøya
Eggum
Høynes
Vik
Sund
Trollfjord
Holand
Korsn
Unstad
Haugen
klakk
Vestpollen
Arsteini
Borge
Alstad
Klepstad
Oyhelle
Stormolla
Utakleiv
Liland
Lyngvær
Brettesnes
Tranøya
Myrland
Vågje
Leknes
Rørvik
Svolvær
Nordkil
Flakstadøya
Napp
Sandnes
Valberg
Festvåg
Litl Molla
Buvåg
Hamarøya
Ulsvåg
Vareid
Gravdal
Stamsund
Henningsvær
Skrova
Hamsund
Jørenvik
Ramberg
Kilan
Ure
Langbakken
Presteid
Skilva
Fredvang
Mortsund
Skutvika
Finnøya
Håkonhals
Sommarse
Selfjorden
Finnbyen
Ballstad
Karløy
Nusfjord
Nesland
Lundøya
Finnøya
Morkvedden
Sund
Engeløya
Hakvåg
Forsan
Hamnøy
Moskenesøya
Brunes
Alstad
Reine
Mjelde
Skarstad
Rota
Moskenes
Vinjen
Bogen
Sørvågen
Holkestad
Kvalnes
Nøtnes
Kråkn
Nordskot
Reinkalv-
Alvnes
Hopen
Vatn-
Lund
tinden
nøya
Myklebostad
Nordfold
Botnen
Stavnes

Vestfjorden
Hadselfjorden
Sundlandsfjord
Steinsfjorden
Flaget
Henningsværstraumen
Hurtigruten
Nappstraumen
Buksnesfjorden
Leinesfjorden
Morsviksfjorden
Saglfjorden
Sørfolda
Folda

S. 209

211

A B C

1 2 3 4

Arktischer Ozean

Lopphavet

Loppa
Loppa
Sør-Bergsfjord
Sandland
Neset
Skavnakk
Øra
Andsnes
Seglvik
Olderfj...
Reinfj...

Fugløya
Gamvik
Burøy
Nord-Rekvik
Årviksand
Nymoen
Rødøy
Været
Han
Sp.
Ravels

Torsvåg
Burøysund
Ytsteled
Hamreffjorden
Vannareid
Helgøy
Hamre
Vannavalen
Arnøy
Hellnes
Laukøya
Haukøyhamn

Nord-Kvaløy
Grøtøya
Bårdset
Kjerkevik
Innerby
Vannøya
Vanna-kammen
Lauksund-skardet
Nikkeby
Arnøyhamn
Singla
Skjervøy
Meiland
866
869

Holmesletta
Bromnes
Mikkelvik
Myrstad
Kvitnes
Vannvåg
Vannsundet
Lanesøra
Karlsøy
Akkarvik
Haugnes
Storstein
Valahamn
Storenga
402

Rebbensøy
Engvik
Grunnfjord
Hurtigruten
Kågnesset
Kågen
Skognes
Oksfjord
Øve

Sandøya
Mjølvik
Skogvik
Sør-Grunnfjord
Pernilsjord
Dåfjord
Botn
Hansnes
Russelv
Flåten
Hamneide
Storneshamn

Risøy
Måsvik
Skarsfjord
Hessfjorden
Reinskard
Nordeidet
Reinøy
Stakkvik
Haugnes
Klauvnes
Ytre Bakkeby
Bakkeby
Hetta
Va...
866

Musvær
Finnvik
Ringvassøy
863
Iddon
Grøtnesdalen
Nord-Lenangen
Storsletta
Uløya
Langslet
Storvik
Nordreisa
Reisafjorden

Vengsøya
Vengsøy
Kvaløyvåg
Kvaløysundet
Indre Kårvik
Simavik
Rotnby
Finn-krøkan
Styrmannstø
Sør-Lenangen
Hamnes
Rotsund
Sørkjosen
Storslett
Andsjøen
Austgård

Grøtfjord
Hestvika
Nordhella
Snarby
Skulsfjord
Myra
Skittenelv
Ullsfjorden
Ravik
Svingen
Botn
Jargga
Spåknes
Rot-sundelva
Djupvik
Kildal

S. 211
Bellvika
Lyfjord
863
Tønsvik
Oldervik
Brattfjell
Breivikeidet
Hov
Jægervatnet
Koppangsbreen
Koppangen
Furulund
865

essøya
Vasstrand
Ersfjordbotn
Sletta
Skattøra
Skjelnan
Stormo
Svensbø
91
Storsteinnes
Årøybukta
Nordmannvik
Olderdalen

Tullenga
Håkøy
Håkøybotn
TROMSØ
Tromsdalen
9. Tag
91
Skar-munken
Sandeggen
Jøvik
Jektevik
Karnes
Lakvollen
Lyngseidet
Odden
Bjørki
Birtavarre
Puntastill

Sandneshamn
Larseng
E8
Fagernes
Ullsfjord
Skjelnes
Fossheim
Brattvoll
Dalen
Kåfjordbotn
Kåfjorddalen

Buvik
Mjelde
Vikran
Ramfjorden
Finnjorda
Skognes
Bläisen
Lyngspollen
Sandvika
Furuflaten
Revdal
Elvelund
Abmelaseter
Gulp...

Straumsbukta
Bakkejord
Brokskard
Ansnes
Kobbevågen
Stornes
Stordal
Hundberg
Helland
Rasteby
Skibotn
Olderbakken
Sameby
Rais
136

Tennskjær
Ytre
Jakobnjargga
Aglapsvik
855
Storbukta
Hestnes
Sjøvassbotn
Storeng
868
Falsnes
Elvestad
Guoissjávri

Rekvik
Rossfjord
Korris
Malangseidet
Malangen
Middagsbukta
Balsfjord
Mestervik
Djupen
Laksvatn
Lakselvsletta
S. 211
Elvevoll
Horsnes
Skibotn...
Halsebakkan

S. 214

1 cm = 12 km   1 : 1.200.000

0 ——— 40 km

213

HURTIGRUTEN

Abbildungsnachweis
Andreé Breutel, Elbingerode/Harz
  Abb. S. 14
Arcticphoto/laif: S. 102
Pål Bugge, Norwegen
  Abb. S. 35
Karl-Heinz Ebner, Traun/Österreich
  Abb. S. 48, 123
Günther Graifenhain, Ohlstadt
  Abb. S. 75
NSA Archiv, Hamburg
  Umschlagklappe vorn, Umschlag-
  klappe hinten, Abb. S. 1, 2/3, 8, 20,
  30, 65, 79, 92, 97, 102, 110, 113,
  117, 128, 132, 148, 151
Stefan Gabriel, Hamburg
  Abb. S. 33, 61, 124, 137, 155, 162
Manfred Horender, Glückstadt
  Abb. S. 44
Bildagentur Kliem, Kalkar
  Abb. S. 159, 172, 178
Pran & Torgersen, Oslo/Norwegen
  Abb. S. 144
Dirk Schröder, Kolbermoor
  Abb. S. 87, 181
Paul Smit, Roure/Frankreich
  Abb. S. 57

Wilkin Spitta, Loham
  Abb. S. 169
Annette Ster, Kabelvåg/Norwegen
  Abb. S. 10, 82, 177
Helge Sunde, Bergen/Norwegen
  Abb. S. 114
Andreas Werth, Celle
  Abb. S. 54, 99, 141
Helfried Weyer, Buxtehude
  Titelbild, Abb. S. 42, 52, 70, 72, 182

Abbildungen
Titelbild: ›MS Nordlys‹ im Trollfjord
Umschlagklappe vorn: An Bord der
  Hurtigruten-Schiffe lässt man die
  Natur an sich vorüberziehen
Umschlagklappe hinten: Das Fahr-
  wasser der Hurtigruten
Vignette S. 1: Postflagge an einem
  Hurtigruten-Schiff
Seite 2/3: Wunder des Nordens: Das
  Polarlicht

Kartografie
DuMont Reisekartografie, Puchheim
© MAIRDUMONT, Ostfildern

3., aktualisierte Auflage 2006
© DuMont Reiseverlag, Ostfildern
Alle Rechte vorbehalten
Grafisches Konzept: Groschwitz, Hamburg
Druck: Rasch, Bramsche
Buchbinderische Verarbeitung: Bramscher Buchbinder Betriebe